基督教经典译丛

何光沪 主编
副主编 章雪富 孙毅 游冠辉

On the Incarnation

论道成肉身

[古罗马] 阿塔那修 著
石敏敏 译

Simplified Chinese Copyright © 2009 by SDX Joint Publishing Company.
All Rights Reserved.

本作品中文简体版权由生活·读书·新知三联书店所有。未经许可，不得翻印。

图书在版编目（CIP）数据

论道成肉身/（古罗马）阿塔那修著；石敏敏译. —北京：生活·读书·新知三联书店，2009.5（2022.5 重印）
（基督教经典译丛）
ISBN 978-7-108-03134-1

Ⅰ.论… Ⅱ.①阿…②石… Ⅲ.基督教-教义-研究 Ⅳ.B972

中国版本图书馆 CIP 数据核字（2009）第 032501 号

丛书策划	橡树文字工作室
责任编辑	张艳华
封面设计	罗　洪
责任印制	卢　岳
出版发行	生活·讀書·新知 三联书店
	（北京市东城区美术馆东街 22 号）
邮　　编	100010
网　　址	www.sdxjpc.com
经　　销	新华书店
印　　刷	北京隆昌伟业印刷有限公司
版　　次	2009 年 5 月北京第 1 版
	2022 年 5 月北京第 4 次印刷
开　　本	635 毫米 × 965 毫米 1/16 印张 24
字　　数	334 千字
印　　数	14,001-17,000 册
定　　价	55.00 元

（印装查询：01064002715；邮购查询：01084010542）

基督教经典译丛
总　　序
何光沪

在当今的全球时代,"文明的冲突"会造成文明的毁灭,因为由之引起的无限战争,意味着人类、动物、植物和整个地球的浩劫。而"文明的交流"则带来文明的更新,因为由之导向的文明和谐,意味着各文明自身的新陈代谢、各文明之间的取长补短、全世界文明的和平共处以及全人类文化的繁荣新生。

"文明的交流"最为重要的手段之一,乃是对不同文明或文化的经典之翻译。就中西两大文明而言,从17世纪初以利玛窦(Matteo Ricci)为首的传教士开始把儒家经典译为西文,到19世纪末宗教学创始人、英籍德裔学术大师缪勒(F. M. Müller)编辑出版五十卷《东方圣书集》,包括儒教、道教和佛教等宗教经典在内的中华文明成果,被大量翻译介绍到了西方各国;从徐光启到严复等中国学者、从林乐知(Y. J. Allen)到傅兰雅(John Fryer)等西方学者开始把西方自然科学和社会科学著作译为中文,直到20世纪末叶,商务印书馆、生活·读书·新知三联和其他有历史眼光的中国出版社组织翻译西方的哲学、历史、文学和其他学科著作,西方的科学技术和人文社科书籍也被大量翻译介绍到了中国。这些翻译出版活动,不但促进了中学西传和西学东渐的双向"文明交流",而且催化了中华文明的新陈代谢,以及中国社会的现代转型。

清末以来,先进的中国人向西方学习、"取长补短"的历程,经历了两大阶段。第一阶段的主导思想是"师夷长技以制夷",表现为洋务运动之向往"船坚炮利",追求"富国强兵",最多只求学习西方的工业技术和物质文明,结果是以优势的海军败于日本,以军事的失败表现出制度的失败。第二阶段的主导思想是"民主加科学",表现为五四新文化运动之尊崇"德赛二先生",中国社会在几乎一个世纪中不断从革命走向革命之后,到现在仍然需要进行民主政治的建设和科学精神的培养。大体说来,这两大阶段显示出国人对西方文明的认识由十分肤浅到较为深入,有了第一次深化,从物质层面深入到制度层面。

正如观察一支球队,不能光看其体力、技术,还要研究其组织、战略,更要探究其精神、品格。同样地,观察西方文明,不能光看其工业、技术,还要研究其社会、政治,更要探究其精神、灵性。因为任何文明都包含物质、制度和精神三个不可分割的层面,舍其一则不能得其究竟。正由于自觉或不自觉地认识到了这一点,到了20世纪末叶,中国终于有了一些有历史眼光的学者、译者和出版者,开始翻译出版西方文明精神层面的核心——基督教方面的著作,从而开启了对西方文明的认识由较为深入到更加深入的第二次深化,从制度层面深入到精神层面。

与此相关,第一阶段的翻译是以自然科学和技术书籍为主,第二阶段的翻译是以社会科学和人文书籍为主,而第三阶段的翻译,虽然开始不久,但已深入到西方文明的核心,有了一些基督教方面的著作。

实际上,基督教对世界历史和人类社会的影响,绝不止于西方文明。无数历史学家、文化学家、社会学家、艺术史家、科学史家、伦理学家、政治学家和哲学家已经证明,基督教两千年来,从东方走向西方再走向南方,已经极大地影响,甚至改变了人类社会从上古时代沿袭下来的对生命的价值、两性和妇女、博爱和慈善、保健和教育、劳动和经济、科学和学术、自由和正义、法律和政治、文学和艺术等等几乎所有生活领域的观念，从而塑造了今日世界的面貌。这个诞生于亚洲或"东方"，传入了欧洲或"西方"，再传入亚、非、拉美或"南方"的世界第一大宗教，现在因为信众大部分在发展中国家，被称为"南方宗教"。但是，它本来就不属于任何一"方"——由于今日世界上已经没有一个国家没有其存在，所以它已经不仅仅在宗教意义上，而且是在现实意义上展现了它"普世宗教"的本质。

因此，对基督教经典的翻译，其意义早已不止于"西学"研究或对西方文明研究的需要，而早已在于对世界历史和人类文明了解的需要了。

这里所谓"基督教经典"，同结集为"大藏经"的佛教经典和结集为"道藏"的道教经典相类似，是指基督教历代的重要著作或大师名作，而不是指基督徒视为唯一神圣的上帝启示"圣经"。但是，由于基督教历代的重要著作或大师名作汗牛充栋、浩如烟海，绝不可能也没有必要像佛藏道藏那样结集为一套"大丛书"，所以，在此所谓"经典译丛"，最多只能奢望成为比佛藏道藏的部头小很多很多的一套丛书。

然而，说它的重要性不会"小很多很多"，却并非奢望。远的不说，只看看我们的近邻，被称为"翻译大国"的日本和韩国——这两个曾经拜中国文化为师的国家，由于体现为"即时而大量翻译西方著作"的谦虚好学精神，一先一后地在文化上加强新陈代谢、大力吐故纳新，从而迈进了亚洲甚至世界上最先进国家的行列。众所周知，日本在"脱亚入欧"的口号下，韩国在其人口中基督徒比例迅猛增长的情况下，反而比我国更多更好地保存了东方传统或儒家文化的精粹，而且不是仅仅保存在书本里，而是保存在生活中。这一事实，加上海内外华人基督徒保留优秀传统道德的大量事实，都表明基督教与儒家的优秀传统可以相辅相成,这实在值得我们深长思之!

基督教在唐朝贞观九年(公元635年)传入中国,唐太宗派宰相房玄龄率官廷卫队到京城西郊欢迎传教士阿罗本主教,接到皇帝的书房让其翻译圣经,又接到皇官内室听其传讲教义,"深知正真,特令传授"。三年之后(公元638年),太宗又发布诏书说:"详其教旨,玄妙无为;观其元宗,生成立要。……济物利人,宜行天下。"换言之,唐太宗经过研究,肯定基督教对社会具有有益的作用,对人生具有积极的意义,遂下令让其在全国传播(他甚至命令有关部门在京城建造教堂,设立神职,颁赐肖像给教堂以示支持)。这无疑显示出这位大政治家超常的见识、智慧和胸襟。一千多年之后,在这个问题上,一位对中国文化和社会贡献极大的翻译家严复,也显示了同样的见识、智慧和胸襟。他在主张发展科学教育、清除"宗教流毒"的同时,指出宗教随社会进步程度而有高低之别,认为基督教对中国民众教化大有好处:"教者,随群演之浅深为高下,而常有以扶民性之偏。今假景教大行于此土,其能取吾人之缺点而补苴之,殆无疑义。且吾国小民之众,往往自有生以来,未受一言之德育。一旦有人焉,临以帝天之神,时为耳提而面命,使知人理之要,存于相爱而不欺,此于教化,岂曰小补!"(孟德斯鸠《法意》第十九章十八节译者按语。)另外两位新文化运动的领袖即胡适之和陈独秀,都不是基督徒,而且也批判宗教,但他们又都同时认为,耶稣的人格精神和道德改革对中国社会有益,宜于在中国推广(胡适:《基督教与中国》;陈独秀:《致〈新青年〉读者》)。

当然,我们编辑出版这套译丛,首先是想对我国的"西学"研究、人文学术和宗教学术研究提供资料。鉴于上述理由,我们也希望这项工作对于中西文明的交流有所贡献;还希望通过对西方文明精神认识的深化,对于中国文化的更新和中国社会的进步有所贡献;更希望本着中国传统中谦虚好学、从善如流、生生不已的精神，通过对世界历史和人类文明中基督教精神动力的了解，对于当今道德滑坡严重、精神文化堪忧的现状有所补益。

尽管近年来翻译界出版界已有不少有识之士，在这方面艰辛努力，完成了一些极有意义的工作，泽及后人，令人钦佩。但是，对我们这样一个拥有十几亿人口的千年古国和文化大国来说，已经完成的工作与这么巨大的历史性需要相比，真好比杯水车薪，还是远远不够的。例如，即使以最严格的"经典"标准缩小译介规模，这么一个文化大国，竟然连阿奎那（Thomas Aquinas）举世皆知的千年巨著《神学大全》和加尔文（John Calvin）影响历史的世界经典《基督教要义》，都尚未翻译出版，这无论如何是令人汗颜的。总之，在这方面，国人还有漫长的路要走。

本译丛的翻译出版，就是想以我们这微薄的努力，踏上这漫长的旅程，并与诸多同道一起，参与和推动中华文化更新的大业。

最后，我们应向读者交代一下这套译丛的几点设想。

第一，译丛的选书，兼顾学术性、文化性与可读性。即从神学、哲学、史学、伦理学、宗教学等多学科的学术角度出发，考虑有关经典在社会、历史和文化上的影响，顾及不同职业、不同专业、不同层次的读者需要，选择经典作家的经典作品。

第二，译丛的读者，包括全国从中央到地方的社会科学院和各级各类人文社科研究机构的研究人员，高等学校哲学、宗教、人文、社科院系的学者师生，中央到地方各级统战部门的官员和研究人员，各级党校相关教员和有关课程学员，各级政府宗教事务部门官员和研究人员，以及各宗教的教职人员、一般信众和普通读者。

第三，译丛的内容，涵盖公元1世纪基督教产生至今所有的历史时期。包含古代时期（1—6世纪），中古时期（6—16世纪）和现代时期（16—20世纪）三大部分。三个时期的起讫年代与通常按政治事件划分历史时期的起讫年代略有出入，这是由于思想史自身的某些特征，特别是基督教思想史的发展特征所致。例如，政治史的古代时期与中古时期以西罗马帝国灭亡为界，中古时期与现代时期（或近代时期）以17世纪英国革命为界；但是，基督教教父思想在西罗马帝国灭亡后仍持续了近百年，而英国革命的清教思想渊源则无疑应追溯到16世纪宗教改革。由此而有了本译丛三大部分的时期划分。这种时期划分，也可以从思想史和宗教史的角度，提醒我们注意宗教和思想因素对于世界进程和社会发展的重要作用。

中国人民大学宜园
2008 年 11 月

目　录

中译本导言（汤普森） ………………………………………… 1

驳异教徒

前言 ……………………………………………………………… 3
正文 ……………………………………………………………… 10

论道成肉身

前言 ……………………………………………………………… 75
本文提要 ………………………………………………………… 81
正文 ……………………………………………………………… 85

罢黜阿里乌

"罢黜阿里乌"与亚历山大的通谕前言 ………………………… 159
圣亚历山大对阿里乌及其追随者的罢黜及
　关于这个问题的通谕 ……………………………………… 161

优西比乌书信

前言 ……………………………………………………………… 171
尼西亚大公会议 ………………………………………………… 173

附注 A 180

信仰陈述

　　前言 195
　　正文 197

论《路加福音》十章二十二节

　　前言 205
　　正文 207

致全世界主教的通谕

　　前言 217
　　通谕 219

反驳阿里乌主义者的辩护

　　前言 233
　　正文 240

译名对照表 346
译后记 361

中译本导言

汤普森（Glen Thompson）

一、阿塔那修和他的基督教思想

本卷著作及后续各卷将使中文世界第一次通过阅读亚历山大的阿塔那修的原著而了解他，这是非常重要的。在过去的一千五百年间，东方基督教（东正教）一直视"圣"阿塔那修为其理论的奠基者。尽管在西方基督教（天主教）中奥古斯丁的形象占据主导地位，但也同样对阿塔那修给予很大的尊敬和重视，声称他是"教会四博士"之一。新教神学家也高度重视阿塔那修，不仅公开承认他著名的三一神论，还把他看作认信基督徒（confessing Christian）的典范。"Athanasius contra mundum"——"阿塔那修对抗世界"——不仅成为描绘他一生大胆批驳阿里乌教义的简明写照，也表明他反对那些强迫他和他的良知接受在他看来与圣经相反的信念的皇帝和公会议的立场。

然而，对现代人来说，阿塔那修并非一个特别合宜的人物。他在许多人看来微不足道的神学观点上立场坚定，毫不妥协，这与现代以求同存异的方式使各个教会和不同宗教达成统一的努力不甚协调；在把"真理"看作个人的领会而不应"强迫"给别人的存在主义和后现代思想家看来，也是无法理解的。正是出于这样的原因，阿塔那修的事例、生平和作品可能对现代对话有一定贡献。他对一切试图把命题真理的重要性降到最低的肤浅做法提出了挑战；他的生活动荡不安，屡遭流放，恰恰表明那些反对这种强硬立场的人自己常常做出粗暴行径。

其实，基督教神学的历史为阿塔那修的信念作了见证，即对基督的神性和人性的正确理解是一以贯之的救恩论所绝对必需的。今天的基督教会仍然坚持认为，唯有那些教导"基督是完全的神"的人和组织才能被称为"基督徒"（由此把诸如耶和华见证会和摩尼教排除在外）。唯有那样，其他教义——创造论，基督的道成肉身，甚至复活——才是完全可理解的，富有意义的。因而，他死后一个世纪（或更长一点），西方教会对三一神论提出了更完备的信经解释，它成为许多人所知的"阿塔那修信经"。这一新信经不仅反映了阿塔那修提出的神学，还包括很大程度上由于阿塔那修的坚忍不拔而得以在教会盛行的神学理论。

阿塔那修还要求他自己所在的亚历山大教会回到以圣经为坚实基础的神学上。他的前辈，尤其是亚历山大的克莱门（Clement of Alexandria），愈加在柏拉图和新柏拉图的理论框架内阐述他们的圣经神学。然而，阿塔那修虽然也与当时的哲学对话，这一点可以从《驳异教徒》和《论道成肉身》中清楚看出，但更以一种比较公然的圣经方法"做"他的神学。他的大部分布道和解经作品都没有保存下来，但我们仍然可以从他的作品中看出，他解经的出发点正是圣经的经文，而不是哲学范畴。由于亚历山大是罗马世界的哲学研究的中心，阿塔那修的进路不能只看作是他个人偏爱的问题，更应看作是他有意识的基本信念。基于所有这些原因，我们完全可以说，在过去一千五百年间，"阿塔那修对抗世界"这一点几乎没有什么改变,在今天也仍然一如既往。

19世纪后期,在菲利普·沙夫(Philip Schaff)和亨利·瓦斯(Henry Wace)的领导下,一群学者先是在英国后来在美国出版了三十八卷的早期教会重要作品的英文版,其中一卷就是阿塔那修的。这一卷使中文读者第一次读到阿塔那修的许多作品①。英译者还像美国版那样为每篇作品挑选了简短的导论。这有助于读者将这些作品放到它们的历史和文化背景中去阅读。虽然正如在下面我要简单地指出的那样,上个世纪的学者在了解阿塔那修及其作品方面取得了重大进展,虽然通常指的是阿奇巴尔德·罗宾逊(Archibald Robinson)的"阿塔那修的作品和书信精选"的各种译本和注释,但是"主教阿塔那修"这个英译本仍然是研究这位重要的思想家和早期教会领袖的最佳单行本。

二、4世纪的基督教会和埃及

阿塔那修的童年时代是自使徒时代以来早期教会中最变化莫测的时代。3世纪时,罗马帝国变得越发难以维系它对地中海世界的控制权。通货膨胀和其他经济灾难使所有阶层都感到越来越大的经济困苦。美索不达米亚的帕提亚(Parthia)军队施加军事压力,欧洲入侵者跨过多瑙河,这些事情使皇帝们把越来越多的时间花费在保卫边境上,而处理内部问题的时间却越来越少。他们的在位时间通常都非常短促,大多数都因军队领导的叛乱而终止统治。

---

① 爱丁堡版的"前尼西亚教父"作品,也就是公元325年尼西亚会议之前的作品,最初是八卷(美国版为十卷)。后来出版了两个系列的"尼西亚和后尼西亚基督教会教父选集"。第一系列包括奥古斯丁和克里索斯托(Chrysostom)的十四卷作品。第二系列由多位作者的另十四卷组成,包括第四卷阿塔那修的作品和书信选集。

这种风雨如磐的黯淡处境到了戴克理先（Diocletian）统治（284—305）时期得到了引人注目的改善。他试图通过固定价格以及对帝国的彻底重组来控制通货膨胀，这是他最为人称道的一件事。从285年开始，他作为地位最高的皇帝（奥古斯都）统治帝国的东部，另一奥古斯都统治西部。十年之后他又添加了两位助理皇帝（凯撒），掌管他们的一半区域。由此，这四位统治者分别统治大约四分之一领域（辖区），每个领域又分成更小的区域（主教辖区）。这一制度意在简化管理，同时为将来的皇帝提供一个训练场所，以及比较明显的接任方式，从而借助军队的力量控制对继承人的指定。戴克理先的措施虽然没有完全挽回罗马的衰落，但它们确实在许多领域产生了非常直接的积极效果。

戴克理先和他的新联合统治者的另一首创举措是恢复百姓的精神面貌，反对不断增加的基督教会。基督徒拒绝向皇帝的神灵（守护神）献祭，也不参加国家传统的宗教仪式，尽管这些仪式被认为对正在进行的对地方城邑和更宽广的帝国区域的神灵保护至关重要。此外，地方上的基督徒会众有自己的治理结构（牧师和主教），向他们寻求许多方面的生活指导和帮助，往往使当地的政府官员边缘化。戴克理先遵照早期一些皇帝的做法，颁布了连续四个反对基督教会的法令。他下令关闭他们的建筑，查抄并焚烧他们的书籍，强迫他们的领袖放弃信仰，要求全体基督徒献异教的祭，否则就要处死。随后的十年间有成千上万的基督徒死去，因为这一法令在某种程度上贯彻到帝国的每个角落。尽管有些基督徒确实放弃了自己的信仰，但其他许多人反而对自己的信仰更加忠诚和敬佩，心甘情愿赴死。

戴克理先和他的联合皇帝们于305年退位之后，帝国就按他的新计划划分。然而不久，皇帝和凯撒就开始彼此争战。到了313年，君士坦丁（Constantine）成了西方的独一统治者，而李锡尼（Licinius）全权统治东方。此前某个时刻，君士坦丁已经信靠基督徒的神，因而，他和李锡尼发布了一个联合声明（所谓的米兰敕令），首次使基督教会合法化。君士坦丁的政策远不止于此，不久还赐给教会及教职人士许多特殊的恩惠。后来他打败李锡尼，接管了整个帝国的统治权（324 年）。基督教历史学家优西比乌（Eusebius）衷心赞颂君士坦丁，撰写了他的传记，把他描述为神救教会的特定代理人。这就是阿塔那修于公元 328 年当选为埃及的亚历山大主教时的境况。

三、阿塔那修的生平

阿塔那修成为主教时还十分年轻，因为后来他的一些仇敌说，他当主教时还未到所规定的三十岁年龄。学者们据此推定他出生在公元 295—300 年。他肯定受过完整的学校教育，并很早就表现出对教会的委身，因为他先是教会的读经者，然后（约于 318 年）成为亚历山大教会的执事。主教亚历山大不久让阿塔那修做了他的文书，阿塔那修就以这一身份伴随亚历山大参加了 325 年在尼西亚举行的伟大的基督教大公会议。三年后，亚历山大逝世，阿塔那修被选为他的继任者。

主教的工作就是负责其教区会众的教义和活动。亚历山大主教，除了直接监管埃及最大的城市之外，根据早期惯例，也是全体埃及教会以及昔兰尼（现在的利比亚）教会的最高权威。他负责牧者的训练和授任，其他主教的任命，解决基督徒之争的争论，主持洗礼，指导崇拜事宜。阿塔那修的这一方面工作可以从他现存的"节期信函"中看出，这是教会对每年最神圣的节期，庆祝耶稣基督从死里复活的复活节的公告。作为亚历山大主教，他还要与其他主教和区教会领袖通信，主持整个地区的教会领袖会议（公会议或教会会议），是全体教会的公开发言人，也是与政府对话的人。

阿塔那修除了正常工作之外，还面临着两个持不同意见的基督教团体——梅勒提乌主义（Meletians）和阿里乌主义的难题。戴克理先逼迫结束之后，许多原本为逃避审判和惩罚而背弃信仰的人开始忏悔，希望能重新回到教会。梅勒提乌主义者反对接纳他们。当亚历山大主教真的允许他们被重新接纳之后，吕克波利斯（Lycopolis）的梅勒提乌主教的追随者就分裂出去，组成独立的会众，有自己的神职人员和管理机构。尼西亚公会议（325年）试图修补这一分裂，但他固执己见，而阿塔那修花了大量时间试图把这些持不同意见者劝回到教会，也没有成功。

第二个团体由阿里乌领导，阿里乌是个天资聪颖的牧者，在亚历山大讲道。大约318年他开始传讲耶稣不是真正永恒的神子，因此他的神性也不与父等同。结果，他被埃及主教们罢黜。然而，他的教义仍然广泛传播，因而，这一问题也是尼西亚公会议的主要议题。这次公会议进一步认定阿里乌的错误教义和对他的罢黜，皇帝还把他与他的一小帮同伙一同流放。然而，小亚细亚和叙利亚仍然有不少主教继续教导类似的观念，因而，各种变种的阿里乌主义在4世纪仍然困扰教会很长时间。

阿塔那修坚定而公然地反对任何形式的阿里乌主义。不久阿里乌的支持者就把愤怒集中在他身上。335年在耶路撒冷和推罗（黎巴嫩）举行的公会议上，阿塔那修被罢黜。东方的主教们得到皇帝君士坦丁的支持，结果，阿塔那修被流放。皇帝于337年驾崩之后，他的三个儿子分治帝国，阿塔那修蒙允返回。但是，阿里乌主义的主教们说服东部的新皇帝康士坦丢二世接受了他们的意见，于是，阿塔那修第二次遭流放（339年）。尽管罗马的一次公会议免除了他的罪名，但直到346年他才能返回亚历山大。这一次阿塔那修得以任职十年,直到东方主教们终于第三次把他驱逐出境。接着他差不多有十年时间藏身于埃及修士之中(356—362),直到康士坦丢二世的继任者允许他返回。在他最终享受平安环境之前,还遭受了另外两次短时间的流放。他除了坚持不懈地与阿里乌主义作战之外,还一直努力弥合梅勒提乌主义的分裂。他卒于373年。

四、阿塔那修的作品

阿塔那修的许多作品都反映了他动荡不安的生涯。我们上面提到他的年度牧函"节期信函",有许多幸存下来。除了一些私人书信外,阿塔那修的大部分作品都出于与阿里乌主义者辩论之目的,而且大部分似乎写于他的流放时期。

他刚任主教的那个时期,或许更迟一点,在其第一次流放便完成了驳异教徒的两卷本,也就是包括在本卷里的前两篇作品——《驳异教徒》和《论道成肉身》①。在第二次流放之初,他撰写了致全世界主教的《通谕》,接着写就了他驳阿里乌主义者的四篇演讲中的前三篇。后来在八年流放期间,他编纂了冗长的《反驳阿里乌主义者的辩护》(或第二辩护),穿插着对自己在论辩中行为的阐述和解释。350年代早期,他写了《论尼西亚信经》和《在康士坦丢二世面前的辩护》,都是在亚历山大时写的。但是,到了356年,他遭受了第三次流放,这一次藏身于埃及修士之中。在这一时期,他写了《对自己逃离的辩护》(或第一辩护)、《阿里乌主义的历史》,以及《论教会会议》。也正是在这段藏身于

---

① 在古希腊罗马世界里,书是写在纸莎草纸或兽皮上的卷轴。由于卷轴体积庞大,所以其长度被限制在6—7米之内。这就限制了每一"卷"书的长度,也使得长一些的作品被分成好几"卷"。

修士中的时期,他写了早期最著名的修士的传记:《安东尼传》。此外,还有大量长短不一的书信和布道书,都得以保存下来。现在我们要对本卷中收集的作品作一简短介绍,以更新每篇作品前所附的前言内容。

五、本卷作品介绍

1.《驳异教徒》和《论道成肉身》

这两篇作品成书于何时,学者们至今仍是众说纷纭。由于它们没有直接指明是针对阿里乌和他的教义(阿里乌及其教义约于公元319年开始扰乱埃及教会),传统上把这两篇作品的时间定在这一时期之前(见下面对此作品的介绍)。然而,如果阿塔那修出生于公元300年前不久,那么成书时他应该非常年轻。在许多学者看来,他实在太年轻了,不太可能写出如此成熟的神学和哲学著作。这使后来的学者把这两篇作品的时间往后推了几十年。比如查尔斯·肯南吉瑟(Charles Kannengiesser)注意到阿塔那修的这两篇作品与他第一次流放时期的《节期信函》(335—337)"在文字上非常相近",因而认为其成书时间应在公元330年代。而巴恩斯(T. D. Barnes)提出,这两篇作品写于阿塔那修325年前往尼西亚的途中。

这两篇作品是早期基督教的文学类型"护教文"的典型。护教文是为应对非基督徒就正在发展的信仰的教义和习俗提出的哲学、道德和宗教上的异议而写的,在2世纪早期就已经开始应用。最早的教会历史学家凯撒利亚的优西比乌(《教会史》5.3)就引用过某位夸达拉图(Quadratus)写给哈德良皇帝(Hadrian,117—138年在位)的一篇护教文。亚里斯蒂德(Aristides)、殉道者查士丁(Justin Martyr)、塔提安(Tatian)、德尔图良(Tertullian),以及其他许多人,包括凯撒利亚的优西比乌，进一步发展了这种文学形式，甚至在基督教成为国教之后，这种文学也仍在发展之中，奥古斯丁的《上帝之城》是这种文学形式的顶峰。阿塔那修的这两篇作品，就其名称所表明的，其目的既是为了除去阻挡异教徒读者接受基督教信仰的障碍，也是为了反驳他们的抨击。不过，他也希望使基督徒读者消除疑惑，为教会教义提供基本原理。护教作品在回应了对基督教的攻击之后，往往还要进一步反击，指出异教信仰的非逻辑基础，或者纯粹嘲笑异教的习俗。阿塔那修遵循这种传统，详尽讨论神子的工作，广泛地用希腊词逻各斯（道）来描绘他。这一术语在《约翰福音》1:1用来指耶稣，但在希腊哲学界也广泛地用来指多种丰富的含义，包括渗透被造物的创造性的生命力，这种用法正是阿塔那修所强烈反对的。

这两篇作品的两个主题：一个是基督终止了死亡和魔鬼的力量，另一个是他在这样做时恢复了人对真神的知识。这对阿塔那修的基督教世界观来说非常重要。然而，在解释这些观点之前，他在《驳异教徒》里先用一半的篇幅推翻希腊的理性主义和罗马的偶像和诸神崇拜，以及二元论和泛神论的哲学观念（1—29节）。异教徒寻求有形的神，这使他们无法认识人有一个无形但理性而不朽的灵魂（30—34节）。"就如他们的理智离开了神，假造出原本不存在的东西当作神，同样，他们也能够借着其灵魂的智力上升，重新回归到神。"（34节）因为尽管真神是不可见的，不是木头、石头造的，但借着他的造物界仍然可以洞悉到他，这自然世界恰恰见证了他的统一性和合理性（35—44节）。

然而，人如何能领会这样一位完全超然于世界之上的无形体的神呢？关键不在于人，甚至不在于他深邃的理性灵魂。答案只能从神本身中去寻找。道或逻各斯里面的神成了人，使人重新与神相结合，这就是第二篇的主题。要理解道成肉身的中心性和必要性，阿塔那修首先必须解释神的创世。阿塔那修先讨论了异教对被造世界的物质主义、二元论或诺斯替主义的观点，接着解释神借他的逻各斯从无造出万物，并由此按他自己的形象造人，使人成为完全而有理性的存在者（2—3节）。然而，人堕落到罪里，败坏了自己的理性和他与神及其逻各斯的关系。要恢复这种关系，逻各斯必须成为肉身（4—18节）。然而，只是成为人，重建人中间关于真神的知识是不够的。逻各斯还得有完全的生活，清白无罪而死，又从死里复活——这一切都是为了毁灭死的掌控和对人类的败坏（20—32节）。阿塔那修接着驳斥"犹太人的不信"（33—40节）和"希腊人的嘲笑"（41—55节），这两者都否认逻各斯的复活，然后结束本篇的论述。由此可见，在阿塔那修看来，逻各斯是必不可少的神圣中保，他最初把超越的神与他的造物联结起来，人堕落之后，又最终通过他的道成肉身、死亡、复活把两者重新结合起来。

2. 三份表明早期阿里乌之争的文件

阿塔那修相信，他在上述两篇作品《驳异教徒》和《论道成肉身》里清楚阐明的基督教世界观被阿里乌的神学完全篡改并败坏了。阿里乌否认逻各斯的永恒，把基督从造主变为造物。这三份文件包括在阿塔那修作品的英语卷里，是为了表明阿里乌的教义，以及对它的早期回应；中译者也把这三份文件按顺序列在这一中译本里。

第一份文件的名称是《罢黜阿里乌》。这一文件开头以短小的前言解释了公元419年亚历山大（312—328年亚历山大主教，阿塔那修的前任）为何召集埃及主教和执事在亚历山大举行公会议讨论阿里乌及其教义。会议的结果通过复制发送给全体教会的传阅信，宣告会议的决议而公之于众。阿里乌及其追随者威胁到教会的合一性，因为他们教导子不是永恒的，与父不是同一本质，而像其他造物一样是可变化的。第二部分详尽罗列了错误教义，这对我们理解阿里乌的教义非常重要。如前言所指出的，这封信似乎是阿塔那修本人写的，他当时是主教文书。这信保存在那些保存了阿塔那修反驳阿里乌所写的作品的手稿里，也保存在作家苏格拉底（Socrates）的 5 世纪教会史中（1.6）。

罢黜阿里乌，把他的同党驱逐出教会，并没有终止这场争论。所以五年之后，君士坦丁皇帝发起了更广泛的尼西亚（土耳其西北部）主教会议。这次约有300位主教参加的公会议，就是后来所称的第一次普世大公会议，同意并再次确认亚历山大里亚公会议对阿里乌的决议。会议结束之后，阿里乌的一个支持者，凯撒利亚的优西比乌向自己的教会发了一封信，解释在这次公会议上发生的事。因而"优西比乌关于尼西亚会议的书信"非常有用，既因为它见证了会议本身，也因为它见证了会上所争论的神学问题。优西比乌早先已经提出信条作为参考（3节），但皇帝希望使用"本质同一"这个词来描述父与子的关系。于是就起草了新的信条，并得以通过。优西比乌在自己的信里全文引用这一尼西亚信经①(4节)。在随后的争论中，他被告知"本质同一"这个词的意思是"子其实具有父的本质，但完全不只是父的一部分"（5节）。对这一术语以及其他新的术语（"受生，不是受造"，等等）的含义消除了疑虑之后，优西比乌才能在信经上签名认可。然而，历史表明，优西比乌不久就重振旗鼓，对尼西亚神学提出新的异议。优西比乌的这封书信由阿塔那修保存在他的《为尼西亚公会议辩护》的结论部分，也保存在苏格拉底（1.8）和塞路斯的狄奥多勒（Theodoret of Cyrrhus）的 5 世纪教会史中（1.11）。

这一部分所包括的第三份文件是另一个早期信经或"信仰陈述"。

---

① 请注意，这一版本的尼西亚信经与今天东正教、天主教或新教教会使用的版本不同。381 年君士坦丁堡第二次普世大公会议对信经作了扩展。大约一个世纪之后，西方教会又作了小小的补充，成就了今天使用的文本。

这一文件保存下来却没有指明作者，但并非唯有英译者认为它是阿塔那修的作品。不过，出于很多原因，现代学者更富于怀疑精神，最近有人把它归于另一位4世纪反阿里乌作家安西拉的马塞路斯（Marcellus of Ancyra）的名下①。它再次表明为了正确表述父与子之关系所作的努力。其对圣经的频频引用表明，这些早期神学家希望完全接受圣经里关于父子本质同一，同时仍然允许各自保持其位格的独特性所说的话。

3. 《论〈路加福音〉十章二十二节》

阿里乌主义者为证明其论点，即耶稣作为道不是永恒的神子，所引用的圣经经文就是《路加福音》10：22。在阿里乌主义者看来，这一经句里的"交付"表明耶稣并非总是与父等同的完全的子。为回应此说，阿塔那修写了一篇小短文或者一个说明，运用逻辑和其他经文表明他们的理解与圣经关于道的更广阔图景不一致。从开头几行我们可以推断出，这一小文写于尼西亚会议后约十五年左右的时间，很可能在阿里乌的死（335年）与尼哥米底亚的优西比乌（Eusebius of Nicomedia）②（341年）的死之间，后者担当了东方教会的阿里乌主义联盟的领袖。此文很好地表明了这一时期争论的进展。

4. 《通谕》

338—339年冬，阿里乌主义主教再次聚集在安提阿，重申对阿塔那修的谴责，指定一个名为格列高利的人取代他。然后在339年仲春，他们说服皇帝康士坦丢（Constantius）派军队护送格列高利到亚历山大，用武

---

① Clavis Patrum Graecorum (no. 2804) 和 Thesaurus Linguae Graecae 都把它列在马塞路斯名下。
② 不能把这位优西比乌与凯撒利亚主教优西比乌，就是上面所译的书信的作者（卒于339年或340年）混淆。尼哥米底亚的优西比乌是早期顽固支持阿里乌的人，后来在尼西亚会议之后，只是对自己的观点作了略微的调整。他是东方教会（尤其是东土耳其、叙利亚和巴勒斯坦）主教的领袖，这些主教都想方设法推进阿里乌教义的各种变种，因而他们写的作品和召集的公会议的都反对阿塔那修所倡导的尼西亚教义。

力驱逐阿塔那修。阿塔那修准备坐船到罗马寻求庇护,所以就急急忙忙写了一封信,给"各地的"教会领袖。这样一种写给广大教会的信就叫通谕。此信诉说了阿塔那修这边的事——他如何被迫逃离,教会不应承认格列高利,而应认定被流放的阿塔那修为亚历山大的合法主教。他表明,阿里乌主义者以及他们新任命的主教的行为可以清楚地视为暴行,毫无爱心,与教会习俗和早期教会公会议的教规背道而驰。这里我们清晰地看到阿塔那修的前任,亚历山大主教在他的书信《论罢黜阿里乌》开头所告诫的事——教义上的分歧将毁灭教会的合一性,导致暴力和混乱。

5. 《反驳阿里乌主义者的辩护》

因为君士坦丁的儿子康士坦丢二世统治东罗马帝国,而他受到阿里乌主义领袖们的影响,所以七年之后阿塔那修才得以重新回到亚历山大,重新作为主教牧养自己的会众。在最初的三年里,他基本上留在罗马。有些学者认为正是在这一时期他写了前面三篇反驳阿里乌主义者的演讲(包括在本版第二卷里)。他尽管几次到宫里拜谒君士坦丁的另一儿子,统治着帝国中心部分的康斯坦斯(Constans),但没有从他谋求得对他的事业的同情。然而,当他最后终于在346年得到允许返回时,东部的阿里乌主义者主教们开始筹划再次驱逐他的新计划,于349年在安提阿召集一次新的公会议。也许正是为了预备这次新的打击,阿塔那修编写了《反驳阿里乌主义者的辩护》初稿。这一文献可能是阿塔那修最具原创性的文学作品,因为这是一种全新的风格——部分是护教的,部分是历史的,还有部分是文献的收集。其中引用了大量公会议的书信,主教和皇帝的信函,并且常常是从头至尾全部引用。他先是描述了引发343年(3—35节)沙尔底卡公会议的事件,然后引用会议本身的文献,指出它证明阿塔那修根本无罪(51—58节)。然后他追溯335年他首次被罢黜的推罗公会议上发生的事件,并使用文献表明,对他的指控全是诬陷，审判完全不公（59—87 节）。大约八年之后，357年，阿塔那修写了这一作品的第二稿，加上结束的段落，更新了故事情节（88—90 节）。这篇作品与前一封《通谕》一起，不仅提供了阿塔那修争战阿里乌主义者的历史背景，还表明这一事件导致整个教会陷入普遍的痛苦之中。

阿塔那修是西方历史和基督教历史中的一位真正的伟人，一位时代的真正贤者。他的生平和思想的密不可分彰显了信仰和神学之间相互建构的基督教特质。我相信借助于这个中译本，读者不仅可以清楚地了解到基督教教义是形成于有血有肉的群体性生活之中，了解到阿塔那修的著作为东（希腊）西（拉丁）方所奠定的基础，更能深入了解到基督教教义所植根于的灵性源泉。

（本文作者为美国威斯康星路德学院
历史学教授，教父学专家）

驳异教徒

前　言[*]

事实上，本篇论文与下一篇论文构成了同一个作品的两个部分。哲罗姆（Jerome）(*De Script. Eccl.*) 提到它们时统称其为"Adversus Gentes Libri Duo"，不过，更为普遍的是，它们仍以本卷所拟的题目为人所知。其实，两篇论文主要都是反驳异教徒（Gentiles）的，但在本篇论文中，更着重于对异教的信仰和崇拜的批驳。两篇论文均属于阿塔那修的早期作品。公元319年阿里乌主义论争爆发时，他很可能还未满22岁，因而这两篇作品没有留下任何有关此事的痕迹 [甚至在《驳异教徒》(*Contra Gentes*) 46.8 中也没有，见那里的注释]。因而，无法准确地断定作品是在此界限确定多久之前写成的。《驳异教徒》9.5 暗示，由元老院颁布法令神化皇帝的时代很可能已经过去，这表明君士坦丁（Constantine）的皈依是一个 "*terminus a quo*"（起点）。作为基督教神学的一篇杰作，《论道成肉身》显示出作者完全成熟的思维能力，这使我

---

[*] 此为英译本前言。英译者为 Archibald Robertson。中译本根据英译本：Philip Schaff & Henry Wace（eds.）, A Select Library of Nicene and Post-Nicene Fathers of Christian Church（second series）, Volume IV, T & T Clark, Reprinted, June 1991 版译出。——中译者注

们倾向于把成书的时间尽可能往后推算。因此，我们通常认为本篇写成时间应是公元318年，或者稍早一些，那时阿塔那修（很可能）21岁。

本篇在阿塔那修的整个神学史以及整个教会史中的地位已经在导论（Prolegomena）中指出。①这里只需概述一下它的论点，列出它的布局：文章的每一节前面都有一个稍稍扩展的概述。

他的目的是要证明（1节）基督教信仰的尊严和合理性。对信仰的最主要辩护可见于它的实际效果。不过，实际效果固然能说明问题，从思想上剔除错误根源还是必要的。因此，必须批驳偶像崇拜。这种错误源于一般的恶，即人离弃自己原初的范型，逻各斯（2—5节）。人由于滥用自己的自由选择能力，因而跌倒（6—8节），陷入败坏和偶像的幻觉（9—15节）。接着阿塔那修考查了对偶像崇拜的普遍的学理辩护（16—26节），从而引出神观的核心问题。神不是自然（Nature）（27—29节），宇宙的各个部分相互依赖就表明了这一点；因而，任何部分都不可能是神，它们合起来的整体也不可能是。因为神不是由部分合成，从而依赖于各部分的，相反，他本身乃是一切存在的原因。神就是这样的神，人的灵魂（30—33节）只要洁净了罪，就能够认识，并且将来必能认识（34节）。倘若她未得完全，无法认识神本身，理性和宇宙的秩序（35—46节）就会帮助她认识神的创造，以及逻各斯的存在，并通过他认识父。犯罪而堕落的人唯有回到逻各斯才可能恢复原初状态（47节）。这就提出了第二篇作品《论道成肉身》要讨论的问题。

这就是《驳异教徒》的大体框架，其实它的重大影响在问题之外。也可以这么说，对现代读者来说，它的很多优点并非是不言自明的。我

---

① 本书没有译出原先的英译本导论。——中译者注

们看到在这个由两部分组成的作品里,阿塔那修"前后呼应"。第二部分,即《论道成肉身》对现代神学的意义是越来越大,而不是日益减弱。对我们来说,它比那时以降的任何时代的神学更富现代气息。但是,《驳异教徒》却追溯一种对人类精神来说完全消失了①的过去,它论证的一系列观念与我们自己的观念大相径庭,它对种族和其他宗教历史的看法并不恰当,论及的物理学是远古时代的(36 节、44 节,以及 39 节的"自然的逻各斯"),时而还有论证上的明显错误(16 节以下到最后,33.1),这些都会使第一次读它的现代读者大为失望。这可能也是它此前一直未被译成英文的原因所在。不过,尽管本书的缺点一目了然,却经得住读者不断研读。它的格调使人的道德提升,它对基督教的重要真理紧扣不放,它对恶与罪这样的难题的论述不乏洞见,它对神与自然的对比,基督教一神论与异教多神论的伦理对比,许多段落比如 16.5,10.4,11.2 等等,既严肃又不失风趣,尤其是思想上的恢弘大气,信仰上的敬虔热诚,表明它仍然是伟大作品,配称为另一更有名的作品的姐妹篇。

两篇合起来,"是继奥利金的《论首要原理》(*De Principiis*) 之后,第一次尝试在关于神、世界、罪和救赎的一定观念基础上构建一种基督宗教的科学体系。它们形成了希腊教会积极护教的丰硕成果。"[沙夫(Schaff),《尼西亚时期的基督教》(*Nicene Christianity*) 第 82 页] 为护教而驳斥偶像崇拜和异教神话学,就一般的基督教护教学者而言,这是通用的做法,并且在异教作家如卢奇安(Lucian),甚至波菲利(Porphyry)那儿(letter to Anebo)也可以看到。而阿塔那修不同于以前的护教学家(除了奥利金)的地方在于他的问题具有新颖性。哲学

---

① 在异教国家,情形并非如此。几年后卡尔库塔(Calcutta)的牛津布道团(Oxford Mission)成员编了一个英译本,以便在印度传播。

与大众中盛行的偶像崇拜之间的联盟给基督教的护教工作提出了新的任务。从波菲利以来（在这一点上，波菲利本人也没有一以贯之），新柏拉图主义因震惊于基督教的发展，早已开始为通常的异教主义（paganism）辩护，试图根据哲学—宗教原理来提升它原本比较粗俗的显灵（manifestations）、形象（images）和祭祀，等等（*infra*，19节等）。"法术"（theurgy）是进入高级生活必不可少的条件，这种思想影响波菲利的教义，而在他的学生扬布里丘（Iamblichus）那儿，这种色彩就更浓了。扬布里丘死于4世纪早期，他的学生［阿伊德修（Aedesius）等］则刚好与阿塔那修同时代。不过，柏拉图主义虽然一代不如一代，对柏拉图的研究却一以贯之。在某种程度上，柏拉图的对话录是阿塔那修与其对手们之间的共同根基（《斐德罗篇》5、33、《法律篇》33、《蒂迈欧篇》41，等等。不过，很难说，阿塔那修对柏拉图的引用是直接的，如他在10.4中所做的那样，还是只作为第二手资料引用）。

最后，值得注意的是，阿塔那修的这些早期作品比起他的晚期作品，受奥利金及其学派的影响更明显。不必过多地强调他关于神的存在及与宇宙统一的证明［参见奥利金，《驳塞尔索斯》(*c. Cels.*) I.23］，把逻各斯看作宇宙中保原理（cosmic mediatorial Principle）的著名哲学理论［比较亚历山大（Alexander）的 *mesiteuousa physis monogenes*］与他后来坚持［参见《演讲》(*Orat.*) ii.24以下］神的位格力量的直接性［亦见下面，关于《论〈路加福音〉》(*In Illud*) 2的注释］形成鲜明对比。柏拉图主义的逻各斯概念被拿来直接使用（《论道成肉身》41），但没有对它与基督教教义的根本区别作出充分解释。奥利金主义的影响体现在很多方面，比如他把恶的本性看作纯粹是否定性的（参见第5节与奥利金《驳塞尔索斯》IV.66），从比喻意义上解释伊甸园（2.4，参见3.3，我想他的后期作品中没有可与之比相媲美的），强调借着逻各斯恢复对神的认识,也许借着基督使人成圣(deification)(奥利金《驳塞尔索斯》III. 28. *sub. fin.*)的思想也是,阿塔那修在他晚期的作品中时时出现这种思想,至少不比他早期作品中出现的频率低(见《论道成肉身》54.3 的注释)。然而,总的来说,在阿里乌主义的争论过程中,阿塔那修的倾向是要摆脱奥利金的影响,走向西方的思想习惯,这一点在"Hypostasis"①这个词的历史中体现得特别明显[见上面导论第二章 3 (2) b,以及下面《主教会议书信导论》(Introd. to *Tom. ad Ant.*),也参《为狄奥尼修斯辩护》(*de Sent. Dionys.*)及《主教会议书信》(*ad Afros*)的序]②。一些更富奥利金特色的理论并没有在阿塔那修的作品,甚至是早期作品中留下任何痕迹(见下一篇作品的序)。本译文(若非特别说明,其他地方亦如此)译自本尼迪克版文本。

《驳异教徒》的内容布局如下:

第 1 节　序言　说明本论文的目的
第 2—29 节　第一部分　对异教的驳斥
　　第 2—5 节　　a. 恶的本质
　　　第 2 节　　　(1) 不是实体性的,不是原初就存在的
　　　第 3、4 节　　(2) 恶的历史
　　　第 5 节　　　(3) 恶的本质属性,即是出于意志的一种决定
　　第 6 节　　　关于被驳斥的恶的错误观点
　　　　　　　　　(1) 异教:恶是本性所有的

---

① 这个语词具有本体、原理等的意思。后来,基督教思想家把它用为与 ousia 相对应的术语,可以译为"位格"。然而,不同的希腊基督教思想家使用这个语词时,有着不同的倾向性。——中译者注
② 英译本导论未曾译出。——中译者注

	(2) 异端：二元论
第7节	驳斥后者并陈述教会教义
	b. 偶像崇拜
第8—10节	(1) 它的历史和多种形态
第11、12节	(2) 它的神话学的非道德性
第13、14节	(3) 崇拜偶像的愚昧性
第15节	(4) 异教的诸神① (deities)，虽然普遍显现，却不是神 (gods)
第16—22节	c. 有利于异教的论点
第16、17节	(1)"归于诗人的非道德特点。"但是 (a) 他们带着确凿的证明，就如神的名称和存在一样，来到我们面前；(b) 诗人更可能想象出这些存有者（beings）的神性，而不是人的特点
第18节	(2)"叩拜诸神是为了有益的臆造"，等等。但这并不是被称为神的理由
第19节	(3)"形象 (a) 对代表不可见的存有者必不可少，(b) 是与诸神交通的中介"
第20—22节	对此的驳斥
第23—26节	d. 反驳偶像崇拜的补充证明。(1) 各种各样的崇拜；(2) 人的祭献；(3) 诸神导致道德败坏
	e. 建立神学反对哲学上的泛神论

---

① 这里用来专指希腊罗马宗教中的"诸神"。——中译者注

第 27 节　　　　(1) 宇宙没有哪一部分与神等同

第 28 节　　　　(2) 整个宇宙与神不相等同

第 29 节　　　　(3) 大自然与神有分别

第 30—34 节　第二部分　认识神是可能的　灵魂

　　第 30 节　　　　(a) 人的灵魂与神同种

　　　　　　　　　(b) 关于灵魂存在的证据——

　　第 31 节　　　　(1) 人和动物

　　　　　　　　　(2) 思想的客观性

　　第 32 节　　　　(3) 灵魂和身体

　　第 33 节　　　　(c) 关于灵魂不朽的证据

　　第 34 节　　　　(d) 灵魂，逻各斯之镜，可以认识神，

　　　　　　　　　　　至少可以通过造物界认识神

第 35—44 节　第三部分　大自然是神的启示

　　　　　　　　1. 自然是一种彰显

　　第 35—37 节　　(a) 神的启示

　　第 38、39 节　　(b) 神的统一性的启示

　　第 40 节　　　　(c) 神的理性或"道"的启示

　　第 41、42 节　2. 道的宇宙功能，最初的、永久的

　　第 43、44 节　　说明这一点的三个比喻

第 45—47 节　结论

　　　　　　　　a. 圣经关于第一和第三部分的题目
　　　　　　　　　 的教导

　　　　　　　　b. 过渡到下篇论文的主题

正　文

第1节　序言——本书的目的在于证明基督教教义的正确性，尤其是十字架的真理性，驳斥异教徒的嘲笑。这种教义的实际果效就是它的主要明证。

第一部分

1. 关于我们的宗教和事物真理的知识，是完全自明的，并不需要人类的老师教导，事实上几乎每天都有大量的事实证明这种知识，而基督的教义（doctrine of Christ）更使它本身比太阳还要明亮。2. 但是马卡里乌（Macarius）①，你仍然想要听听这样的知识，那就让我们尽我们所能提出一些基督信仰的观点吧。这些观点你虽然也能够从神谕中找到，但仍然热切地想要从别人那里听到。3. 诚然，神圣、受圣灵感动而写的圣经已完全充分地宣告了真理②，我们蒙福的老师还为这

---

① 见《论道成肉身》第1节及其注释。
② 这是阿塔那修一直强调的。

一目标撰写了其他作品①，人只要读到它们，就必能够获得理解圣经的一些知识，也能了解他想要知道的事情。但是，由于我们现在手头没有我们老师的作品，所以我们必须以书面形式向你阐述我们从他们那里所学到的东西，亦即对我们的救主基督的信仰，免得有人轻视我们所学的教义，或者以为基督信仰是不合理的。异教徒就是这样诽谤和讥笑我们的，因为我们坚决主张基督的十字架这一事实，他们就大笑不已。岂不知正是在这一点上，我们不得不怜悯他们的无知，因为当他们诽谤基督的十字架时，他们不知道它的力量已经充满全世界，不知道借着它认识神的果效已经向众人显明出来。4. 他们若是真诚地留意过神的本性，就不会讥笑这一事实。相反，他们会转而认识到这人就是世界的救主，十字架从不曾是一种灾难，而是对造物的医治。5. 既然十字架之后，所有偶像崇拜都被推翻，一切魔鬼的显灵都被这一记号除灭②，唯有基督受敬拜，借他显明父，同时使反对者心服口服，就在不知不觉中日益赢了他们的灵魂③，那么你完全可以问他们，我们怎么能仍然把这事看作是属人的，而不承认高举在十字架上的人是神的道，是世界的救主？但是这些人在我看来，实在败坏至极，就如同那些因为乌云盖住了太阳就咒骂太阳的人，尽管因为看到整个造物界如何被他照亮，而对他的光感到惊异不已。6. 正如光是高贵的，而太阳作为光的源头，就更加高贵。同样，整个世界充满他的知识是一件神圣的事，由此可以说，创造并促成这一成就的主要原因就是神和神的道。7. 所以我们要尽我们所能，首先驳斥不信者的无知；错误的东西一旦被驳倒，真理就会自我彰显；而且我的朋友，你本人也会确信，你所相信的是真

---

① 《论道成肉身》56. 2；他也可能是指亚历山大学派的作品，比如奥利金的《论首要原理》。
② 参见《论道成肉身》47. 2, 48. 3，参见 Ant. passim。
③ 参见《论道成肉身》50. 3, 51. 3 及以下。

理，在努力认识基督过程中并未受骗。另外，我想，与你讨论基督的问题是适当的，因为你是爱基督的人，我也相信你把对他的信心和认识看作高于一切。

第2节 恶（evil）不是事物的本质属性。人在神的恩典和知识中的最初被造和构造。

1. 起初，恶（wickedness）并不存在。就是现在，在那些圣洁的人中也不存在恶。恶更不是他们的本性，而是人后来设计出来的，精心制作出来让它来伤害他们自己。他们还如法炮制地设计出偶像，把根本不存在的东西当作存在的来对待。2. 神，这万物的造主，万物之王，他的存有（Being）超越①一切实体（substance），非人所能测度，但因为他是良善的，也是极其高贵的，他借着自己的道，我们的救主耶稣基督，按着他自己的形象造了人类，使人凭着与神的这种同一性而能看见并认识实在，认识他②，甚至能知道神自身的永恒，目的是为了保存人的本性不受玷污，好叫他不离弃神的观念，也不撇开与圣者（holy ones）的联合，而是拥有神所赐给的恩典，也从父的道得到神自己的力量，好叫他与神（the Deity）同乐、为友，过上完美无缺、真正蒙福的不朽生活。因为没有任何东西妨碍他去认识神，他甚至能凭着自己的纯洁看见父的形象，神的道，他就是按着神的形象造的。当他沉思借着道渗透于整个宇宙的神意（Providence）③时，不由得万分惊奇；他在沉思中被提升到感觉之物以及一切形体表象之上，凭着理智能力紧紧抓住天上属神的、靠思想领会的事物。3. 当人的心灵不与身体交流，也

---

① 见奥利金《驳塞尔索斯》(c. Cels.) 第七章第四十二节以下,《论首要原理》第一章第一节。
② 在基督里回归，见第三十四节。
③ 参 Ep. Aeg. 15, Apol. Fug. passim, Orat. iii. 37。

没有从虚无沾染它们的任何欲望，而是完全超越于它们，与自己同住，如同它起初的样子，此时，它就超越了感觉之物以及一切属人之事，被提升到高处；它既看见了道，也在他里面看见了道的父，以沉思他为乐，因对他的渴望而获得更新；4. 他与被造的第一人没有两样，那希伯来语里称为亚当的第一人，按圣经的描述，起初心里自由，毫无愧色地向神，在对理智之物的沉思中与神联合。这些理智之物是他在自己的所住之处享有的，这地方，摩西在比喻的意义上称之为园子。所以，清洁的灵魂本身就足以沉思神，主也这样说过："清心的人有福了，因为他们必得见神。"①

第3节　人由于接纳了质料性的事物，就从高处坠落。

1. 如我们所说的，造主就这样造了人类，并打算让他这样保持下来。然而，人看轻佳美之物，停止领会它们，开始寻找离他们更近的喜好之物。2. 离他们更近的事物就是身体及其感官，所以当他们的心灵离开了靠思想领会的事物之后，他们就开始关心自己；他们既这样做，抓住身体及其他感官之物，并且可以说，被他们自己的周围之物欺骗，就陷入自己的欲望之中，宁愿考虑他们自己的东西，而舍弃沉思属神的事物。等到他们对这些东西非常熟悉，再也不愿抛弃如此亲近的东西之后，他们就使自己的灵魂卷入了身体的享乐之中，受到各种欲望的刺激和困扰，完全忘了他们原初从神所得的力量。3. 其实，从初造的人就可以看到这一真理，圣经里关于他的记载清楚地告诉我们，他只要使自己的心灵向神，沉思神，就拒斥了对身体的沉溺。然而，由于蛇的劝告，他抛弃了对神的思想，开始关注自己，于是他们不仅陷入身

---

① 《马太福音》5：8。——中译者注

体的欲望,而且也知道自己是赤身露体的,知道了也就有了羞耻感。不过,他们知道了自己的赤身露体,与其说是没有穿衣,不如说是失去了对神圣之物的沉思,将他们的悟性转向相反的事物。因为抛弃了对独一的真实者,即神的沉思,不再思想他,他们就开始追逐各种欲望,追逐那几种感官的对象。4. 然后,顺理成章,既已产生对纷繁之物的欲望,他们就开始适应这些欲望,甚至害怕离开它们。于是,灵魂变得胆怯而警惕,顺从于享乐及可朽的念头。因为不愿意抛弃自己的欲望,她就害怕死亡,害怕离开自己的身体。同样,由于欲望和欲望的无法满足,她学会了杀人和作恶。下面我们会尽自己所能,一步一步地表明她是如何走到这一步的。

第4节　灵魂滥用自由的权力,渐渐地从真理坠向谬误。

1. 灵魂离弃了思想对象,渐渐习惯了身体的各种活动,沉迷于对身体的沉思,看到快乐对她是好的,于是她就误入歧途,滥用"好"这个名,以为"好"的本质就是快乐。正如一个人因丧失理智,要求给他一把剑,看到谁就砍谁,却以为这是正常之举。2. 她既爱上了"快乐",就开始想方设法实现"快乐"。由于她的本性是可动的,尽管她已经偏离善的事物,但并没有失去可动性。于是她不再按照美德运动,或者为了看见神而运动,而是想象虚假之事,把自己的力量用到新的地方,即用来追寻她所设想出来的快乐。无论如何,她被造时有支配自己的能力。3. 她是有能力的,正如她可以倾向善一样,她也可以拒斥善。但她一旦拒斥善,就自然而然地产生善的反面即恶的思想,因为如我前面所说的,她的本性是可动的,她根本不可能停止运动。她知道自己有支配自我的力量,看到自己能够利用自己的肢体向善或向恶,既可以走向"所是"(what is),也可以走向"所不是"(what is not)。

4. "善"就是"所是","恶"就是"所不是"。我说的"所是",是指善的东西,因为它在自有永有的神(God Who is)那里有范型。而我所说的"所不是",就是指恶的东西,因为恶不过是人思想中的一种虚幻想象而已。试想,身体有眼睛可看见所造的世界,从它整体和谐的结构认出造主;有耳朵可聆听神的话语和律法;有双手既可以从事必需的工作,也可以向神求告祈祷。然而,灵魂却离开了对善的沉思,不再在自己的领域里活动,偏离正道,滑向反面。5. 如我前面所说的,她既看到并滥用自己的能力,意识到可以让身体的肢体朝相反方向运动。于是,她的眼睛不再凝视造物界,而转向欲望,表示自己也有这种能力。而且心想,只要自己在运动,她就是在维护自己的尊严,随心所欲地行事并不是在行恶,却不知道神造她不只是叫她运动,而是让她朝正确方向运动的。所以,有一句使徒的格言告诉我们:"凡事都可行,但不都有益处。"①

第5节　从本质上看,恶就是选择低级事物,舍弃高级事物。

1. 然而,人总是胆大妄为,不考虑有益和适合的问题,只关心可能与不可能,从而开始行相反的事。于是,双手向相反方向运动,去杀人;耳朵不听忠告,去听悖逆之言;其他肢体不行合法的生育,去通奸;舌头不好好说话,满口诽谤、侮辱、偏见;双手还去偷盗、攻击同胞;嗅觉去亲近各种淫荡气息;他们的脚飞跑,杀人流血,他们的肚腹贪婪,醉酒暴食。② 2. 这一切都是灵魂的堕落(vice)和罪:没有一样

---

① 《哥林多前书》10:23。
② 《罗马书》3:10以下。("杀人……"句见和合本15节,"醉酒……"为中译者根据英文翻译。——中译者注)

是有原因的,全都是对良善之事的拒斥。正如车夫①把马拉上了跑道,却不去注意目标,不知道要跑向哪里,只是能怎样跑,就怎样跑,或者准确一点说,想怎样跑,就怎样跑。所以,常常撞上所遇到的人,常常奔下陡峭的坡,以马车最大的速度往前冲,冲到哪里算哪里,以为这样奔跑并没有错过目标——因为他只一味地关心奔跑,浑然不知已经离目标越来越远——同样地,灵魂偏离了通往神的路,以其自身的行为,赶着身体的肢体越过正道,或者毋宁说,将她自己与肢体一道赶离正道,自己犯罪、作恶,却仍然没有意识到自己已经偏离了道路,离开了真理的目标,那是披戴基督的圣保罗所奔向的目标,他说:我"向着标竿直跑,要得神在基督耶稣里从上面召我来得的奖赏"②。可见,这位圣徒只将善作为他的标竿,从不曾行恶。

第6节 对恶之本性的错误观点,即认为恶是某种属于事物本性的东西,有实体性的存在。(a) 异教思想家:(恶在于质料)。对他们的驳斥。(b) 异端教师:二元论。圣经的驳斥。

1. 有些希腊人错失正道,不认识基督,认为恶是一种实体性的、独立的存在。就此他们犯了双重错误:如果恶是一种独立的实体,有自身的存有(being),那就否定了造主是万物的造主,或者如果他们承认造主是一切事物的造主,那就必然承认他也是恶的造主。因为在他们看来,恶属于存在之物。2. 然而,这显然是二律背反,是不可能的。因为恶不是源于善,也不在善里面,不是善的结果,否则,善就不可能是善,本性中包含恶,或者是恶的原因,这怎么还能是善呢? 3. 然而,

---

① 参看柏拉图《斐德罗篇》246C、248A、253E、254。
② 《腓立比书》3:14。

那些偏离了教会教义的宗派成员，在真道上就如同船破坏了一般①，还错误地认为恶有实体性存在。他们任意幻想在真神，我们的主耶稣基督的父之外，还有一个神，说他是非受造的，是恶的生产者，一切邪恶的头，也是世界的设计者。不过，要驳斥这些人很容易，不仅可从圣经驳斥，就是人的理解力（understanding）本身，他们这些疯狂念头的源头，也可以驳倒他们。4. 一开始，我们的主和救主耶稣基督就在他自己福音书里确证摩西的话："主我们的神是独一的主"；"父啊，天地的主，我感谢你！"②既然神是独一的，而且就是天地之主，他之外怎么可能还有另一位神呢？或者说，既然这独一的真神充满了天地之间的一切事物，他们所设想出来的那位神还能立足于何处呢？既然按照救主的话，神，基督之父本身就是主，怎么可能还有另一位天地的造主呢？5. 除非他们的意思实在是说，这是为了保持一种平衡，恶神能使善神变得更好。他们若说这个意思，可见其不敬虔心态已经堕落到了何等深渊。因为如果有两种权能势均力敌，就可能找到更高更好的权能。如果即便一者不愿意，另一者也存在，那么两者同等强大，也同等软弱。说同等是因为任何一者的存在都是另一者意志的缺陷；说软弱是因为所发生的事都与他们的意志相反，即善神不顾恶神而存在，同时，恶神不顾善神也同样存在。

第 7 节　从理性驳斥二元论。两位神之不可能性。关于恶的真理就是教会所教导的理论，即它的起源，它的根源，在于黑暗灵魂的悖逆选择。

---

① 《提摩太前书》1：19。
② 《马可福音》12：29；《马太福音》11：25。

1. 更不必说，他们必受到以下的反驳。倘若可见之物是恶神的作品，那什么东西是善神的作品呢？因为除了工匠的作品之外，没有什么是可以看见的。倘若善神没有任何作品可让人认识他，那有什么证据证明他的存在呢？因为工匠唯有借自己的作品叫人认识他。2. 另外，两种相反的原理如何并存？或者那独立于它们并把它们分开的东西是什么？它们既是彼此相克的，就不可能存在于一起。而且由于它们的本性是不相融且不相似的，它们也不可能彼此包容。这样，那个把它们分开的事物显然就是第三种原理，这原理本身就是神。但是这第三种原理的本性是什么呢？是善的，还是恶的？不能断定是善是恶，也不可能既是善的又是恶的。3. 这样，他们的这种骗局就不攻自破了，教会神学的真理必然随之显明出来，即恶从不曾与神同在，或在神里面，它也没有任何实体性的存在。4. 就如同有一个人，当太阳高照，整个地球都光芒四射时，却紧紧闭上眼睛，想象毫无黑暗的地方有黑暗存在，然后摸索徘徊，似乎行在黑暗之中，不时跌倒，滑入悬崖，以为周围一片黑暗，没有光明，也就是说，他明明能看见，却想象自己什么也看不见。同样，人的灵魂原本可以看见神，却紧紧闭上她的眼睛，想象恶，并朝那个方向移动，以为自己是在做什么，不知道其实自己什么也没做。因为她只是在想象不存在的东西，同时她也不再停留在原初的本性之中。她的所是（what she is）显然是她自己混乱无序的结果。5. 神造她是叫她看见神，被神照亮，但她抛弃与神的和谐，转而追寻败坏之事和黑暗，如圣灵在某处写着说："神造人原是正直，但他们寻出许多巧计。"① 因此可以说，一开始就是人自己找寻，设计并幻想出恶来。现在我们该说说他们是如何陷入拜偶像的疯狂之中的，好

---

① 《传道书》7：29。

叫你知道偶像的炮制与善毫无关系，完全是恶之所为。而凡是源于恶的，无论如何都不可能称之为善，只能完全是恶的。

第8节　偶像崇拜的起源与此类似。灵魂因忘却神而质料化，沉迷于地上之物，把它们造为诸神。人类坠入了一种虚幻而迷信的绝望深渊。

1. 人的灵魂就这样造出了恶，但她并不满足于此，开始一步一步地尝试更大的恶。她有了各种各样快乐享受的经历，就把神圣之事的记忆完全遗忘。由于不断受到愉悦的刺激，又想着身体的种种情欲，全是眼前之事，全是对这些事的看法，不再思考存在于可见之物之外的事物，或者说，除了短暂而属体的事物之外，不再关注任何良善之事。这样，她就偏离了，忘了她原是善神的形象，仗着自己拥有的能力，不再凝视那按照自己的形象造她出来的神的道，离弃自己的本性，幻想并臆造出"所不是的"(what is not)。2. 可以说，她里面原本有面镜子，唯有借着这镜子她才能看见父的形象，但由于属体的种种欲望错综复杂，这镜子蒙上灰尘，她再也看不见灵魂应当看见的东西，只能随波逐流，只能看见感觉之物。因此，在各种属肉体欲望的重压之下，受因于对这些事物的种种印象，她以为她的理解力（understanding）所遗忘的神可以在属体的感觉之物中找到，于是，就对可见之物冠以神的名称，只荣耀那些符合她的欲望并能愉悦她的眼睛的事物。3. 所以，恶就是产生偶像崇拜的原因。对于人而言，既然已经学会怎样炮制恶，尽管它本身并没有实在性，也能用同样的方式为自己臆想出根本没有真实存在的诸神。正如人潜入到深渊之处，再也看不到光线，也看不到靠光显现的事物，因为他的眼睛朝下，而水全在他上面。他只能感觉到深渊里的东西，就以为除了这些之外，再也无物存在，而他所看见的就是真实的实在（realities）。同样，先前时代的人，失去了理性，潜入到对属肉体事物的欲望和想象之中，忘却了神的知识和荣耀，他们的理性能力既已迟钝，或者毋宁说跟从非理性，就把可见之物造为神，去荣耀受造之物，而不荣耀造物的主①，神化作品，而不敬奉主，神，作品的因（Cause）和工匠（Artificer）。4. 正如以上的比喻，潜入到深渊的人，越是往下降，就越陷入黑暗和深处，人类也是这样。因为他们并非只是以简单的形式来崇拜偶像，也不是停留在原初之处。相反，他们越是在开始的道上往前行，就造出越多新的迷信。他们不满足于最初的恶，还要造出其他的恶来充塞自己，在无耻的路上越滑越远，在不敬不虔上"精益求精"。圣经见证了这一点，它说："恶人进到恶的深处，就产生藐视。"②

第9节 偶像崇拜的各种发展：对天体、元素、自然物体、恐怖怪物、拟人化的欲望、死人活人的崇拜。安提诺斯（Antinous）和神化皇帝的例子。

1. 如今，人类的理解力已经偏离神，并且在其自己的意念和幻想上越滑越低，首先把对神的尊敬投射到天上，敬拜日月星辰，不仅以为它们是神，还以为它们是比之更低的其他神的原因。③然后，他们在其黑暗的幻想中走向更低处，把诸神的名给予上层以太、空气及其里面的东西。再在恶里更进一步，把构成形体的各种元素和原理，即冷热、干湿也尊为神。2. 正如那些像蚯蚓直直地潜入黏土的人一样，最不敬

---

① 《罗马书》1：25。（和合本此节译为："去敬拜侍奉受造之物，不敬奉那造物的主。"——中译者注）
② 《箴言》18：3。（和合本此节经文为："恶人来，藐视随来；羞耻到，辱骂同到。"——中译者注）
③ 关于以下几节，Dollinger 的"外邦人和犹太人"是个丰富的材料宝库。最近出版的 Chantepie de la Saussaye 教授的《宗教史手册》（英文翻译由 Longmans 出版），概括了近期研究的优秀成果。

的人离开神的观念,越坠越低,就将人或将人的样式树立为神,有的是活人,有的甚至是死人。这还不是极致,他们还谋划、设想更恶的东西,最后甚至把属于神的神圣而超自然的名转到石头和木头身上、地上、水里的爬行动物身上及非理性的兽类身上。把每一种神圣尊严都赋予它们,完全偏离真正且唯一真实的神,基督的父。3. 这些蠢人的胆大妄为若是能就此止步,不再于不敬的自我混乱中越陷越深就好了。然而,有些人其理解力(understanding)堕落到了无以复加的地步,坠到心灵的最黑暗处,甚至为自己设计根本不存在的事物,把在被造之物中根本无立足之地的东西称为神。因为他们把理性之物与非理性之物结合起来,把本性中迥异的东西混合在一起,把这样四不像的东西尊为神,比如埃及人中盛行的狗头、蛇头和驴头的神,利比亚人(Libyans)中侍奉的羊头亚摩(Ammon)。还有人把人的身体分成几个部分:头、肩、手和脚,把每一部分神化,敬奉为神,似乎他们的宗教对完整的身体感到不满。4. 更有甚者,把不敬推向极致,把炮制这些事物以及他们自己的恶行的动机,即享乐和欲望神化,敬拜它们,比如他们的厄洛斯(Eros)、帕福斯(Paphos)的阿佛洛狄忒(Aphrodite)。有一些人似乎要与他们的堕落争奇斗艳,胆敢把他们的统治者甚至子孙立为神,或者是出于对君王的尊敬,或者出于对暴君的恐惧,比如克里特的宙斯(Cratan Zeus),在他们中间久负盛名,还有阿卡迪亚的赫耳墨斯(Arcadian Hermes)、印度的狄奥尼索斯(Indian Dionysus)、埃及人的伊西斯(Isis)、俄西里斯(Osiris)和赫鲁斯(Horus),我们自己的时代有安提诺斯,罗马皇帝哈德良(Hadrian)的最爱,尽管大家都知道,这位皇帝只是一个人,并且不是受人尊敬的人,恰恰相反,是个极其放荡之人,但出于对他的畏惧,他要求敬拜,就不得不敬拜。因为哈德良曾到埃及地作短期逗留,其间他最喜爱的大臣安提诺斯死了,于是就下令敬拜他,这诚然是出于他对这位年轻人的至爱。但对于众人来说,也是把他自己的私欲暴露在光天化日之下,并且证明一切偶像崇拜之所以出现在人间,不是别的原因,正是出于制造者的欲望。正如神的智慧预先见证时所说的:"偶像出笼之日,就是淫乱开始之时。"①
5. 不必惊奇,也不要认为我们所说的难以置信,因为就在不久前,听起来似乎不可能是事实,罗马元老院投票决定,那些从一开始就统治他们的皇帝,或者全部,或者按他们的意愿决定其中一些在诸神中占有一席之地,还颁布法令敬拜他们。②对那些与他们敌对的人,他们视为仇敌,称为人,承认其真实本性。而对那些他们所喜爱的人,他们则命令人敬拜其美德,似乎他们凭自己的能力可以造出神来,尽管他们自己也不过是人,并没有显示出超越必死性的特点。6. 他们若是要造神,自己就得是神,因为创造的必须比他所造的优秀,论断者必然对他所论断的对象具有权威。给予的,无论给予什么,只要是给人益处,就在地位上比接受者更大更高。这样说来,他们若是高兴规定谁是神就规定谁是神,那他们自己首先得是神。然而奇怪的是,他们这些必死的人,却投票决定那些被他们神化的人,这岂不暴露了他们十足的愚蠢。

第 10 节 希腊诸神有类似的属人起源,忒修斯(Theseus)的法令。使必死者成为神的过程。

1. 当然这种习俗并非新近才有,它也不是始于罗马元老院,相

---

① 《所罗门智训》14 章 12 节。
② 君士坦丁是被正式神化的最后一位皇帝 (D. C. B. , I. 649),但就是狄奥多西 (Theodosius),也被好奉承的克劳狄安 (Claudian) 抬到天上 (*Carm. de III Cons. Honor.* 163 *sqq.*; cf. Gwatkin, p. 54, note)。

反，它在远古时代就早已存在，原先应用于偶像的制造之中。古代希腊人中著名的诸神，宙斯、波塞冬（Poseidon）、阿波罗（Apollo）、赫菲斯托斯（Hephaestus）、赫耳墨斯，女性神中的赫拉（Hera）、得墨忒耳（Demeter）、雅典娜（Athena）和阿耳特弥斯（Artemis），由忒修斯的法令冠以神的头衔，这是希腊历史所记载的。[①]这类法令的制定者也同样像人一样死去，同样被人哀哭悲号，尽管有人借他们的恩惠被敬拜为神。真是矛盾至极，荒唐透顶！虽然知道是谁颁布的法令，但他们更尊敬那些被法令所规定的对象。2. 但愿他们制造偶像的疯狂止于男性，而没有把神的头衔落到女性偶像头上。须知，就是让女子来审议公共事务都是不安全的，他们却把她们当作神来敬拜和侍奉，就如以上提到的忒修斯所喜爱的那些女神，此外还有埃及的[②]伊西斯、少女和年轻者[③]，其他民族中有阿佛洛狄忒。至于其他名字，我想，就是提一提也是不适当的，实在是充满了离奇怪诞不经。3. 因为不仅在古代，在我们自己的时代也如此。许多人失去了所爱之人，兄弟同胞，妻子儿女，许多妻子失去了丈夫，虽然本性都是必死的人，他们却造出这些人的画像，设坛祭献，神化他们，后来，因对艺术家精湛技艺创造的形象大为感动，就敬它们为神，从而陷入了与本性的不一致。[④]他们的父母为他们哀哭时，并没有把他们当作神（父母若是知道他们要成为神，必

[①] 这很可能是指优赫美鲁斯（Euhemerus）的"iera anagraphe"，基督教护教学者普遍视之为真实的历史。见 12 节注 1。
[②] 参看 *de la Saussaye*，51 节。伊西斯，作为地上的女神，对应于得墨忒耳；作为死神，对应于"kore"（Persephone）。
[③] Neotera 是个谜。最可能的推测是蒙特法考（Montfaucon）的说法，他认为这是指克娄巴特拉（Cleopatra），"vea Isis exrematize"（Plut. Vit. Anton.）。他还引用安东尼（M. Antony）的硬币，上面的克娄巴特拉的形象是"thea veotera"。维兰特（Vaillant）给出几种这样的解释（*de Numism*，*Cleopatr.* 189.），她并非第一个拿名字来适应这种风格，见 Head *Hist. Num*. pp. 716, 717。原文可能应当译成"伊西斯，既是少女又是年轻者"。
[④] 参看《所罗门智训》14 章 12 节以下。

不会哀哭,当他们是丧命了一般。正因为他们的父母既不认为他们是神,也不相信他们还能存在,所以才要画出他们的画像,他们虽然不再存活,看到他们的画像也多少是一种安慰),然而愚蠢的人把他们当作神,向他们祷告祈求,敬之为神。4. 比如,在埃及,就是到今天,人们仍在为俄西里斯、赫鲁斯、提福(Typho)等唱挽歌。多多那(Dodona)的大锅①,克里特(Crete)的科里班特(Corybantes),证明宙斯不是神,而是人,有一个嗜血成性的父亲。说起来也真奇怪,就是柏拉图这位希腊人所敬慕的圣贤,尽管吹嘘自己对神有多高的领会,却与苏格拉底一道往拜里厄斯(Peiraeus)②去拜阿耳特弥斯,人所虚构出来的一个造物。

第 11 节　异教神(deities)的作为,尤其是宙斯的作为。

1. 然而,关于这些以及诸如此类的制造偶像的疯狂,圣经早已预先教导我们,它说③:"偶像出笼之日就是淫乱产生之时,它们一经造出,便败坏人类的生活。偶像并不是亘古就有的,它们也不会永世长存。将它们带到世上的乃是人类的虚荣,这就是它们注定要速速灭亡的原因之所在。有个父亲,因自己的孩子夭折而哀痛不已,于是便为离世不久的孩子制了一个肖像,随后就敬他为神——尽管其人已死,并且将秘密崇拜仪式传给手下人。随着时间的推移,此种恶习愈演愈烈,终于变成了法律。国王发布命令,要求人都来敬拜死人的像。那些因为住得太远不能当面敬拜国王的人,就远远地想象他们所敬拜的国王的

---

① 参看纳西盎的格列高利(Greg. Naz.),《演讲》(Orat.) V. 32. p. 168c; Dict. G. and R. Geog. I. p. 783a。
② 柏拉图《理想国》I. ad init。
③ 《所罗门智训》14 章 12 节以下。

样子，然后就造出他的一个形象，到最后他们本着这种热心，对他的像极尽奉承之能事，似乎这像就是他本人。另外，艺术家的非凡勤奋也确实促进了无知之人的迷信，因为他很可能愿意取悦于当权者，于是便施展其全部技能，把肖像制作得非常理想，而民众被这作品的雍容典雅所吸引，不久前还把他当作人来尊敬，现在就拿他当神来崇拜了。这就是欺骗世界的一个时机，当人们面临灾难或暴虐时，就会把无以言表的圣名归于石头或木头。" 2. 炮制偶像的开端和过程就是这样的，正如圣经所表明的。现在我们要用证据来驳斥它，这些证据与其说是从无中来的，还不如说就是出于这些人自己关于偶像的观点。从最低处开始，如果人采取他们所谓的神的行为，那么就会发现他们不仅根本不是神，甚至是最可鄙的人。请看看诗人笔下的宙斯，他的爱和淫行是何等的不堪！请听听他的故事：一方面带走甘尼美德（Ganymede），行苟且之事，另一方面又惊慌而警惕，恐怕特洛伊人（Trojans）的城墙被毁，使他的愿望成为泡影。这是什么故事！我们看到他对自己的儿子萨尔佩冬（Sarpedon）之死悲痛万分，想要救他却无能为力，又遭受其他所谓的神，即雅典娜、赫拉和波塞冬的谋反，得到一个女子忒提斯（Thetis）和百臂巨人埃该翁（Aegaeon）的救助，受制于各种享乐，臣服于女子，为得到她们的青睐冒险化成各种化身，包括野兽、爬虫和飞鸟，又看到他如何躲避父亲对他的图谋，或者克洛诺斯（Cronos）如何被他捆绑，他又如何使父亲致残，这些都是怎样的故事！请问，设想神做这样的事难道是适合的吗？就是普通的人做这样的事，罗马的公民法也要严厉惩治他！

第 12 节　异教神的其他可耻行为。所有一切皆表明他们只是先前时代的人，并且不能算是好人。

1. 为避免冗长，在众多的例子中我们只提少数几个就足以说明问题。凡看到他对塞美勒（Semele）、勒达（Leda）、阿尔克墨涅（Alcmene）、阿耳特弥斯、勒托（Leto）、迈娅（Maia）、欧罗巴（Europe）、达那埃（Danae）和安提俄珀（Antiope）的放荡和败坏行径的，或者看到他胆敢把自己的妹妹抓在手上，做他的妻子，有哪个人不会对他讥笑不已，并认为他该死？因为他不仅犯了通奸罪，还把那些他通奸而生的后代，比如狄奥尼索斯、赫拉克勒斯（Heracles）、狄奥斯科里（Dioscuri）、赫耳墨斯、珀耳修斯（Perseus）和苏忒拉（Soteira）神化，抬升到天上，企图把这种神化当作一个面纱，遮盖他的放荡行径。2. 凡看到这些所谓的神在特洛伊为希腊人和特洛伊人彼此相争，不可开交，谁会看不出他们的弱点，因为他们出于彼此的嫉妒，甚至煽动凡人争战相斗？凡看到阿瑞斯（Ares）和阿佛洛狄忒被狄奥梅德（Diomed）打伤，赫拉和来自地下的阿伊多纽斯（Aidoneus）——他们也称之为神——被赫拉克勒所伤，狄奥尼索斯被珀耳修斯所伤，雅典娜被阿尔卡斯（Arcas）所伤，赫菲斯托斯急速坠下，跌成跛脚，谁会看不出他们的真实本性？谁还会再称他们为神，相信（既然得知他们原来是可败坏的，有感情的）他们不是别的，不过是人而已①，而且是软弱的人，从而仰慕那些伤人者，而不是被伤者？3. 或者，凡看到阿瑞斯与阿佛洛狄忒通奸，赫菲斯托斯设陷阱加害他们两个，而其他所谓的神被赫菲斯托斯叫来见证他们的通奸，观看他们的淫事，谁会不觉得可笑，不认为他们实在是卑鄙小人？或者，看到赫拉克勒醉酒的蠢相，他

---

① 这种认为诸神就是神化之人的解释就是所说的优赫美鲁斯主义（Euhemerus），源于优赫美鲁斯，是他于公元前3世纪提出来的理论（*Supra*, 10, note 1）。不过"在优赫美鲁斯之前，希腊就已经有了优赫美鲁斯主义者"（Jowett's Plato, 2·101）。教父们不约而同地接受这一理论，只是出于略微有所不同的理由。诸如安提诺斯和皇帝的例子，以及关于英雄和半神的传说，都使它有了一定的合理性［见陶林格（Dollinger），《外邦人和犹太人》(*Gentile and Jew*, vol. i· p. 344, Eng. Tr.）］。

对奥姆法勒（Omphalet）的不当行为，谁会不放声大笑？他们的行乐，他们毫无廉耻的情爱，他们的种种神像，有金的、银的、铜的、铁的、石头的、木头的，我们根本无须通过论证来揭示，这些事实本身就是令人厌恶的，光凭这些事实就足以证明这一切无不是骗人的；所以，我们对这些事的主要感觉是可怜那些受骗上当的人。4. 因为他们恨恶那些用不正当手段收买自己的妻子、与别人通奸的人，却不以把教导通奸的老师神化为耻；他们禁止自己乱伦，却敬拜那些行乱伦之事的人；他们承认子女的败坏是一种恶，却侍奉那些犯有这种恶的人；连法律也禁止人行的事，他们却毫不羞耻地归于那些他们称为神的偶像身上。

第13节　偶像崇拜的愚蠢以及制造偶像的可耻。

1. 再者，他们在敬拜木头和石头之物时，却不明白这与他们平时踩在脚下、拿来焚烧的东西绝没有什么不同，偏要把其中的一些部分选来称为神。他们刚刚还在使用的东西，出于愚蠢雕刻成一种形象加以敬拜，却不知道也压根不想一想他们所敬拜的不是什么神，乃是雕刻家的艺术品。2. 只要石头还未经雕琢，木头还未经加工，他们就天经地义地踩在石头上，使用着木头工具，为自己的目标服务，有的甚至是并不高尚的目标。可一旦艺术家运用自己的技艺对它们进行加工，刻成男人或女人的模样，他们就开始敬这些东西为神，以高价从雕刻家手上买过来。而且，往往是造像者自己向自己的作品祷告，忘了这是他自己亲手制作的，把刚刚还在他手上削削切切的东西称为神。3. 倘若有必要崇敬这些事物，那么去崇敬技艺高超的艺术家的技艺，而不是崇敬艺术家的作品胜过艺术家本人，那倒还好些。因为不是质料装点艺术，而是艺术装点质料，并使它神化。这样说来，他们若是敬拜艺术家，而不是他的作品，倒更公平合理得多，因为艺术家的存在先于艺术所造的神,也因为作品的形成是由艺术家的喜好决定的。然而事实上,他们把公正撇在一边,把技艺视若敝屣,却去敬拜技艺的产品,当制作的人死了之后,他们把他的作品视为不朽的东西,而它们若没有得到日复一日的关注,随着时间的推移,必销声匿迹。4. 我们看着这些人这样敬拜根本看不见的东西,听到他们向根本听不见的东西祷告祈求,怎能不怜悯他们? 他们虽然是人,生来就有生命和理性,却把那根本不能活动,甚至完全没有生命的东西称为神,最奇怪的是,他们把掌控在自己能力之下的事物当作自己的主来侍奉。不要以为这只是我的一种陈述,我也不是在贬损他们;这一切事实的确凿性有目共睹,任何人只要想看,就可以看到诸如此类的记载。

第 14 节 圣经指责偶像崇拜。

1. 当然对这一切最好的见证出于圣经,它早已预先告诉我们说①:"他们的偶像是金的银的,是人手所造的,有口却不能言,有眼却不能看,有耳却不能听,有鼻却不能闻,有手却不能摸,有脚却不能走,有喉咙也不能出声;造他的要和他一样,凡靠他的也要如此。"他们也逃不过先知的指责,因为圣灵有话驳斥他们说②:"雕刻偶像的尽都虚空,制造神祇的必觉羞愧,设计出这一切的人也必枯萎。任聋子聚会,任他们站立,都必惧怕,一同羞愧。铁匠把铁,在火炭中烧热,用锤打铁器,用他有力的膀臂锤成,他饥饿而无力,不喝水而发倦。木匠拉线,用笔画出样子,用刨子刨成形状,用圆尺画了模样,仿照人的体态,作成人形,好住在房屋中。他在墓地从主所栽种的树林中砍伐树木,这树,雨

---

① 《诗篇》115:5 以下。
② 《以赛亚书》44:9 以下(七十士译本)。(参看和合本 9—20 节。——中译者注)

水滋润使其生长，人可用以烧火，他自己取些烤火，又烧着烤饼，作雕刻的偶像向它叩拜。他把一份烧在火中，把一份烤肉吃饱。自己烤火说：'阿哈！我暖和了！我见火了！'他用剩下的作了一神，就是雕刻的偶像。他向这偶像俯伏叩拜，祷告它说：'求你拯救我，因你是我的神。'他们不知道，也不思想，因为耶和华闭了他们的眼，不能看见；塞住他们的心，不能明白。谁心里也不醒悟，也没有知识，没有聪明，不知道他曾拿一份在火中烧了，在炭火上烤过饼，也烤过肉吃；然后把剩下的作成可憎之物，向它叩拜。要知道，他们心中昏迷，被蒙偏邪，谁也不能救自己的灵魂，也不能说：'我右手中岂不是有虚谎吗？'"

2. 既然连圣经也指控他们不敬，他们怎能不被众人判为邪恶？他们既如此公然被断为敬拜无生命之物，而不拜真理，谁还能说他们不是可悲之人？他们既信靠毫无知觉、不能动弹的东西，把它们当作真神来敬拜，那还有什么盼望？能有什么推诿？

第15节 诗人和艺术家对诸神的具体描述表明它们没有生命，不是神，甚至不是高贵的人（男人和女人）。

1. 假如工匠能造出没有任何模样的神，这样倒有可能使他们避免暴露出如此明显的无知无识。因为倘若它们没有感官的标志，比如眼睛、鼻子、耳朵、双手和嘴巴，没有实际感知的活动，也没有领会感觉对象的能力，那他们或许还能嘲笑单纯民众认为偶像有感官的想法。然而，事实上，这些偶像既拥有这些东西，又没有这些东西；虽然站立却不能站立；虽然坐卧却不能坐卧。因为它们并没有这些器官的真正活动，只是制造者高兴怎样便怎样，所以它们始终是静止不动的，没有显示出任何作为神的迹象。很显然它们只是没有生命的物体，由人的技艺造出来放在那里。2. 倘若这些假神的预言者和先知，我的意思是指诗人和作家,只是简单地写着他们是神,而没有详述他们的所作所为来暴露他们邪恶而可耻的生活,那倒还可理解。因为光有神的名称,他们很可能会偷走真理,或者准确地说,可能导致一大部分人偏离真理。但事实上,他们叙述了宙斯的处处留情和伤风败俗的行径,其他神的堕落败坏行为,女神的淫荡和嫉妒,恐惧、胆怯以及其他诸恶,这就使人不得不相信他们所叙述的不仅不是神,而且甚至不是可敬的人。相反,他们是在讲述可耻之人的故事,这样的人,离高贵相差十万八千里。

第16节 异教徒为掩饰以上事实所提出的论证,(1)"诗人对这些面目可憎的神话负责。"但是诸神的名称和存在是否得到更好的证实?要么都成立,要么都不成立。或者必须对这些行为作出辩护,或者必须放弃诸神的神圣性。人们不认为英雄有这种与他们的本性不一致的行为,而根据这种辩解,诸神被认为有这些行为。

1. 面对这一切,不敬者也许会诉求于诗人的独特风格,说这是诗人们的特点,制造出并不存在的虚幻之物,为了取悦听众,讲述虚假的故事。 因此,这是他们所编的关于诸神的故事。然而,他们的这种托词,就算比其他任何人多,从他们自己对这些问题的思考和宣称来看,显然是多此一举的。2. 如果诗歌里所说的是编造的、虚幻的,那么宙斯、克洛诺斯、赫拉、阿瑞斯以及其他名称也必是虚假的。因为如他们所说的,就是名称也可能是编造出来的,事实上根本没有诸如宙斯、克洛诺斯、阿瑞斯这样的存有物(being)存在,是诗人臆想出他们的存在来欺骗听众。既然是诗人们编造出来的不存在之物,那他们为何还要叩拜它们,似乎它们原本就是存在一样? 3. 也许他们还会说,名称不是虚假的,只是他们描述的行为是虚假的。但这种辩解同样是不牢靠的。因为如果他们编造了行为,那无疑也编造了名字,这些行为归在这些名下。如果他们所说的名称是真实的，那么可以推出，他们所说的行为也是真实的。更何况，那些在自己所编的故事里说这些是神的人，必然知道神应当如何作为，应当不会把人的观念归到神身上，就如同人不会把水的属性归到火身上；火是燃烧的，而水的本性则相反，是冷却的。4. 这样说来，如果行为与神相配，行为者必就是神了；但如果行为是人的行为，并且是卑鄙之人的行为，诸如通奸以及上面所提到的种种恶行，那么做出此类行为的必是人，而不是神。因为行为必然与本性相对应，所以可以从行为者所做的事知道他的本性如何，也可以从他的本性推断出他会做什么样的事。正如一个人在讨论水与火，说到它们各自的活动时，不会说水使物燃烧，火使物变冷。同样，人若论到太阳和泥土，也不会说泥土发出光芒，太阳中生长草木果子。他若是这样说了，那就是疯狂透顶，无以复加。同样，他们的作家也不会这样说，尤其是最优秀的诗人。如果他们真的知道宙斯等等确实是神，就绝不会把这样的作为扣到他们头上，表明他们并不是神，只是人，并且还是不健全的人。5. 如果他们作为诗人，所说的就是虚假，那你是在贬损他们，否则，当他们论到英雄的勇敢时，为何就不说他们是在说谎，不认为他们是捏造软弱来代替勇敢，捏造勇敢来代替软弱？他们岂不应当那样做，就如同对待宙斯和赫拉一样？同样，他们应当指责阿喀琉斯（Achilles）缺乏勇气，称颂塞尔西特斯（Thersites）勇猛无比，同时，指责奥德修（Odysseus）愚钝，指出涅斯托尔（Nestor）是个鲁莽的人，叙述狄奥梅德和赫克托的女子般行为，宣扬赫库巴（Hecuba）的男子汉气概，因为他们既说诗人叙事的特点就是虚构和虚假，那就当把这种特点推演到一切情形中。然而事实上，他们刻意隐瞒真相，却不知羞耻地宣讲他们那些所谓神的天方夜谭。6. 他们中有些人会争辩说，诗人们描述诸神的荒淫之事时说的是谎话，但就其赞美之事来说，比如说到宙斯是众神之父,是至高者,奥林匹亚(Olympian)山上的神,在天上作王,他们没有说谎,而是在说实话。这样的辩护,不要说我自己,任何人都可以驳斥。因为我们只要回忆一下前面的证据,真理就一清二楚,与这些人所说的恰恰相反。诸神的行为表明他们只是人,但对他们的称颂却超出了人的本性。这两件事是彼此矛盾的,因为属天存在者的本性不可能做出这样的行为,而做出这种行为的人不可能成为神。

第17节 事实真相可能是这样的,可耻的故事是真实的,而归于他们的神圣属性则是诗人们的奉承之语。

1. 那么,我们还能作出什么论断呢?我们只能说,对他们的称颂是虚假的,纯属谄媚奉承之语,而所描述的行为是真实的。这一点真实性可以从人们通常的做法中得到确证。没有人一边称颂人却一边指责他的行为的。事实往往是,如果人的行为是可耻的,引发了丑闻,他们就用颂文来抬高他们,以夸张的赞美强行打动听众,以掩盖其他人的不当行为。2. 正如一个人必须对某些人发表赞美之辞,但从他们的行为或个性中找不到任何可赞美的材料,所找到的唯有行为和个性中丑陋的一面,于是他就换种方式赞美,拿不属于他们的事物来吹捧他们。同样,他们那些了不起的诗人,在描述他们所谓的诸神时,避开其不耻行为,给他们加上超人的头衔。殊不知,他们不可能借着这种超人的幻想来掩盖他们属人的行为,反倒借着他们属人的缺点更进一步表明了神的属性根本不适用于他们。3. 我倾向于认为这些诗人真实地叙述了诸神的情欲和行为,不论诸神本身是否存在。既然他们努力要把圣经里所说的神不可言传的名和尊荣①赋予那些并非是神乃是必死之

---

① 《所罗门智训》14 章 21 节。参看《以赛亚书》42:8 以及 48:11。

人的存在物，他们的这种努力既伟大又不虔敬，因此即便违背他们的意愿，他们也不得不根据真理阐明这些人（persons）的情欲。这样，史诗中所记载的他们的情欲就向后世彰显，证明他们根本不是神。

第 18 节　异教徒继续辩护。(2)"敬拜诸神是因为他们创造了生命的艺术品。"但这是人和自然的成就，不是某个神的成就。既然如此，为何不是所有的发明者都被神化？

1. 那么，这些坚持此类迷信的人，还能提出什么理由证明这些是真实的神？根据以上所说，我们的论证已经充分证明他们是人，并且还不是可敬的人。但也许他们会转向另一种论证，自豪地诉求于他们所发现的对生命有用的事物，说，之所以把他们看作神，是因为他们对人类有益。因为他们说宙斯掌管塑造术，波塞冬掌管飞行术，赫菲斯托斯掌管炼铁术，雅典娜掌管编织术，阿波罗掌管音乐，阿耳特弥斯掌管狩猎，赫拉掌管制衣，得墨忒耳掌管农业，其他诸神各自掌管不同技艺，如那些向我们讲述他们的故事之人所说的。2. 但人们不应当只把这些以及诸如此类的技艺归属于诸神，而应归于人类的共同本性，正是人通过观察自然、本性（nature）①发现了各种技艺。就是在通常的说法中，也称艺术是对自然本性的模仿。就算他们对其所追求的技艺精通，那也不是视他们为神的理由，倒是视他们为人的理由，因为技艺不是他们的创造。相反，在技艺上，他们与其他人一样，模仿自然。3. 按人的定义来说②，有一种追求知识的本性能力，所以如果凭着人的智力，通过他们对自己本性的洞察，逐渐了解把握它的规律，不期然就发

---

① Physis，这里是在双重意义上使用。
② 亚里士多德所立的定义，《论题篇》(*Top.*) V. ii.-iv. 他把人定义为 *"zoon epistemes dektikon"*，比较《形而上学》(*Metaph.*) I. i. "求知是人的本性。"

明了艺术,对此我们一点儿也不会感到惊奇。如果他们说,艺术的发现使他们有资格被称为神,那就该把其他艺术的发现者也宣布为神,前者配得这一头衔,同样的理由后者也配得。腓尼基人发明了文字,荷马(Homer)创造了史诗,埃利亚的芝诺(Zeno of Elea)创立了辩证法,叙拉古的科拉克斯(Corax of Syracuse)创立了修辞学,亚里斯泰乌(Aristaeus)发明了养蜂术,特里波托勒姆斯(Triptolemus)发明了种谷术,斯巴达的莱喀古斯(Lycurgus of Sparta)、雅典的梭伦(Solon of Athens)创立了法律,帕拉美德斯(Palamedes)发现了字母的顺序、数字、度量和重量。还有其他人为人类的生活提供了各种有益的事物,这些都有我们的历史学家作见证。4. 假若按他们的说法,艺术造就神,所雕刻的神也因此而得以存在,那么可以推出,那些后来发明其他艺术的人无疑也必定是神。或者,如果他们不相信这些人配得神的荣耀,而认为他们都是人,那么要保持逻辑的一致性,就不能把神的名称赋予宙斯、赫拉以及其他人,只相信他们也是人。不仅如此,他们还是那个时代不受尊敬的人;正如把他们的形象刻成雕像,这一事实只能表明他们不是别的,不过是人而已。

第19节 偶像崇拜的自相矛盾。掩饰性论证。(1)神圣本性必须以可见的记号体现。(2)偶像是借天使与人交通的超自然手段。

1. 他们还能把他们雕刻成什么模样?不过就是男人的样子,女人的样子,低级造物,非理性之物的样子,各种飞鸟,各种野兽、家畜,爬行动物,包括地上的、海里的,整个水域所产生的生物的样子。人既已坠入到情欲和享乐的不可理喻之中,除了享乐和肉体的欲望之外,再也看不到别的东西。因为他们的心思全在这些非理性事物中间,也就想象神圣原理也必在非理性事物中,所以刻出大量的神来迎合他们的各种情欲。2. 他们有各种兽和爬行动物以及鸟类的像，如神圣而真实的宗教的阐释者所说的："他们的思念成为虚妄，无知的心就昏暗了，自称为聪明，反成了愚拙，将不能朽坏之神的荣耀变为偶像，仿佛必朽坏的人和飞禽、走兽、昆虫的样式。所以，神任凭他们逞着心里的情欲行污秽的事。"因为如我上面所说，他们的灵魂先前已经沾染了非理性的享乐，所以落到这种造神的地步。一旦拒斥神，自甘堕落，此后就一路下滑，在污泥里打滚[1]，把神，道之父，描画成非理性的样子。3. 对此，那些被当作哲学家和智者[2]的希腊人，一方面不得不承认他们有形的神是人和非理性之物的样式和形象，但又辩解说，他们拥有这样的东西，目的是为了借着它们使神（deity）回应他们，显现出来。因为若不如此，他们就不可能知道不可见的神，唯有通过这样的形象和仪式才能知道。4. 还有一些[3]声称要给出比这些更深刻、更富哲理性的理由，说预备并塑造偶像的原因是为了祈求圣天使和权能显现出来，他们借此显现之后就能教导人关于神的知识；他们的作用就如同给人文字，叫人从借着这些途径显现出来的圣天使，学会如何去领会神。这就是他们的神话学——我们绝不能称之为神学。但我们只要仔细地检查这种论证，就会发现，这些人的观点，与以前所论到的一样，都是错误的。

第20节　但这种假想的偶像之美德存在于哪里？在质料中，还是

---

[1] 参看《演讲》iii. 16。
[2] 这可能是指推罗的马克西姆（Maximus of Tyre）（*Saussaye*，11节），或者指佚失的论文"神圣的扬布里丘"的 *Peri agagmaton*，它被认为是一直到7世纪的基督教作家都值得回应的文章（Philoponus in Phot. Bibl. Cod. 215）。
[3] 这是为了捍卫"Scriptor de Mysteriis"（可能是扬布里丘的看法，参看 Bernays "2 Abhandlungen" 1880, p. 37）；敬拜的物质手段是直接到达低级（或半质料）神的方法，从而是间接到达高级神的途径。若没有高级神以低级方式显现出来，就几乎没有人能领会神；*parestin aulos tois enulois ta aula* (v. 23, cf. 14)。

在形式中，或者在制造者的技艺中？所有这些观点都立不住脚。

1. 对此，我们完全可以在真理的审判台前反问他们，神如何借这样的物体回应他们，或者叫他们知道？是由于构成它们的质料，还是它们所拥有的形式？若是由于质料，那还要形式有何用，神不是在这些事物形成之前就借着一切质料，毫无例外，显现出他自身？他们建起各种神殿，用一大块石头或木头或金子做门也是徒劳的，因为全世界满地都是这些东西。2. 但如果外加的形式是神显现的原因，那么金子等等这些质料有何用，神岂不可以借着真实的动物显明自己，偶像不就是它们的样式吗？假如基于同样的原理，认为他是借着活生生的动物，不论是理性的，还是非理性的，显明自己，而不是让人在毫无生命、根本不能动的事物中寻找自己，这种关于神的观点倒显得更高贵一些。3. 由此看来，他们对自己行了最大的不敬之事。虽然他们放弃了活生生的动物，兽类、鸟类、爬行类，或者因为它们的残忍，或者因为它们的肮脏，然而却把它们的样子刻在石头、木头或金子上，使它们成为神。他们若是叩拜活物本身，而不是叩拜它们的石像，那倒更好些。4. 当然，也许两者都不是，导致神显现的既非质料也非形式，而是高超的技艺，因为它是对自然本性的一种模仿。但如果神是由于技艺与形象交通的，那同样，要质料何用？技艺不在于人吗？如果神的自我显明全是因为技艺，如果是出于这样的原因，形象才被敬拜为神，那就应当去叩拜并侍奉拥有技艺的人，他们不仅有理性，还拥有技艺呢。

第21节　借天使交通的观点包含更大的矛盾，即便这种说法是真的，也不能证明偶像崇拜是合理的。

1. 关于他们的第二点也是他们自称的更深刻的辩解，我们可以合理地补充如下。如果这些事物是你们希腊人所造，不是为了神的自我显现，而是为了使神的天使显现，那你们为何把用来祈召权能（天使）的偶像看作比所祈召的权能更高级呢？你们刻出偶像是为了领会神，如你们自己所说的，却把神的荣耀和头衔投到实际的偶像上去，这岂不是把自己置于渎神的地位吗？2. 一方面承认神的大能超越于微不足道的偶像，并因此不敢借着它们直接呼告神，只敢祈求低级权能；但另一方面，你们自己又越过这些低级权能，把你们所敬畏的神的名称赋予石头、木头，称它们为神，而不再当其是石头和人的作品，对它们顶礼膜拜。就算承认你们的错误说法，假设它们是你们用来沉思神的文字，那也不能给予符号比符号所指的实体更大的尊敬。如果有人写下皇帝的名字，然后敬它胜过敬皇帝本人，这样做绝不可能没有危险，相反，它很可能招致死刑判决；另一方面，书写是由书写者的技艺形成的。3. 同样，就你们自己来说，你们若有充分的理性能力，就不能把如此伟大的神性启示（revelation of Godhead）简化为质料，也不能给予雕像比雕刻家更高的荣誉。倘若这样的辩解，即它们作为文字指向神的显示（manifestation），因而是神的指示（indications），值得神化，有一定的道理，那么神化把它们雕刻出来的艺术家，认为他们比其所刻的作品要强大而神圣得多，因为作品是根据他们的意志创作出来的，岂不更加有道理了。如果文字值得敬仰，那书写者岂不比它们更神奇，更值得敬佩，因为他心里装有这种艺术和技能。然而，我们既然不能因此就把他们当作神，那也必须质问他们为何如此疯狂地追求偶像，要求他们证明偶像崇拜的合理性在哪里。

第22节 形象不能表示神的真实样式，否则神就是可败坏的。

1. 若说他们之所以这样塑造形象，其原因在于，神具有人的样子，那么他们为何还要赋予它非理性造物的样子？或者，如果神的样子就是后者的样子,那为何还要用理性造物的样子来体现呢？或者,如果两者都是,他们认为神是由两种样子联合而成的,即神既有理性造物的样子,又有非理性造物的样子,那么他们为何把联合在一起的东西拆开来,分成兽的像和人的像,而不是始终是人兽混合的像,比如希腊神话里的斯库拉 (Scylla) ①、卡律布狄斯 (Charybdis) ②、半人半马的怪物 (Hippocentaur),以及埃及神话中的阿奴庇 (Anubis)？他们或者应当这样用两种形象来表示,或者如果只有一种形式,就不能错误地同时使用另一种形式。2. 再者,如果它们的样子是男性的,为何还要把它们塑造成女性？如果它们是女性的,为何还把它们塑造成男性的样子？同样,如果它们是两性混合的,就不应当分成不同性别,而应把两者结合起来,仿照所谓的男女同体的样式。这样,他们的迷信为观众提供的就不仅是不敬和诽谤的场景,还是可笑滑稽的场面。3. 一般而言,如果他们认为神是有形的,因而为他设计出肚腹、手脚、颈项、胸膛,以及其他属人的器官,那么可见他们的心灵滑落到了何等不敬和邪恶的地步,心里所怀的全是这样的神。因为由此可以推出,它必也具备身体的所有其他属性,可以切割、分离,甚至可以完全毁灭。但这些以及诸如此类的,全不是神的属性,完全是属地形体的属性。4. 神是无形的、不能败坏的、不死的,不需要任何东西来满足什么目的,而这些东西是可朽的,是身体形状,需要身体上的管理,如我们前面所说的。③我们常常看到已经变旧了的像被刷新,那些因风吹雨打,日久天长,或者被地上的这种或那种动物破坏了的像被修复。在这种情形下,有人必会指责他们的愚蠢,因为他们把自己所造的东西宣布为神,这些原

---

① 栖居锡拉岩礁上攫取水手的女妖。——中译者注
② 荷马史诗中的女妖。——中译者注
③ *Supra* xiii. 3.

本是他们用自己的技艺装饰防止其败坏的东西,他们却向它们祈求拯救,他们完全知道这些东西需要得到他们的关照,却祈求它满足他们的需要,把这些封闭在小小神龛里的东西称为天地一切造物的主,却毫不羞耻。

第 23 节 各种偶像崇拜仪式表明它们全是虚假的。

1. 然而,你不仅可以从这些思想中体会到他们的邪恶,还可以从他们自己对偶像的彼此矛盾的观点中看到他们的邪恶。如果按照他们的论断和推测,这些偶像全是神,那么究竟哪一个是效忠对象,哪一个是至高者,使我们可以充满信心地敬拜神,或者如他们所说,可以完全确定地认作神(Deity)?因为并非所有人都把同样的存有者(beings)称为神,相反,几乎每个民族都有自己想象出来的神。甚至同一个地区,同一个城镇内部,对他们偶像的迷信都有冲突之处。2. 比如,腓尼基人不知道埃及人所称为的神,埃及人也不会敬拜腓尼基人的偶像。锡西厄人(Scythians)拒斥波斯人的神,波斯人也不承认叙利亚人的神。佩拉斯吉人(Pelasgians)厌恶色雷斯人(Thrace)的神,而色雷斯人也不知道底比斯人(Thebes)的神。同样,印度人的偶像不同于阿拉伯人的,阿拉伯人的偶像也不同于埃塞俄比亚人的。叙利亚人不会敬拜西里西亚人的偶像,而卡帕多西亚人所谓的神也不同于所有这些偶像。庇推尼人(Bithynians)接受的是另外的偶像,而亚美尼亚人想象出来的又是不同的神。我还需要举出更多的例子吗?内陆人叩拜的神不同于岛国人的神,小岛上的居民与大陆居民所拜的也是不同的神。3. 总而言之,每个城市和乡村,都不知道别人的神是什么,只偏爱自己的神,并且相信自己所敬拜的才是神。关于埃及人的恶劣行径,甚至没有必要提及,实在是有目共睹之事:各个城邑的宗教怎样的彼此对立，互不相容，邻人与邻人之间往往敬拜完全相反的对象①，以至于可以看到这样的现象，这群人向鳄鱼祷告，相邻的一群人则视之为可厌之物，这些人敬狮子为神，他们的邻人别说敬拜它，只要看见这野兽，就要杀死它；一个民族把鱼当成神圣者，另一个地方则拿它作桌上餐，腹中食。4. 奇怪的是，从历史学家的记载来看，佩拉斯吉人是从埃及人学了诸神的名称，但他们却不知道埃及的神，敬拜的是另外的神。一般来说，凡是迷恋偶像的民族都有各不相同的观点和宗教，任何情况下都不可能有一致性。这并不令人吃惊。5. 因为他们偏离了对独一神的沉思，坠落到众多不一的对象上；既已离弃了父的道，基督这众人的救主，就必使他们的悟性四处飘荡。正如人离开太阳进入黑暗，在许多没有路的地方徘徊，看不到那些呈现在眼前的，却幻想那些根本不存在的东西，似乎看见了什么，其实什么也没看见；同样，他们离开了神，灵魂就是黑暗的，心灵处于飘浮状态，就像醉酒的人，什么也看不见，就想象并非真实存在的东西。

第 24 节　此处所谓的神在另一处被用作祭品。

1. 这样看来，每个城市，每个国家，都有许多各不相同的神。不同的神彼此毁灭，所有的神也就毁灭殆尽。这绝不是微不足道的证据，恰恰能够证明他们的邪恶彻头彻尾。有些人视为神的，另一些人却拿来作祭品献给他们所谓的神。反之亦然，在有些人是牺牲的，在另一些人却是神。埃及人侍奉公牛和小牛犊埃皮斯（Apis），而其他人则拿这

---

① Hdt. ii. 69；cf. Juv. Sat. xv. 36，*"numina vicinorum Odit uterque locus."* 这是阿塔那修极有限的几个有埃及"本地色彩"的地方之一（参看 Supra 9，10）。菲阿龙（M. Fialon）显然是太富想象力了（p. 86 与 p. 283 自相矛盾），因为他在《驳异教徒》里看到一种关于高级宗教原理的思想，这种原理，唯有现代的埃及学才能使我们在流行埃及多神论的光怪陆离的特点后面看出来。

些动物来祭献宙斯。即便他们没有拿别人作为圣物的动物来祭献，由于祭献的是它们的同类，看起来就是在献别人的圣物。2. 印度人崇拜狄奥尼索斯，把这名字用作酒的符号，而其他人把酒倒出来作为对他们的神的祭献。有人敬江河和泉水，尤其是埃及人，对水特别崇敬，称之为神。然而其他人则用水来洗濯别人和自己的污秽，并可耻地把用过的水倒掉，甚至敬拜水的埃及人自己也这样做。几乎埃及的整个偶像体系都是这样，把其他民族拿来祭神的祭品当作偶像加以崇拜，所以受到别人的嘲笑，把那些并非神而是别人，甚至他们自己拿来慰藉神的祭品和牺牲神圣化。

第 25 节 人祭，它的荒谬性、流行性及其灾难性后果。

1. 然而在这个问题上，有些人走到了敌视宗教和极端愚蠢的地步，以至于杀死活生生的人去祭献他们虚假的神，而这神，不过就是人的形象和样式。可恶的人，他们不知道他们所杀的牺牲就是他们所造、所拜、向其祭献的神的范型。有人会说，他们是拿同等的事物祭献，或者毋宁说，拿高级的献给低级的，因为他们拿活的造物献给死的造物，拿理性的人献给没有活力的东西。2. 被称为汤瑞亚人（Taurians）的锡西厄人，在祭献他们的童女——如他们所称呼的——时，把海难中幸存下来的人，以及战争中抓到的希腊人作祭品，甚至不敬到拿他们本民族的人开刀，恰恰在他们的神面前暴露了自己野蛮残忍的本性。试想，神意（Providence）从危险和大海中拯救起来的人，他们却将其杀死，这岂不可以说是直接与神意作对吗？他们正是以其野兽般的性格违背良善的神意。而其他人，当他们从战场凯旋之后，就把囚犯分成几组，每组一百人，从每一组中挑出一人，献给阿瑞斯。3. 并非只有锡西厄人因为其作为野蛮人与生俱来的残忍本性，故而做出这种令人不齿的恶劣行径。相反,这种行为乃是与偶像和假神相关的邪恶的独特后果。其实,埃及人先前也常常用这种祭品来祭献赫拉,腓尼基人和克里特人常常祭献儿童来与克洛诺斯和解。就是古代的罗马人也用人祭来敬朱庇特·拉提阿里乌斯(Jupiter Latiarius),如他们所称呼的。总而言之,有些以这种方式,有些以那种方式,但无一例外①,全都招来了污秽,行了玷污之事:仅就他们为杀人所做的预备而言,就招来了污秽,何况还让他们自己的殿充满这种祭品的黑烟,岂不更是大大玷污了圣殿。4. 这是人类大量恶行的现成源泉。因为看到他们的假神悦纳这些东西,他们就效仿自己的神,行同样的不当之事,以为模仿高级存有者——他们以为那些是高级的——就是对自己积德。由于成人和儿童大量被杀,也由于各种无法无天之事的存在,人类变得稀少了。几乎每个城市都充塞着各种放荡之事,这是由于它们的神的野蛮特点造成的。在偶像的殿里,除了所有人都见证其放荡淫乱的那个之外②,没有哪个人的生活是健康正常的。

第26节 异教主义(Paganism)的一切道德败坏都源于诸神。

1. 比如,古代的腓尼基妇女常常坐在殿里,忍受人们用她们的身体向神献祭,以为通过淫乱就能告慰他们的女神,就能谋取她的恩惠。而男人们否定自己的本性,不想再做男人,穿上女人的服饰,以为他们这样做就是尊敬他们所谓的诸神之母,使她满意。然而,这一切都与最卑微者共存,与他们中的最恶劣者同等,如基督的圣使徒保罗所说:

---

① 关于人祭,见 Saussaye, 17节,及 Robertson Smith, *Religion of the Semites*, pp. 343 sqq., 尤其是 p. 347, 注1,因为引用了差不多同时代的例子。
② 也就是说,在放荡的敬拜者中,唯有那无生命的偶像是远离恶的,尽管敬拜者冠之以神圣的属性,因而照着他们的迷信,也认为他有放荡的生活。

"他们的女人把顺性的用处变成逆性的用处；男人也是如此，弃了女人顺性的用处，欲火攻心，彼此贪恋，男和男行可羞耻的事。"① 2. 他们以诸如此类的方式行事，实际上就是承认并表明他们所谓的诸神的生活也与他们同类。他们从宙斯学会了年纪轻轻就败坏通奸，从阿佛洛狄忒学会淫乱，从瑞亚（Rhea）学会放荡，从阿瑞斯学会杀人，从其他神学会其他诸如此类的事，都是法律必予严惩、正常的人唯恐避之不及的事。那么，还能把他们称为神，而不因这种放浪形骸的行事方式而认为他们比兽类更无理性吗？还能把敬拜他们的人看作是人，而不看作比兽类更无理性，比无生命之物更无灵魂的东西而怜悯他们吗？他们若是想想自己灵魂里属理智的部分，就不会一头扎进这些偶像里面，也不会否认真正的神，基督的父。

第 27 节　总结对流行的异教的驳斥，进而讨论较为高级的自然崇拜。大自然如何以其各个部分的相互依存为神作见证，这也要求我们不可把其中某一部分当作超越的神。这一点要详尽论述。

1. 也许有些人已经超越了这些事物，对整个造物惊异不已，而对这些可恶之事的暴露感到羞耻，所以联合起来拒斥易受谴责、易被驳倒的东西，但同时自认为拥有一种根据充分、无可辩驳的观点，即对宇宙及其各部分的崇拜。2. 他们会夸口说，他们敬拜侍奉的不只是木头、石头、人、鸟、爬行动物、野兽的形象，而是太阳、月亮，以及整个天宇，还有大地，整个水域；他们会说，没有人能表明这些事物有哪一点不具有神性，因为众所周知，它们既非没有生命，也不缺乏理性，甚至超越了人类的本性，因为一个住在天上，一个住在地上。3. 那么

---

① 《罗马书》1：26。

我们不妨来看看并检查一下这些观点。其实，毋庸置疑，这里我们的论证也必把他们批驳得体无完肤。不过，在我们检查之前，或者开始证明之前，造物界自身就有洪亮的声音驳斥他们，并且指出神才是它的创造者和工匠，他统治着整个造物界，是万物之王，也是我们的主耶稣基督的父。但是所谓的哲学家们却撇开他，转而去敬拜并神化从他而来的造物界，他们因这造物界而否认造物的主，然而这造物界本身却敬拜并承认它们的主。4. 人若是这样惊异于造物的部分，视它们为神，那么他们完全可能被那些部分的相互依存驳得哑口无言；而这种现象转过来进一步表明并见证了道之父，他是主，也是所有这些部分的造主。它们因永恒之法顺服于他，如神圣律法所说的："诸天述说神的荣耀，穹苍传扬他的手段。"① 5. 这一切的证据并非是模棱两可的，在那些悟性还未完全泯灭的人看来是非常清晰可见的。人若是把造物界的各部分分开来看，孤立地思考，比如孤立地看太阳，或单独看月亮，还有土和气，热和冷，湿和干，全都把它们从相互联系中分解出来，个别地看，他必会发现，没有一个能够自足，所有东西都需要其他东西的配合，需要彼此协助。太阳环绕着并包含在整个天宇里面，永不可能脱离它的运行轨道，同时月亮和其他星辰验证太阳为它们提供的协助。同样，显而易见，大地若没有雨水，就不可能长出庄稼。反过来，雨水若没有云的帮助，也不可能降到地上。而没有空气，就是云也不可能出现并帮助雨水形成。空气虽由上层空气加温变暖，却是由太阳照明变亮的，而不是靠它自己。6. 同样，井泉和江河若不同有地土就不可能存在；但地土也不是自足的，而要依赖于水域；而水域则保持在它的原处，被紧紧地围在宇宙的中心。海和洋在大地周围流淌，只要有风刮

---

① 《诗篇》19：1。

来，水就波动，被风带走。而风也不是自己产生的，根据那些研究这一题目的人的记载，是在空气中形成的。由于上层空气加热，温度升高，与下层低温空气形成反差，造成对流，产生了风，到处吹拂。7. 至于构成自然物体的四大元素，即冷热干湿，谁会悖谬到不知道它们实际上是结合而成的，如果彼此分离，单独存在，就可能由于比较丰富的那种元素的强大力量而彼此毁灭？冷的成分太多，就会毁灭热。反之亦然，热的成分太多，就毁灭冷。湿太重，干就变成了潮湿；干太足，湿便被干化了。

第28节 宇宙机体不可能是神，否则，神就成为由不同部分构成的东西，就有可能分解和毁灭。

1. 这些事物既然需要彼此的协助，它们怎么可能是神呢？或者说，它们自己都要祈求彼此的帮助，你怎么能向它们祈求什么呢？只要我们承认神确实是这样的，他无所缺乏，无所需要，自足自存，万物都依靠他，他帮助万物，但不求助于万物，那么，怎么能把太阳、月亮以及其他造物称为神呢？因为它们全不是这样的存在，甚至是需要彼此帮助的事物。2. 不过，如果把它们分开，单独来看，我们的对手自己也会承认它们是相互依赖的，因为这实在是有目共睹的事实。但他们会把所有部分合在一起，组成一个单一体，然后说，这整体就是神。因为一旦把各部分复合成整体，它们就再也不需要外在的帮助，整体就是自足的，在各方面也是独立自存的，至少未来的哲学家会这样告诉我们，所以这里必须再次作出批驳。3. 这种论点并不比前面所讨论过的其他论点高明多少，只能表明他们的大不敬和全然无知。试想，如果把各部分联合起来构成一个整体，那么这整体就是由部分组成的，每一个都是这整体的一分子。然而这样的整体与神的观念是大相径庭的。因为神这个整体不是由多个部分合成的整体，他本身就是整个宇宙体系的创造主。他们说出这样的话，可见对神是完全不敬不虔的。不然，神若是由部分构成，就可以推出，他必不同于他自己，是由不同的各部分构成的。比如，他若是太阳，就不是月亮；若是月亮，就不是大地；若是大地，就不是海洋，如此等等，这样一步步推论下来，就可看到他们的这种理论是多么的荒谬可笑。4. 其实，从观察我们人的身体得出的这一点，就足以驳倒他们。正如眼睛不是听觉器官，耳朵不是手，同样，肚腹不是胸膛，脖子不是脚，每一个肢体都有自己特有的功能。一个单一的身体是由这些各不相同的肢体组成的。把各部分复合起来使用，但在时间的流逝中，各部分注定是要分离的。自然，就是按照神的命令把它们复合起来的自然，又根据神的旨意把它们分开。因此（但愿至高无上的神饶恕这样的论点①），如果他们把造物界的各部分复合成一个整体，然后说它是神，那么可以推出，首先，他不同于他自己，如上面所表明的；其次，他注定要被重新分解，因为部分的自然倾向就是分离。

第29节 大自然的平衡力表明它不是神，不论是整体还是部分。

1. 我们也可以从另外的角度借着真理之光驳斥他们的邪恶。倘若神的本性是无形的、不可见的、不能触摸的，那么他们怎么能把神想象成一个身体，敬拜我们既能用眼睛看见又能用双手触摸的事物呢？2. 再者，如果关于神的话是真实的，即他是全能的，没有东西在他之上，相反，他是万物之王，万物之主，那么他们这些神化造物界的人怎么能看不到造物界根本不符合关于神的这个定义呢？当太阳落到地平线下，

---

① 参看《演讲》i.25，注2。

地的影子就挡住了它的光芒，而到了白昼，太阳又用其明亮辉煌的光芒遮住月亮。风暴常常损害地上的果子；若有洪水泛滥，火就被熄灭。春天迫使冬天让路，夏日不允许春日迟迟不走，秋季到了，该轮到夏季乖乖地退出季节的舞台。3. 如果它们是神，就不应当彼此相争，相互失色，而应当始终共存，同时施展它们各自的功能。不论是黑夜还是白昼，太阳和月亮以及其他星辰都应当一起同等地放光，把光芒给予万物，叫一切事物都被它们照亮。春夏秋冬不应当相互交替，而应一起出现。海洋应当与泉源联合，一起为人提供饮水。风和日丽与暴风骤雨应当同时发生。水火应当为人提供同样的用途。因为它们若是神，如我们的对手所说的，不会做任何有害的事，只是一概为善，那么谁也不会受它们的伤害。4. 然而，这一切全都是不可能的，因为它们彼此互不相容，既然如此，这些互不相容，彼此相争，不能联合的事物，怎么能给予它们神的名称，敬拜它们如同敬拜神呢？本性不和的事物怎么可能因人的祈求就给他们和平，成为他们的和谐之主呢？这样说来，无论是太阳、月亮，或者造物界的任何部分，更不要说石像、金像，其他质料刻成的像，或者宙斯、阿波罗，诸如此类，诗人所编造的故事中的人物，没有一个可能是真正的神，这就是我们的论证所表明的。这些事物中，有些是造物界的一部分，有些是无生命之物，有些干脆就是必死的人。因而，他们的敬拜和神化根本不属于信仰，只是引入了邪恶，引入了一切不敬，大大地偏离了对独一真神即基督之父的知识。5. 既然这一点已是显而易见，希腊人的偶像崇拜充满了邪恶，它的引入不是为了有益于人类，而是为了毁灭人类生活。那么现在，就如我们的讨论一开始就说好的，我们既已驳斥了错误，就让我们踏上真道，凝视宇宙的首领（Leader）和制造者，父的道，好叫我们借着他领会父本身，也叫希腊人知道他们已经离真理有多远。

第二部分

第30节　人的灵魂，既是属理智的，只要它如实地保守自己的本性，就能凭自身认识神。

1. 我们所讨论的信条已经被证明不过是对生活的一种误导，而真道则致力于追求真实而正确的神。要获得这种知识和准确理解，不需要别的，只要靠我们自己就行。因为神本身是在一切之上的，所以通向他的道路没有一条是远离我们，或者在我们之外的，它正在我们心里，首先从我们自身就可以找到它，如摩西所教导的，他说："这话……在你心里。"①救主所宣告并确证的也就是这一点，他说："神的国就在你们心里。"② 2. 信心在我们自己，天国在我们自己，既然如此，我们就能迅速看见并认识宇宙之王，父的救人之道。不要让敬拜偶像的希腊人制造借口，也不要让任何人自欺欺人，说没有这样的道路，从而为他的邪恶寻找托词。3. 其实我们全都踏上了这条道，都拥有了它，尽管并非所有人都心甘情愿地走这真道，有些人宁愿离开它去走歧途，因为生活的享乐从虚无吸引着他们。如果有人问，这是什么样的路呢？我要说这就是我们每个人的灵魂，就是住在灵魂中的理智。因为唯有靠它才能沉思并认识神。4. 除非不敬的人拒不承认自己有灵魂，就如他们拒不认神一样；这倒比他们所说的其他言论更合情理，因为拥有理智的人是不可能不认神的，他是理智的造主和工匠。这样说来，考虑到思想单纯的人，我们有必要简洁地说明每个人都有灵魂，这灵魂是理性的；尤其因为有些宗派成员也不承认这一点，认为人不过是可见

---

① 《申命记》30：14。
② 《路加福音》17：21。

的身体样式。这一点一旦得到证明，他们本人就得到了更清楚的证据驳斥偶像。

第 31 节 理性灵魂存在的证明。（1）人与兽类的区别。（2）人有对客体的思维能力。思想之于感官就如同音乐家之于乐器。做梦现象证明了这一点。

1. 首先，灵魂的理性可由它与非理性造物的区别得到有力的确证。这就是通常称它们为人的原因，也就是说，因为人类是理性的。2. 其次，这不是通常的证据，即唯有人能思想在他之外的事物，能推演没有实际发生的事情，能反思，能决断选择更好的可能性。而非理性的动物只能看到眼前发生的事，只能被动接受出现在它们眼皮底下的事，即便结果对它们有害，而人不会看到什么就接受什么，总能根据对眼睛所看到的事物的思考来作出判断。比如，他的冲动常常受制于推论，而他的推论则听从于反思。每个人，只要他是真理的朋友，就知道人类的智性不同于身体感官。3. 因为它是独特的，它的作用就如同感官的判官，感官感知各自的对象，理智分辨、收集、指出哪个是最好的。眼睛的功能只是看，耳朵的功能只是听，嘴巴只是尝，鼻子只能嗅，手只能触摸。至于应当看什么，听什么，触摸什么，品尝什么，嗅闻什么，那就不是感官所能解决的问题了，只能由灵魂和住在灵魂里面的理智来解决。试想，手能抓住刀锋，嘴能品尝毒品，但哪个也不知道这些东西有害，这要靠理智来决定。4. 借用一个比喻来说明，这情形就像精致的竖琴在技艺高超的音乐家手上。正如每根琴弦都有自己特有的音调，或高或低或中，或尖或粗或平，但若不是艺术家的耳朵，就很难分辨它们的音阶和节奏。唯有当抚琴者按照曲调拨动琴弦，调出和音，才可能显明准确的音阶和节奏。同样，各种感官分布在身上，这身体就如一把琴，当精湛的理智指挥它们时，灵魂也能分辨并得知它在做什么，是怎么做的。5. 但这是人类所特有的，就是人的灵魂里理性的东西，正是这一点使人与兽类区别开来，表明它确实不同于身体上表现出来的东西。比如，当身体躺在地上的时候，人常常想象并沉思天上的事物。当身体安静下来①，处于休息、睡眠状态的时候，人就开始里面的活动，看到在他自身之外的事物，旅游到别的国家，走在路上遇到老相识，并常常通过这些情景预示、预测白天的行为。那么除了理性灵魂，这种活动还能归于谁呢？人不就是在理性灵魂中思考并认识他自身之外的事物吗？

第32节 （3）身体不能产生这样的现象；事实上，理性灵魂的活动可以从它支配身体器官的本能活动中看出来。

1. 为了那些②无耻地否认理性以求推诿的人的益处，我们再补充一点，以便完善我们的论证。身体的本性是必死的，但为何人能够思考不朽的事物，并且常常——只要美德需要——求死？或者说，既然身体只能持续一段时间，人为何能设想永恒的事物，从而鄙视呈现在眼前的东西，而渴求超然于外的事物？身体不可能自发地产生这种思想，它自身也不可能思考永恒的事物。因为它是必死的，只能持续一段时间。由此可以说，那思考与身体相反之物并与其本性相对的，必是不同类型的东西。那么这样的东西除了理性的、不朽的灵魂之外，还能是什么呢？它发出的是高级事物的回音，不是在身体之外，而是在身体里面，就如音乐家在琴弦上弹奏音乐一样。2. 或者，眼睛天生能看，耳

---

① 参看《安东尼传》(*Vit. Ant.*) 34。
② *Supra* xxx.

朵天生能听，但它们为何舍弃某些对象，而选择另一些对象？使眼睛离开视线的是谁？是谁睹住耳朵，使它不能听，无法发挥它的本性功能？是谁常常阻止味觉的本能冲动，使它不能品尝各种食物？是谁抑制双手，干涉它凡事都要触摸的本能倾向，或者阻止嗅觉不实施其通常的活动？究竟是谁处处与身体的天然本能作对？或者，身体为何撇开自己的本能活动，求助于另一者的决策，甘愿唯另一者之命是从，听它指导？所有这一切只不过证明这样一点，那就是理性灵魂支配着身体。3. 就是从构成来看，身体不是自我驱动的，而是由另一者的意志带动的，正如马不是自己负轭，而是由主人来驾驭的。因此人有律法叫人行善避恶，而兽类，从来不曾想过何为恶，不曾分辨何为善，因为它们在理性和领悟过程之外。这样，我想，我们所说的足以证明理性灵魂的存在。

第33节 灵魂是不朽的。证据（1）它与身体不同；（2）它是活动之源；（3）它的想象和思考能力超越身体。

1. 灵魂的本性是不朽的，这是教会教导的另一观点，也是你必须知道，以便表明偶像为何必须推翻。不过，我们可以从我们对身体的了解，从身体与灵魂的区别更直接地获得这种知识。只要我们的论证表明它必是与身体不同的，而身体的本性是必死的，那么就可以说，灵魂的本性是不死的，因为它与身体完全不同。2. 再者，如果正如我们所表明的，灵魂推动身体，但自身不被他物所推动，那么可以推出，灵魂的活动是自发的，这种自发运动在身体埋入地里之后仍然一如既往。倘若灵魂由身体推动，那么就得推出，离开了它的发动机，就必然导致它的死亡。但既然灵魂还推动身体，那么更可以说，它推动自己。

它既是自我推动的①，那它必比身体存活更长时间。3. 灵魂的运动与它的生命是一回事，正如当身体活动时，我们就说它是活的，当它不能再动弹时，就说它已经死了。但从灵魂在身体里的活动可以一劳永逸地使这一点显得更清楚。就是当它与身体结合、相伴时，它也没有被身体的狭隘空间所禁锢，或者变得与其差不多，而是相反。当身体躺在床上，静止不动，进入死一般的睡眠状态时，灵魂因自己的力量，常常保持清醒，超越身体的天然力量，虽然还停留在它里面，却好似离开身体远行漫游，想象并观看地上的事物，甚至常常与超越于属地、属体存在的圣徒和天使交通，怀着对它纯粹理智的自信靠近他们；倘若到了命令它与身体结合的神指定它与身体分离的时间，到了它飘然而去的时候，岂不是要使它对不朽的知识更加清晰吗？既然当它还与身体相伴时，就可以在身体之外生活，当身体死后，它的生命岂不是更要永久持续，无有终止？因为这是神借他自己的道，我们的主耶稣基督造它出来的样子。4. 这就是灵魂为何思想并在心里刻有不朽而永恒之事的原因，也就是说，因为它本身就是不朽的。正如身体是必死的，所以它的感官也以必死的事物作为它们的对象。同样，因为灵魂沉思、凝视不朽之物，所以它自身必是不朽的、永活的。因为关于不朽的观念和思想永远不会离开灵魂，而是永驻在它里面，并且可以说，是保证它不朽的原料。所以，灵魂能凝视神，是它自己的路，不是从虚无，而是从它自身领受对神之道的认识和领悟。

第34节 灵魂只要除去罪的污秽，就能直接认识神，它自己的理

---

① 参看柏拉图《斐德罗篇》245C-E，*Legg*. 896，A，B。这里所参考的更可能是前一段，这一段就像本文一样，是对不朽的论证。阿塔那修在上面第5节也参照了《斐德罗篇》(Gwatkin, *Studies*, p. 101)。

性本性回想神的道，它就是按照神的形象所造。即便它无法穿透罪所引致的遮盖在它视线上的乌云，它也能迎面遇到造物对神的见证。

1. 我们前面已经说过，这里再说一遍，正如那些人不认神，敬拜那些没有灵魂的事物。同样，他们还以为自己也没有理性灵魂，于是他们的愚蠢即刻就得到惩罚，即他们被列为非理性的造物。他们既然真的如同没有自己的灵魂似的，迷信地叩拜无灵的诸神，那么他们就该得到怜悯和指导。2. 但他们若是自称有灵魂，并以这理性原理而自豪，那没错，但为何仍然好像没有灵魂似的，胆敢违背理性，不按应有的方式思考，反而抬高自己，甚至高过神？因为他们虽然有了不败坏、不可见的灵魂，却在可见、可死的事物中塑造神的样式。他们为何以这种方式离开神，却不以同样的方式走向神？其实，就如他们的认识偏离了神，假造出原本不存在的东西当作神，同样，他们也能够借着其灵魂的智力上升，重新回归到神。3. 事实上，他们是能够回归的，只要把他们所穿上的一切欲望之污秽除去，洗濯干净，永不沾染，直到把一切感染他们灵魂的外来东西全部清除，从而在其单纯性中显明其原初被造的样子，好叫他们能借此看见父之道，他们原本就是按照他的形象造的。灵魂就是按照神的形象和样式造的，圣经也这样表明了，因为它以神的口吻说："我们要照着我们的形象，按照我们的样式造人。"①因此，当它除却了遮盖在它身上的罪的一切污秽，只在它纯洁的心里留下这形象的样子，那么可以肯定，这后者必得到完全照亮，灵魂就如透过镜子一样看见父这形象，甚至还有道，并借着他的中介获得关于父的观念，救主就是这位父的形象。4. 或者，如果灵魂自己的教导不能自足，因为有外在事物遮盖了它的智力，阻挡它看见更高的事物，那

---

① 《创世记》1: 26。

么它还是有可能通过可见的事物获得神的知识,因为造物界就如同书写成的文字,以其秩序与和谐,大声宣告着它自己的主和造主。

第三部分

第35节 造物界是神的一种显明,尤其显明在渗透于整个造物界中的秩序与和谐。

1. 神是良善的,爱人类的,也关心他所造的灵魂,但由于他的本性是不可见的,不可领会的,他的存有(being)超越于一切被造的存在,正因如此,人类在认识他的路上很可能会迷失方向,因为他们是从无中造出来的,而神是非受造的——出于这样的原因,神借自己的道赐给宇宙特有的秩序,这样,他虽然本性上不可见,却使人无论如何能够借着他的造物认识他。①我们知道,就算艺术家不在场,我们往往可以通过他创作的作品来认识他。2. 就如人们传说的雕塑家菲迪亚斯(Phidias),虽然他本人不在现场,但观众只要看到那些作品的对称程度,各部分的比例之精美,就可以知道那是菲迪亚斯创作的。同样,看到宇宙的秩序,我们就应当认识它的造主和创造者——神,尽管我们的肉眼不可能看见他。事实上,神并没有拘泥于他不可见的本性(任何人也不得以这一点为借口),使自己完全不能为人所认识。相反,如我以上所说,他这样安排了造物界,虽然他自己的本性不可见,仍然叫人能借着他的作品认识他。3. 我说这样的话不是基于我自己的权威,而是基于我从谈论神的人那里学到的知识的力量,这些人中有保罗,他这样写给罗马人,说:"自从造天地以来,神的永能和神性是明明可

---

① 参看《演讲》ii. 32。

知的，虽是眼不能见，但藉着所造之物就可以晓得"①。他又对吕高尼人（Lycaonians）大声说："我们也是人，性情和你们一样。我们传福音给你们，是叫你们离弃这些虚妄，归向那创造天、地、海和其中万物的永生神。他在从前的世代，任凭万国各行其道，然而为自己未尝不显出证据来，就如常施恩惠，从天降雨，赏赐丰年，叫你们饮食饱足，满心喜乐。"② 4. 凡看到天体的环行，日月的轨道，其他星辰的位置和运动——它们虽然位置相对，方向相反，各不相同，却全都步调一致地遵循一种始终如一的秩序——凡看到这一切，谁能拒斥这样的结论，即这些天体不是靠自己构成秩序的，而是有一位不同于它们本身却管理着它们的造主？或者，凡看到太阳白天升起，月亮夜晚放光，盈亏有时，仍井然有序，同样的日期，丝毫不差，有些星辰循着自己的路线奔跑，有各种各样的轨道，有的则只有恒定的路线和轨道，毫不偏离。凡看到这一切的，谁能不认识到必然有一位造主在引导它们？

第36节　我们若是考虑到这种秩序是从彼此相反的力量中产生出来的，就更要惊异不已了。

1. 凡看到不同性质的事物结合在一起，和谐一致，就比如火与冷结合，干与湿结合，没有相互冲突，而是构成一个单一身体，可以说是同源发生的，谁能不作出推论说，必有一位在这些事物之外，是他把它们结合起来？凡看到冬天给春天让路，春天给夏天让路，夏天又给秋天让路，这些本性相反的事物（一个寒冷，一个炎热，一个滋养，一个毁灭），复合起来却成为对人类有利的平衡结果——看到这些，谁能不

---

① 《罗马书》1：20。
② 《使徒行传》14：15—17。

认识到有一位在它们之上，平衡、指导着它们，即便看不到他的真身？ 2. 凡看到空气托着云层，云层裹挟着水的重量，谁能不认为是神把它们连结起来，命令这些事要这样行？凡看到大地，万物中最重的元素，固定在诸水之上，始终不动的事物停留在本性可动的事物之上，谁能不领会到有一位神使之如此，命令这样？凡看到地上适时结果，雨水从天降下，江河流动，井泉喷涌，动物从完全相异的父母出生，并且这些事不是随时发生，而是在特定的时节出现——总而言之，在完全相异且相反的事物中，存在着制衡它们，使它们统一的秩序——谁能不得出结论说，有一种大能规范、管理着它们，以他所认为的最适合方式把事物安排得井井有条？3. 若是任它们自生自灭，它们就不可能存续，甚至不可能出现，因为它们的本性是彼此相反的。水的本性是重，倾向于向下流。而云是轻的，属于要飞升、攀高的事物。然而，我们看到，水虽然是重的，却高高地包含在云层里。同样，土是重的，水则相对较轻，然而较重的被较轻的支撑着，地就不会下沉，始终保持不动。公的与母的性别不同，但它们结合为一，结果就从两种不同的性别中生出与它们相像的生命。总而言之，冷与热相反，湿与干相争，然而它们走到一起，不是冲突，而是互补，共同生出单一身体，源出万事万物。

第37节　续前一话题。

1. 所以，若是没有一位神高于本性冲突且相反的事物，作它们的主，把它们联合起来，它们不可能自我和好，各元素完全顺服于他，就如同奴仆顺服于主人。每一个不是只考虑自己的本性，而与相邻的另一个争斗；它们认得把它们结合起来的主，所以虽然本性相反，却彼此协调一致，按照那引导它们的神的旨意和睦相处。2. 倘若它们的合而为一不是由于更高的权威所致，那么重物怎么可能与轻物结合，湿的怎么与干的结合，环状的怎么与直的结合，火怎么与冷，海怎么与地，太阳怎么与月亮，星辰怎么与天空，空气怎么与云层结合？总而言之，本性完全不同的事物怎么能如此紧密地结合？一个燃烧，一个制冷；重的下坠，轻的上升；太阳放光，空气弥漫黑暗，它们之间必有剧烈冲突。是的，就是星辰也彼此不和，有的位置在上面，有的位置在下面，黑夜不愿给白昼让道，坚持与白昼争斗，阻挡它的前来。3. 果真如此，最终我们就不可能看到一个井然有序的宇宙，而是混乱一团的宇宙。不是安排得当，而是无主状态；不是一个系统，而是全部乱套；不是比例适当，而是完全失调。因为在普遍的冲突和争斗中，不是同归于尽，就是唯有主要原理得以存在。就是后一种情形也只能表明整体的无序，因为只留下一者，失去了他者的帮助，就会使整体失去控制，正如只留下一只手，一条腿，不可能保持身体的完整性。4. 试想，如果只有太阳孤单出现，或者只有月亮踯躅独行，或者只有黑夜，或者只有白昼，那将是一个怎样的宇宙呢？如果天空没有星辰，或者星辰没有天空，那会是怎样的一种和谐呢？如果只有海，或者只有陆地，没有诸水，也没有世界的其他部分，那会有什么益处呢？如果各元素彼此冲突，如果只有一种元素独当一面，那人或者任何一种动物怎么可能出现在地上呢？因为一种元素不足以构成身体。世上没有哪种东西是由热、冷、干、湿中的一种构成，而不需要其他元素的排列和组合的。就是那种看起来独当一面的元素，若没有其他元素的协助，也不可能存续，因为每种元素之所以存续至今天，就是因为相互协助。

第38节 大自然的秩序之和谐表明了神的统一。

1. 既然没有一处无秩序，处处都是秩序，不是失调，而是适宜，不是混乱，而是排列整齐，全都处在一种完全协调和谐的秩序之中，那么我们必然可以推演出并进而认识到把万物放在一起，结合起来，并使它们和谐统一的主。虽然他不是眼所能见的，但从相反事物的秩序与和谐可以知晓它们的统治者、安排者和君王。2. 就好比说，我们若是看到一座城市，由众多各不相同的人组成，有大人物、小人物，有富人、穷人，有老年人、年轻人，有男人、女人，井然有序。看到它的居民，虽然迥异，却彼此和睦，富人不压迫穷人，大人物不欺负小人物，年轻人不反抗老年人，人人都享有同等的权利，和平相处——我们若是看到这一切，必会推导出这样的结论：有一位统治者大力维持着这种和谐，尽管我们并没有看见他（因为混乱表示缺乏法规，而秩序则表明治理的权威。当我们看到身上的肢体彼此协调，眼睛不与耳朵相争，手不与脚冲突，各尽其职，各守其道，我们就可以意识到这身体里有个灵魂支配着这些肢体，尽管我们看不见那个灵魂）。同样，我们在宇宙的秩序和统一中必能意识到神这位支配他里面的一切的管理者，而且知道他是一，不是多。3. 也就是说，这种有序的安排，万物的和谐一致，表明其统治者和管理者——道，不是多，而是一。试想，倘若有多位统治者管理造物界，就不可能保持这样一种宇宙秩序，万物都会因这种多而陷入混乱，因为每位统治者都会偏向按他自己的意志来管理万物，彼此就会发生不和。正如我们所说的，多神论就是无神论。同样，多个统治者管理就等于没有统治者管理。因为每个统治者的治理都会抵消另一统治者的治理，哪个也不能成为真正的统治者，到处都处于无政府状态。哪里没有统治者，哪里自然就没有秩序。4. 相反，单一的秩序和多样性中的和谐则表明统治者必是一位。正如我们从远处听琴，琴声由多根各不相同的弦发出，但听起来和谐悦耳，岂不令人惊奇。这声音既不只是由低音组成，也不只是由高音或中音组成，而是所有音阶均匀搭配，和谐共鸣。由此我们不会不认识到这琴声不是琴自个儿发出的，也不是由多个人演奏的，而是由一位音乐家弹拨的。尽管我们没有看到他，但知道是他利用自己的技艺把每根弦合成优美悦耳的旋律。同样，整个宇宙的秩序完全和谐，高级部分不压制低级部分，低级部分也不反抗高级部分，万事万物共同构成一个秩序，所以理应认为整个造物界的统治者和王是一，而不是多，他借自己的光照亮万物，推动它们运动。

第 39 节　多神的不可能性。

1. 我们绝不可认为造物界有多个统治者和造主，唯有相信这创造者是一位，才是正确而真实的宗教，其实造物界自身也清楚地表明了这一点。因为宇宙只有一个，而没有多个，这一事实就是决定性的证据，证明造主只有一位。倘若有多个神，就必然有多个宇宙。因为无论是多个神只造出一个宇宙，还是一个宇宙由多个神来创造，都是不合情理的，由此可导致以下这些荒谬结论。2. 首先，如果一个宇宙是由多个神所造，那就意味着造宇宙的诸神各有其软弱与不足之处，需要相互配合才能完成一个结果。这确凿表明每种创造力量都是不完全的。试想，如果一个就够了，那就不需要他者来补充各自的不足。但若说神有什么不足，那不仅是不敬的，甚至是一切渎神行为中之最。就是在人中间，若某个工匠不能独立完成一件作品，需要其他人的协助，我们也不会说他是完全的。3. 倘若情形是这样，虽然一位就能完成整件作品，但仍然坚持多个一起做，目的是为了分有一份功劳，那么我们就会得出可笑的结论，即他们各位是为得名声而做工，免得被怀疑为无能。然而，说神爱虚荣，这同样是荒诞透顶的。4. 再者，如果每位都能自足地创造整个造物界，那还要多位造主有何用呢？只要一位对宇宙来说就足够了。而且，让多位各不相同的造主来造一件东西，这显然也是不敬，且是荒诞不经的。有句科学格言①说，单一而完整的事物高于多样的事物。5. 你必然知道这一点，如果宇宙是由多个神所造，它的运动就可能是各循其道，彼此不一。因为各自认为自己是宇宙的造主，于是必然使它的运动也变得各自为政。而这样的不同，如我们前面所说，就必然导致混乱和普遍无序。就算是一艘船，若是由多人掌舵，而不是由一位舵手掌舵，也无法下海航行；就是一把琴，若由多人弹奏，而不是由一位艺人调拨，也无法发出和谐的旋律。6. 既然造物界是一，宇宙是一，它的秩序是一，我必须认为它的王和工匠也是一。因为这位工匠之所以创造出一个完整而统一的宇宙，就是为了不让人以为有多个造主共同存在，而叫人因看到作品是一，从而相信创造它的造主也应当是一位。不是从造主的统一推出宇宙必是一，其实神完全可以造出另外的宇宙，而是因为宇宙已经被造为一，所以必须相信它的造主也是一。

第 40 节　宇宙的合理性（rationality）和秩序表明它是神的理性（Reason）和道的作品。

1. 那么这位造主会是谁呢？这是最需要说清楚的一个问题，免得有人出于对他的无知，设想错误的造主，再次陷入古人的邪恶错误之中。不过，没有人会真的对此有所疑惑。如果我们的论证已经表明诗人们杜撰的神不是神，证明了那些神化的造物是错谬的，并在一般意义上表明了异教的偶像崇拜是邪恶而不敬的，那么就可以从这些阐述严格地推出，真正的信仰就是我们的信仰，我们所敬拜所传讲的神就是

---

① 也许是"固有而自明的格言"（*logos phusikos*）。

唯一的真神,他是造物之主,是一切存在的造主。2. 那么,除了基督的父,超越一切被造的存在的至圣至高者,还会有谁?他就像一位优秀的航海员,以他自己的智慧和自己的道,就是我们的主和救主基督,驾驭、保存、规定万事万物,以他认为最好的方式成就这一切。3. 倘若造物界的运动是非理性的,宇宙不是按照计划有条不紊地运行,人就完全有理由不相信我们所说的话。然而,它若是在理性、智慧和技艺中存续,每一部分都有完美的秩序,那么就可推论出,驾驭它、管理它的不是别的,就是神的[理性或]道。4. 但我所说的道(Word),不是指一切被造之物中内在固有的,有些人习惯称之为准①原理的东西,那是没有灵魂、没有理性或思维能力的,只是由外在的艺术,根据使用它的主体的技能而产生的作品。我说的不是这种属于理性存在者,由字节构成,有空气作其表达工具的话语(道),我说的道是指至善之神、宇宙之神的永生而大能的道,这道本身就是神②,他不同于一切被造的事物,不同于整个造物界,是至善之父自己唯一的道,以他自己的神意(providence)安排并照亮这个宇宙。5. 因为他是至善之父的至善之道,所以把彼此相反的事物一一结合,使它们全都纳入和谐的秩序,由此产生出万物的统一秩序。他因为是神的大能,神的智慧,所以使天空环行,悬在大地之上,虽然不依托于什么,却牢固稳定,这一切只凭他点点头就成了。③在他的照亮下,太阳向世界送光,月亮圆缺有序。因为他,水被扎在云层里,雨降到地面,海守在界限之内,而大地长出青草,盖上各样的植被。6. 如果有人不相信,对我们所说的话提出质疑,是否真的存在一个神的道,那么此人实在是发疯了,竟然对

---

① *Spermatikos.*
② 《约翰福音》1:1。
③ *Neuma*,即意志的行为,或命令。

神的道心生疑惑。不过，无论如何，一切可见之物都能表明这一点，因为万物无不是靠着神的道和智慧存续的，若不是理性的创造，没有哪个被造物能够获得稳固的存在，而那理性就是神的道，如我们所说的。

第41节　道在自然中的显现是必然的，不仅为了世界的最初被造，也为了它能存续。

1. 但是，他虽然是道，却不同于人的话语，如我们所说的，不是由音节构成的，他乃是自己父的不变的像。因为人是由部分组成的，是从无中造出来的，虽有推理能力，却是复合而成的，可分的；而神拥有真正的存在，不是复合成的，因而他的道也有真正的存在，也不是复合成的，而是一位独生的神①，他因其圣善从父发出，就如同从泉源流出，规范万事万物，把它们合在一起。2. 而道，即神的道，为何将他自己与被造物合而为一，那是真正令人惊奇的事，也教我们知道万物现在的秩序就是最恰当的。因为造物的本性，就其是从无进入存在而言，是一种转瞬即逝的东西，若只是由它自己构成，那是软弱和必死的。而万物之神的本性是良善和尊贵的，因而是仁爱的。试想，凡良善的，不可能吝惜什么②，因此他甚至不吝惜存在（existence），而是希望万物都能存在，成为他慈爱的对象。3. 既然一切受造之物，就其自身的法则来说，是转瞬即逝，易于分解的，为避免这种结果，避免宇宙爆炸再次变成无，他就借着自己永生的道来造万事万物，赐给世界实体

---

① 《约翰福音》1：18，修订本，Marg。
② 柏拉图《蒂迈欧篇》29E，《论道成肉身》3.3 也引过。对神创世的这种解释也被斐洛（Philo）引用在《论亚伯拉罕的迁居》(de Migratione Abrah.) 32 [亦见达勒蒙达《斐洛》(Drummond's Philo, vol. 2)，第2卷第56页以下]。

性的存在，而且并没有任它在自己本性的风暴中颠簸，否则就有可能再次失去存在①；因为神是良善的，就借自己的道来引导、安置整个造物界，这道本身也是神，这样，借着道的管理、安排和治理行为，使造物界有光，能够始终安全地存在。须知，这道有真正的存在，是从父而来的。造物界既然分有了这道，得到这道的帮助，就必然能够存在，否则，要是没有这道维持它，那原本要临到它头上的，也就是分解，就会不期而至，因为这道"是那不能看见之神的像，是首生的，在一切被造的以先。因为万有都是靠他造的，无论是天上的、地上的、能看见的、不能看见的……一概都是藉着他造的，又是为他造的……他也是教会全体之首"②，如真理的仆人在他们的圣书里所教导的。

第 42 节　详尽阐述道的这种功能。

1. 所以，这父的圣道是全能、完全的，与宇宙合一，无处不展示他自己的权能。照亮一切，包括可见的和不可见的，把它们连在一起，并与他自己结合。他不让任何事物缺乏他的能力。相反，他激活万物，并使它们得以存续，分开来看，每一事物都如此，合起来看，整体也如此。同时，他把一切可感知存在的原理，即冷热干湿，都联合为一，使它们不相互冲突，共同构成和谐统一。2. 由于他及其权能的缘故，火不与冷相争，干不与湿互斥，彼此相反的原理就如同朋友和兄弟一般结合在一起，把生命赐给我们所见的事物，构成使形体存在的原理。只要遵循他，就是神，道，地上万物就都有了生命，天上万物也都有了秩序。由于他，海里，大洋里的一切都在其特有的界限内活动，如我们上

---

① 柏拉图《政治学》(*Politic*) (见《论道成肉身》43.7 注)。
② 《歌罗西书》1: 15—18。

面所说的,干地长出绿草,覆盖各种植被。我们不必花更多时间去列举具体的种类,真理是不证自明的。没有什么事物是自己存在,自己发生的,无物不是由他所造,借他所成,因他而在,也如圣者所说,"太初有道,道与神同在,道就是神";"万物是藉着他造的;凡被造的,没有一样不是藉着他造的。"①3. 正如音乐家弹琴,利用自己的技艺把高音与低音协调起来,使中音与其他音和谐起来,目的是为了最终产生一种单一旋律。同样,神的智慧对待宇宙就像调一把琴,调整空中的事物以适应地上的事物,调整天上的事物以配合空中的事物,把各部分纳入整体,按他的命令和旨意来统一推动它们,结果就产生完美而恰如其分的宇宙统一体及其统一秩序。而他自己始终与父一起保持不变,只用他的组织行为推动万事万物,让各物在他自己的父看来是好的。4. 他的神性(Godhead)中令人惊奇的一点是,他借着一种并且是同一种旨意,使万物同时运动,没有时间间隔,全是一齐运动;不论是直线运动的,还是曲线运动的;不论是天上的、地下的或中间的;不论是干的、湿的、冷的、热的;不论是能看见的、不能看见的,全都同时开始,并且命令它们按各自不同的本性运动。因为他只点一下头,直的就作直线运动,弯的就作曲线运动,居间的也按其自身的性质运动;热的接受热,干的接受干,万物无不按照自己不同的本性被他激活,各归其所,最终他创造的是一种令人惊奇的真正神圣的和谐。

第43节 三个比喻说明道与宇宙的关联。

1. 要理解如此伟大的问题,我们不妨借用一个比喻,把我们所描述的对象比作一支大合唱队。我们知道,合唱队是由不同的人员组成

---

① 《约翰福音》1:1、3。

的，有孩子，有妇女，有老人，还有仍然年轻的人；当一人，即指挥作出手势，每个成员都根据自己的本性和能力发声，男人唱的是男声，孩子唱的是童声，老人唱老人的音，年轻人唱年轻人的音，同时，所有这些音合起来成为一个单一的旋律。2. 或者如同我们的灵魂同时推动我们的几种感觉施展其各自的功能，这样，一旦某个对象出现了，所有感官同时启动，眼睛看，耳朵听，双手摸，鼻子闻，味觉尝，并且往往身体的其他部分也行动起来，比如双脚行走。3. 或者再用第三个例子来说明我们的意思，就如同一座大城建好了，有建造它的统治者和王亲临管理；他一出现，一发布命令，眼睛一扫各样事物，所有人都一一服从；有的忙于务农，有的迅速把水灌入水渠，有的去寻找必需品；一个去元老院，一个进公民大会，法官上审判席，行政官到办公室。同样，工人从事自己的技艺，海员扬帆出海，木匠去干木工，医生去看病人，建筑师去造房；有的去乡村，有的回城镇，有的在城里行走，有的从城里出来又回到城里，所有这一切都有条不紊地进行，一切都出于同一位统治者的安排，依据他的管理。4. 同样，我们也必须这样看待整个造物界，尽管这些例子并不完全适合，对整个宇宙需要更大的视野。无论如何，我们可以说，神的道只是点一点头，万事万物就全都同时进入秩序，每一个都发挥自己特有的功能，所有的复合起来就形成一个单一的秩序。

第44节 适用于整个宇宙——包括可见和不可见的——的比喻。

1. 凭着那管理支配一切的父的神圣之道的命定和权能，天空环行，星辰运转，太阳放光，月亮绕行，空气接受太阳的光，以太接受太阳的热，风吹起来，山脉隆起，海浪翻滚，海里的生命产生，大地凝固不动，孕育果实，人类形成，生生死死，万物皆得自己的生命和运动形式；火燃烧，水冷却，泉水喷涌，江河流动，季节更替，时日周而复始，雨水下降，云层鼓满，電子形成，冰雪冻结，鸟类飞翔，爬行动物爬行，水生动物游泳，海上可航行，地上可播种，不同时节长出不同庄稼，树木生长，有的幼小，有的果实累累，有的变老腐烂；有的事物渐渐消失，有的事物正在形成、显现。2．所有这些事以及更多的事，数不胜数，我们无法一一提及，创造奇迹之神的道赐给万物光和生命，点一点头就激活一切，使整个宇宙合成一个统一的秩序。他甚至也没有漏掉自己的不可见能力，因为他既作为宇宙的造主，就把这些也包括在宇宙里了，所以凭着他的命定和旨意就把它们都复合在一起，让它们获得生命。这一点是叫人无可推诿的。3．正如他以自己的旨意使身体产生，灵魂运作，拥有生命和思想，这一点是几乎不需要什么证明的，因为我们已经看到了所发生的事。同样，这神的道只点一下头就凭自己的权能把可见的宇宙和不可见的能力都激活起来，并使它们结合在一起，分配给它们适当的功能。这样，神的权能就以更神圣的方式运行，而可见之物就按我们所看到的方式活动。然而，他自己乃在一切之上，既是管理者和君王，也是组织权能，他所做的一切无不为着他自己父的荣耀和知识。事实上，可以说，他就是借着所产生的这些作品教导我们，并说："当我们看到被造物是何等伟大而美妙，也就领会到了它们的造主。"①

第45节 结论。关于第一部分主题的圣经教义。

1．正如仰望天空，看到它的秩序和星辰的光，就可能想到安排这些事物的道。同样，看到神的道，我们也必然看到他的父神，他从父神发

---

① 《所罗门智训》13章5节。

出，所以被恰当地称为父的解释者（Interpreter）和信使（Messenger）。

2. 这一点也可以从我们自己的经验得知。当一句话从人嘴里说出①，我们就断定心灵是它的源泉，通过思想这句话，我们的理性就能明白它所显明的心灵。至于道，透过在道的大能内所见的无以复加的证明，我们同样也能收获一些他的良善天父的知识，如救主自己所说："人看见了我，就是看见了父。"②这全由圣灵感动写成的圣经还教导得更加清晰，更有权威，所以我们接着就充满信心地写信给你，而你若是能参考圣经，就必能够证明我们所说的属实。3. 一种论点若是能被更高的权威确证，自然具有不可抗拒的说服力。其实，圣道从一开始就教导犹太人要废除偶像，它说："不可为自己雕刻偶像；也不可作什么形象仿佛上天、下地和地底下、水中的百物。"③至于禁止偶像的原因，另一位作者作了说明，他说：（外邦人）"他们的偶像是金的银的，是人手所造的。有口却不能言，有眼却不能看，有耳却不能听，有鼻却不能闻，有手却不能摸，有脚却不能走，有喉咙也不能出声。"关于造物的理论它也没有避而不谈。相反，它非常了解造物界的美，为避免有人只注意到这种美，从而叩拜这些事物，把它们当作神。而不当作神的作品，它预先就坚定地教导人说："又恐怕你向天举目观看，见耶和华你的神为天下万民所摆列的日、月、星，就是天上的万象，自己便被勾引敬拜侍奉它。"④他把这些东西摆列出来，不是为了做他们的神，而是叫外邦人从它们的作用知道造出它们全体的造主神，如我们已经说过的。4. 因为古代的犹太人有丰富的教义，他们不仅从被造界的作品中认识神，

---

① 参看《为狄奥尼修斯辩护》（de Sent. Dionys.）23。
② 《约翰福音》14：9。
③ 《出埃及记》20：4。
④ 《申命记》4：19。

还从神圣的经文中获得神的知识。为了从总体上使他们抛弃关于偶像的错误和非理性的幻想，他说："除了我以外，你不可有别的神。"①并不是说存在着另外的神，而他禁止他们拥有，而是为了防止有人离开真神，转而为自己造出根本不存在的神，诸如那些诗人和作家作品中所谓的神，其实他们根本是虚无。这话本身就表明他们不是神，"你不可有别的神"，这话完全是指向将来的，而指向将来的对象在说话的时候并不存在。

第46节　关于第三部分主题的圣经教义。

1. 这神圣教义禁止异教徒的邪恶或偶像，那么它对神的知识是否略而不谈，任人类对此一无所知呢？并非如此。相反，它预测了他们的悟性（understanding），说②："以色列啊，你要听！耶和华我们神是独一的主"，又说："你要尽心、尽性、尽力爱耶和华你的神"；还说："你要敬畏耶和华你的神，侍奉他，指着他的名起誓。" 2. 道的安排和管理能力超越一切，指向一切，这一点也被完全受圣灵感动而写的圣经所证明，以下这段经文足以支持我们的论点，这是谈论神的人所说的："你立起地的根基，它就长存，日子按着你的命定一直延续。"③又说你们"要用琴向我们的神歌颂。他用云遮天，为地降雨，使草生长在山上。他赐食给走兽。"④ 3. 那么他借谁赐给这一切，不就是他的道吗？万物借之而造，因之而在的道。因为渗透万物的神意原本就属于他，这万物借其而造的道；关于这神道，另一诗篇说："诸天

---

① 《出埃及记》20：3。
② 《申命记》6：4、5、13。
③ 《诗篇》119：90。（参看和合本此节经文："你的诚实存到万代。你坚定了地，地就长存。"——中译者注）
④ 《诗篇》147：7—9。

藉耶和华的命而造；万象藉他口中的气而成。"①他告诉我们一切事都是在他里面并借着他而造的。4. 因而，他还劝勉我们说："他一吩咐便都造成。"②杰出的摩西也在叙述创世的一开始就证明我们所说的属实，他说："神说，我们要照着我们的形象，按着我们的样式造人。"③当他造天地万物时，父对他说："要造天，""天下的水要聚在一处，使旱地露出来，""地要发生青草和结种子的菜蔬。"④所以，我们必定会证明，犹太人也没有听从圣经的话。5. 我们可能会问，神的命令是对谁发的呢？如果他是吩咐他要造的事物，对它们说话，那么这话就是多余的，因为造物还没有存在，只是准备造；谁也不会对还不存在的东西说话，也不会对还未造的事物吩咐它们要被造出来。因为如果神是吩咐要被造的事物，就必然会说："天，你要被造，地，你要被造，绿草快出来，人啊，也形成吧。"而事实上，他并没有这样说，而是吩咐："我们要造人，""地要生出绿草。"由此表明神是在对身边的某位谈论它们；也就是说，有个存在者与他同在，神在造物时与他说话。6. 这一位除了是神的道之外，还会是谁呢？试想，神若不对他的道说话，能对谁说话？或者说，当他创造一切被造物时，与他同在的除了他的智慧之外，还能有谁呢？诚如这智慧所说："当他创立天地之时，我在那里，与他同在。"⑤虽然只提到天地，其实已经把天地之间的万物都包括在内了。7. 作为他的智慧和他的道与他同在，在父创造、组织并规范宇宙时仰望着他，因为他是父之权能，所以给予万物存在的力

---

① 《诗篇》33：6。
② 《诗篇》148：5。
③ 《创世记》1：26。
④ 《创世记》1：6—11。
⑤ 《箴言》8：27。（参看和合本此节经文："他立高天，我在那里，他在渊面的周围划出圆圈。"——中译者注）

量,如救主所说:"子……惟有看见父所作的……子也照样做。"① 他的圣门徒教导,万物都是"藉着他又是为他"而造的。8. 作为良善之神的儿子(Offspring),真正的圣子,他是父的权能、智慧和道,不是因为分有这些品质,也不是从无获得它们,似乎他是父的份,借父而得智慧,在父里面接受力量和理性。事实上,他就是智慧,就是道,就是父自己的权能,就是光、真理、公义、美德,是父的真像、真光、肖像。总而言之,他是父完全的果子,独一的儿子,是父永恒不变的形象。

第47节 如果我们败坏的本性得以恢复,就必回归于道。

1. 所以,谁能用数字来论断父,从而发现他的道的种种权能? 正如他是父的道和智慧,同样,他也降生为受造物,为传授和理解关于生他之父的知识,成为光明和生命,成为门和牧者,成为道路,众人的君王、管理者和救主,成为光,生命的赐予者,渗透万物的神意。良善的造主父生了这样的子之后,并没有把他隐藏,不叫他的造物看见,而是借着万物的组织和生命,也就是他的作品,一日日地将他显明。2. 当然,父还在他里面并借着他显明自己,如救主所说:"我在父里面,父在我里面。"② 由此可知,道在生他的父里面,受生的道与他的父一样是永活的。另一方面,无物在他之外,天地及其里面的一切无不依赖于他,只是人因愚拙抛弃了对他的认识和侍奉,敬拜不存在的东西,而不是存在的事物;不是神化真实且真正的神,而是神化虚假的东西,"他们将神的真实变为虚谎,去敬拜侍奉受造之物,不敬奉那造物的主"③,从而使自己陷入愚蠢和不敬之中。3. 这正如人更敬仰作品,而

---

① 《约翰福音》5:19;《歌罗西书》1:16。
② 《约翰福音》14:10。
③ 《罗马书》1:25。

不是创造作品的工人，对城里的公共艺术大为惊异，而对建造它们的人却持鄙视态度。或者如同人赞美乐器，却看轻制造乐器并调好音准的人。多么愚蠢、可悲而无能的眼力！须知，若不是造船师造出船，建筑师造出房子，音乐家调拨琴弦，他们怎么能知道房子、船舶或琴是怎么回事？4. 既然这样思考问题的人是愚蠢的，那么我想，那些不认神，不敬他的道，我们的主耶稣基督的人，岂不更是愚蠢得无以复加，甚至愚蠢到了心灵深处，因为他乃是众人的救主，父借着他安排万物，掌管万物，在宇宙中施展神意。我的爱基督的朋友，你既已信他，敬拜他，就必有美好的喜乐和盼望，因为不朽和天国就是信他并侍奉他所结的果子，只要灵魂按照他的律法装饰自己就行。正如对那些跟随他的脚踪的人来说，奖赏就是永生，同样，对那些行在相反之路，而不是行在美德之路上的人来说，到了审判的日子，必有大羞耻和不得宽恕的毁灭，因为他们虽然知道真道，却不按其所知道的行，行为与知识背道而驰。

论道成肉身

前　言[*]

《驳异教徒》这篇论文让读者直接看到，必须由神圣的道作为药方才能恢复败坏的人性。这种必要性如何在道成肉身里体现出来，我们可以从以下的论文中看到。第二篇论文的一般设计是要阐明并确证道成肉身的教义，表明（1）它的必要性和目的，（2）它的各细节的一致性，（3）它的真理性，驳斥犹太人和外邦人的反对意见，（4）它的结果。他先是回顾（复述《驳异教徒》2—7节）创造论和人在其中的地位。人滥用自己的特权导致这种特权的丧失。人由于抛弃了神圣的生命，就踏上了不断毁灭，一步步败坏的道路，除了那最初赐给他生命的，没有谁能救他（2—7节）。接着用热情洋溢的语言描述了神圣的道成肉身，及其抵抗败坏的功效（8—10节）。人得赐神圣生命之时，也在神的知识里领受神圣样式的反映，理性的最高功能。但由于他们道德上的堕落，这种知识就褪色并倒错了。神力图提醒他们，重新唤起他们对神的认识，但他们视而不见，于是越来越深地坠入物质主义与迷信之

---

[*] 此为英译本前言。——中译者注

中。要恢复消失的样式,需要原型出面。于是,道下降到人的受限于感官的理智程度——免得人枉然按照神的样式被造——取了肉身,成为可看见可感知的对象,以便借着这可见的向人显明那不可见的(11—16节)。

讨论了道成肉身的意义和目的(17—19节)之后,他接着论到成了肉身之道的死和复活。唯有道能重塑作品,恢复样式,更新关于神的知识,所以为了偿付所获至的一切债务(*to para panton opheilomenon*),他必须得替我们死,替众人献祭,从而作为我们初熟的果子从死里复活(20—32节,特别注意20节)。他先讲十字架的特别的合理性,它曾是羞辱的器具,如今成了得胜的记号,然后解答与主的死法有关的一些难题,最后论到复活。他指出基督如何借着他对死的胜利改变(27节)死与生的相对优势,复活及其所带来的一系列重大结果,从道成肉身推出它的必然性(31节),因为生命在他里头。

接下来讨论的是关于同时代不信者的两种主要划分。无论哪一种,其问题的根源都在道德上;就希腊人来说,原因在于狂热的犬儒主义,就犹太人来说,则是根深蒂固的顽梗。对后者(33—40节)的驳斥,首先从他们自己的圣经来驳斥,圣经既一般性地也具体明确地预言了耶稣基督的到来。另外,古代的犹太团体,包括民间的和宗教的,都已经过去,让位给基督的教会。

再说希腊人(41—45节),就算同意他们,承认存在一个渗透一切的灵,这灵的存在是万物得以存续的原理,但是,他指责他们自相矛盾,拒斥那灵,即逻各斯(比较圣奥古斯丁的《忏悔录》VII. 9.)与他已经住在其中的宇宙的许多部分中的某一具体部分的合一性。由于造物界中唯有人(43.3)离弃了他造物的秩序,所以道使自己与之结合的正是人的本性,从而使造物与造主之间的裂缝从哪里断开,就从哪里修复。

神并非仅凭一个命令使人恢复(44节),因为正如人的忏悔(7

节）不可能消除他的疾病，同样，神的一个命令也不等于人性实际上的废除，以及新人的造就。对于人的特定的扭曲（disorder），神采取了一种特定的疗法，用生命来克服死亡。所以，人得以与其他受造物一同再次显明他造主的作为和荣耀。

阿塔那修接着用事实驳斥希腊人，就像他前面驳斥犹太人那样。自从基督临到，异教主义——不论是民间的还是哲学上的——都已经声名狼藉，败坏朽烂。哲学教师软弱无能，相互争论，古代的崇拜限于本地，异质不相融，道德目标低级，与之相比照，被钉十字架者的宗教具有统一与激发人灵性的能力。这两者就好比一个是垂死的体系，另一个则是活泼生命的体系；人若愿意，就当去品尝并弄明白那种生命，基督赐给跟从他的人的那种生命究竟是什么（46节—结尾）。

本文的目标与《驳异教徒》一样，意在举荐基督的宗教，叫人接受；本文的论证更多地把道成肉身看成是一个活生生的事实，讨论它在神处理人的计划中的地位，而不是把它看作一个神学理论来分析。他并没有着手讨论前一世纪在亚历山大讨论得卓有成效的问题，而是一下子投入到关于道作为子的身份和他与父神的关系的热烈争论之中。他更没有触及随着阿里乌风暴（Arian tempest）的停息所产生的基督论问题，与阿波利拿里（Apollinarius）、西奥多（Theodore）、西利尔（Cyril）、聂斯脱利（Nestorius）、欧迪奇（Eutyches）、狄奥多勒（Theodoret）以及狄奥斯科若（Dioscorus）这些名字相关的问题。但我们已经感到他紧紧抓住了救世神学的原理，这使他注定要成为打败阿里乌主义的人，也使他凭着一种确定的本能在不知不觉中预见到了他死后的整个世纪要困扰教会的神学难题。正是把这个题目放在与神、人性及罪的关系中进行广泛深入的讨论，使这篇作品对当代的读者也颇有吸引力。近代或中世纪的救赎论在更富思考能力的当代基督徒看来，未免过于武断，或者更糟，但令人释然的是，经过对它们的深入反思，人们发现起初时它并非如此。早期教会的神学在解释神性的伟大奥秘时所用的术语，即便没有保罗概念的完备性，也绝不包含武断的想当然，在最智慧的人看来是符合人性的，也符合最高贵、最宏伟的神观。所以，《论道成肉身》从作者的时代以来，可能没有哪个时代比我们这个时代更欢迎它，欣赏它。

因而，我们有必要就一些它的目标和方法所附带的独特性说两句。首先我们要注意，作者对所讨论的这个题目是如何全身心地投入，所以，要从他的沉默中推导出什么，即便就在他论证过程中似乎需要解释的观点来说，也是十分危险的。他对三位一体理论不置一词，对圣灵也没有提及。这直接取决于作品的目的，也符合普遍真理，即当教会向世界传讲基督时，圣灵的职分和位格性（Personality）属于她的内在生活。本文关于人的结构的教义是另一个例子。显然（3 节，参看 11.2, 13.2)，阿塔那修不是把人的理性灵魂和他死后的不朽归于人的本性所是，而是归于造主额外加给它的恩典（e tou kat eikona charis)，借着逻各斯的力量使人成为"logicoi"（3.4）的一种恩典，若不是因罪丧失，必能给人不朽的特权。我们得仔细想一想，阿塔那修是否认或者想要暗示，人的本性自身，脱离与神的联合，就是（1）理性的，或者（2）不朽的。如果我们把眼睛只盯在面前这篇论文，可以找出一些理由认为对这两个问题的回答都是否定的；关于不朽，最近已经由《时代》的一位聪明记者解决了（1890 年 4 月 9 日)。

不过，阿塔那修主张灵魂的本质是理性和**不朽**，这一点是非常清楚的，只要从《驳异教徒》32 节和 33 节就可以看出。所以我们得对他在本文所使用的语言找出一种解释。关于不朽，应当注意（1）所使用的语言（4.5, "*kenothenai tou einai aei*" 解释为 "*to sialuthentas menein en to thanato kai te phthora*"）暗示一种**持续状态**，因而某种东西虽然不配有存在（existence）或生命之名，却并没有完全消失，（2）即便是在十恶不赦的人身上，神的形象虽然受污，却没有完全抹去（14.1及以下），即便恩典丧失了（7.4），人也不可能变得似乎从来不曾与神接触过；（3）在本篇作品中，就如在保罗的《哥林多前书》15章里一样，对恶人的最终命运没有提及。可以补充一点（4），阿塔那修把人区分为非理性受造物的特点归拢在一起，并没有清晰地界定哪个属于自然人，哪个属于"*kat eikona charis*"。末世论问题，阿塔那修没有在哪个地方作过详尽论述；但完全可以肯定（《驳异教徒》33节），他并没有像某些早期作家那样倾向于（见 D. C. B. ii. p. 192）有条件的不朽观（the idea of conditional immortality），也没有理由认为他持有奥利金、尼撒的格列高利（Gregory of Nyssa）以及其他人的普救主义（Universalism）。至于他对人的本质理性（essential rationality）的看法（见《驳异教徒》32节），以上（4）的考虑可以再次适用。不过，他说，他仅凭自己不可能形成神的观念（11.1），而这会使他丧失自称为理性存在者的权利（同上，2节）。如果我们这样理解，人可能潜在地是理性的（所有人都如此），但就使用理性来说却是非理性的（许多人都是这样），那么这种明显的自相矛盾就可以解决了。换言之，恩典赐予的并不是官能本身，而是它的完整性，后者不只是这种官能心理学意义上的存在的结果，而是它最高最恰当的对象对它的反应的结果。（很大程度上，新约里的"*pneuma*"[灵]论也是如此。）

将道成肉身与道和宇宙的合一作类比（41节及以下），对此也必须要有一点类似的小心。论文本身（17.1，*ektos kat ousian* 及41节的注释）对这个问题提供了必要的纠正方法。这里可以指出，阿塔那修与新柏拉图主义者之间真正的不同，与其说在于道与受造实体（created Substance）的统一性，这一点他们可以接受，不如说在于道与人（Man）**独有**的统一性，与此相对照的是，人与宇宙本质上的不同。这种不同可以追溯到创造论。在这个问题上，基督教与柏拉图主义的宇宙观有一道巨大的鸿沟。后者与道的关系在《驳异教徒》第三部分里有详尽讨论，当我们阅读本文 41 节以及后面的章节时，心里必须记着这一教义。

最后，创造论与救赎论之间的密切关系把本文的救赎论与中世纪及宗教改革时期的救赎论区分开来。阿塔那修并没有忽视还债的思想。对他来说，十字架也是基督到来的核心目标（20.2，参看 9.1，2 及以下），但**复原**（*Restoration*）的观念在他确定道成肉身的必要性时最为突出。神若是高兴，完全可以仅凭一句话就洗去我们的罪（44 节），但人性必须得到医治、复原，重新被造。从他关于 "*digus tanto Vindice nodus*" 的阐述中概括出的三个思想来看，这一个是最为突出的。①

以下译本由本卷编辑于 1885 年印刷出版（D. Nutt.，二版，1891），略有改变（主要是 2.2，8.4，34.2，44.7，8）；本文最初是为在牛津的讲课而写的（1879—1882），本版中加在每一章前面的分析性标题是从演讲课程的注释里摘出来的。注释大部分要么出于前一译本，要么附于译者出版的希腊文本（D. Nutt.，1882）。不过，有一些是本版添加的，包括一些 Sermo Major 的参考，后者全都是从本文借用的（绪论第三章第一节第三十七）。此外，还有另外两个英译本，一个比此译本早（Parker，1880），另一个（Religious Tract Society，n. d.）晚于此译本。此译本的经文出于本尼迪克版编辑，个别除外。那些影响 43.6（*kai to soma*）和 51.2（*kata tes eis*）的意义的注释为 Marriott 先生所作（*Analecta Christiana*，Oxf. 1844）。其他的全部由本编辑负责。

---

① 诺里斯（Norris）的《神学基本原理》（*Rudiments of Theology*）附录第三章（Rivington's，1876）精辟地描述了阿塔那修的救赎论，并将它与安瑟伦（Anselm）以及更为现代的神学家的救赎论作了有益的比较。

本 文 提 要

第1节——序言。道的救赎工作基于他与造物界的最初关系

第一部分　道成肉身

第2、3节——创造论

    (1) 驳斥三种错误观点

        伊壁鸠鲁的观点（物质主义）没有认识一种区分原理

        柏拉图的观点（质料先在）不能符合神的观念

        诺斯替派的观点（二元论）与圣经相矛盾

    (2) 真教义及对人的被造的应用

        这直接引导我们的走向

第4—10节——道成肉身的第一个理由

        人因离弃道，因而丧失了生命原理，走向毁灭（4、5节）

        神既不能防止这一点，也不能容忍这一点（6节）

        否则，后者说明神软弱，前者说明神可变（7节）

　　　　　　　唯有道能解决这个二律背反（7.4）。他的解决方式就是
　　　　　　　成为人（8 节），为我们众人死（9 节）。这样做的合理性
　　　　　　　及其结果（10 节）

第 11—16 节——道成肉身的第二个理由

　　　　　　　人离弃了道，也就丧失了理性原理，凭借理性原理他们
　　　　　　　才可能认识神。尽管神向人显明自己，但他们陷入了迷
　　　　　　　信和思想败坏之中（11、12 节）

　　　　　　　为何没有别的方法，唯有道才能医治这一点（13、14 节）

　　　　　　　他如何实际地成就这事（15、16 节）。道成肉身，显明不
　　　　　　　可见的神性

（第 17、18 节进一步具体解释这一点）

第 19 节——转到第二部分：

　　　　　　　道成肉身是不容辩驳的神圣启示。基督的死尤其是如此

第二部分　基督的死和复活

　　　他的死：

第 20 节　　　1. ——为何必须死

第 21—25 节　2. ——为何是被钉十字架死

　　　　　　　a. 为何死在大庭广众之前，不是自然死，而
　　　　　　　是死在别人之手（21—23 节）

　　　　　　　b. 为何不是他自己选择的死法（24 节）

　　　　　　　c. 在各种死法中，为何就是十字架之死（25 节）

　　　他的复活：

第 26 节　　　1. ——为何在第三天复活

第 27 节	2. ——改变死与人类的关系
第 28—32 节	3. ——他的复活的真实性
	a. 由经验得到证实（28 节）
	b. 由它可见的结果所暗示（29 节—31.3）
	c. 包含在成肉身之道的本性之中（31.4）
	d. 由我们所看见的一切得到确证；不可见的神的真理也是这样（32.1—5）
	对由此而证明为真的事物的概括（32.6）

第三部分　驳斥同时代的不信

第 33—40 节	A——对犹太人的驳斥
第 33—39 节	1. 从他们所承认的原理，即与弥赛亚有关的预言的驳斥
	（39 节为下一部分做了铺垫）
第 40 节	2. 从事实反驳：犹太人支配地位的终止，如但以理所预言的
第 41—55 节	B——对外邦人的驳斥
第 41—45 节	1. 从他们所承认的原理
第 41、42 节	a. 同时代哲学承认道的存在，可以合理地认为道将自身与某种具体的本性结合，所以，他与人性结合是合理的
第 43 节	b. 他特别地与人连合的原因
第 44 节	c. 为何人不能仅凭一个命令得复原的原因
第 45 节	d. 实际所采纳的计划的结果

第46—55节	2. 从事实反驳外邦人
第46—50节	a. 基督到来之后，哲学与流行异教的瓦解与毁灭
第51、52节	b. 基督教道德观对社会的影响
第53节	c. 基督对个人的影响
第54、55节	d. 基督所做之工的本性和荣耀；概述他对异教的胜利
第56、57节	总结：探求者引用圣经。对灵性真理的考察需要道德前提

正　文

第1节　前言——本篇论文的主题：道受羞辱与道成肉身。预先假定创造论，世界是借着道而造的。父先是借着他造了世界，后又借着他救了世界。

1. 我们前面已经充分论述，只要挑出其中几点，就足以说明异教的偶像及其偶像崇拜的错误所在，揭示这些偶像最初是怎样被炮制出来的，即人出于恶（wickedness），为自己造出偶像进行敬拜；同时我们借着神的恩典还多少注意到父的道的神圣性，他的普遍护理（universal Providence）和大能，良善的父借着他规定万物，万物被他推动，在他里面激活。那么现在，马卡里乌[①]（配称这个名字），真正爱基督的人，我们必须在信心上继续向前，进一步论述道成为人以及他在我们中间的神圣显现。这个奥秘，犹太人诋毁，希腊人嘲讽，但我们却要敬拜。这样，你就更能为那看起来卑微的道，多多加增你对他的敬虔。2. 因为

[①] 见《驳异教徒》1节。这个词（Makarie）可能只是个形容词，但它在两个地方都出现了，这一点似乎是确定无疑的。这个名字非常普通。"马卡里乌"是个基督徒，如本段所表明的，他被认为（《驳异教徒》1.7）已经接受圣经。

他越是被不信的人嘲弄，就越证明他自己的神性（Godhead）。因为他不只是亲自表明人错误地认为是不可能的事，其实是可能的。而且人讥笑为不体面的东西，他借自己的良善堂堂正正地穿上，人在其虚幻的智慧里讥笑为只是属人的，他凭自己的大能表明是属神的，以他所谓的羞辱——十字架——征服偶像的妄称。那些嘲笑并不信主的人在不知不觉中被他说服，转而认识他的神圣性和大能。3. 但是要讨论这个题目就必须回顾前面所说的话，好叫你既不会不知道父的道为何化为身体的原因，尽管这原因如此高深，如此伟大，也不会认为救主穿上身体是出于他自己的本性的结果；而知道他的本性是无形的，起初就是道，只是出于他自己父的慈爱和圣善，他为救我们以人的身体向我们显现出来。4. 所以，要讨论这个题目，我们应当先讨论宇宙的被造，它的创造者神的创造，好叫人充分理解世界的更新是那最初造它出来的自我同一的道的工作。因为父既借他造出世界，后来又在他里面成就它的救恩，这显然是前后一致的。

第 2 节　对被造物的错误观点的驳斥。（1）伊壁鸠鲁主义者（Epicurean）（偶然产生）。但是形体和部分的多样性表明存在一种创造的理智。（2）柏拉图主义者（先在的质料）。若此，就使神受制于人的局限性，使他成为机械师，而不是创造主。（3）诺斯替主义者［一个格格不入的得穆革（Demiurge）］。根据圣经予以驳斥。

1. 关于宇宙的产生和万物的被造，许多人都有各不相同的观点，每个人都完全按照自己的意愿制定法则。有人说万物是自主形成的，并且是偶然形成的，比如，伊壁鸠鲁主义者自我蔑视地告诉我们，就明显的事实和经验来说，并不存在什么普遍神意。2. 然而，要真如他们所说的，每个事物都有出于自己的开端，有独立自存的目标，那么可以说，每个事物形成之后，其结果都是相似的，而不是不同的。照这样说，岂不可以推出，由于身体的统一性，每一事物都是太阳或月亮；而就人来说，整个人必都是手，或都是眼，都是脚。然而事实并非如此。相反，我们看到太阳、月亮、地球各不相同。同样，就人体来说，脚、手、头也各不相同。这样的分开安排，其实就是告诉我们，它们并非是靠自己形成的，而是有一个原因在它们之先，由此也可以把神理解为万物的造主和安排者。3. 不过，其他人，包括希腊人中久负盛名的柏拉图在内，都认为神是从先在且没有开端的质料造出世界的。若不是原本就已存在的材料，神就不可能造出什么，正如必须先有木头，木匠才能做工一样。4. 然而，他们这样说的时候，不知道正在把软弱加到神身上。试想，神自身若不是那质料的原因，只是从先在的质料制造事物，那他显然是软弱的，因为他没有能力不借助于任何质料，从无中造出事物。正如木匠没有木材就不能做出所要求的作品——这毫无疑问是一种软弱——一样。因为这**假设**了，若没有先在的材料，神就不可能造出任何东西。若是那样，也就是他把自己创造的能力归于另外某种源泉，即归于质料，那他怎能被称为造主和创造者（Artificer）呢？果真如此，按他们的理论，神就只能是一个机械师，而不是从无造有的创造主。也就是说，如果他只是借现存的质料加工，他自己不是质料的原因，那他就不是造主。因为显然，他若不是受造之物各自所由之构成的质料的造主，那么无论如何，他也不能被称为造主。5. 另外，有些宗教派别幻想万物另有 位创造者，而不是我们主耶稣基督的父，甚至对他们所使用的话语也完全茫然不解。6. 然而，主对犹太人说："那起初造人的，是造男造女，并且说：'因此，人要离开父母，与妻子连合，二人成为一体。'这经你们没有念过吗？"①

---

① 《马太福音》19: 4 及以下。

然后，指向造主，说："所以，神配合的，人不可分开。"那么这些人怎能说被造物是独立于父的呢？或者用约翰的话来说，"万物是藉着他造的；凡被造的，没有一样不是藉着他造的。"①既如此，这造物的创造者岂能是别的，而不是基督的父呢？

第3节　真教义。从无中被造，出于神丰富的恩惠。人的受造高于其他一切，但人光凭自己的能力不可能持续蒙保守。因此，得神的形象这种例外的、超自然的恩赐，再加上蒙福的应许，才可能使他在恩典里持续蒙保守。

1. 因此他们的猜测全是虚妄的。从本于基督的神圣教导和信心来看，他们的愚蠢话语就是邪恶不敬神的。造物界明明知道它不是自发产生的，因为预见并不缺乏，也不是从已有的质料造出来的，因为神不是软弱的，而是从无造的，没有任何先在的存在。神造宇宙只是借着他的话语，如他最先借摩西所说的："起初神创造天地，"②然后，在极富教化意义的牧者的书卷里说："首先相信神是一，创造并形成了万物，并且是从无中将它们造出来。"③ 2. 保罗也有话说："我们因着信，就知道诸世界是藉神话造成的，这样，所看见的，并不是从显然之物造出来的。"④ 3. 因为神是善的，或者毋宁说本质上是善的源泉。他既是善的，就不会对什么东西斤斤计较⑤，因而不会吝啬，不赐给万物，而是借着他自己的道，即耶稣基督我们的主，从无造出万物。而在万物之中，他又特别垂顾人类，知道他们局限于自身的出生，不能始终保持同

---

① 《约翰福音》1：3。
② 《创世记》1：1。
③ 《黑马牧人书》(Herm. *Mand.*) 1。
④ 《希伯来书》11：3。
⑤ 参看《驳异教徒》41节及柏拉图《蒂迈欧篇》29E。

一种状态，因而就赐给他们另一样恩赐。也就是说，他造人不是像造地上一切非理性的造物那样，只是造出它们，而是照着他自己的形象造人，甚至赐给人他自己的道的一部分权能。因而，可以说，人是道的一种投射，并且是有理性的，所以能够永久地住在恩福之中，过着真正的生活。那是属于乐园里圣徒的生活。4. 但他又知道人的意志可能偏向两个极端，于是他预先制定律法，并把他们放在他所指定的地方，来保证赐给他们的恩典。他把他们引入他自己的园子，给他们立了律法，这样，只要他们保守恩典，始终为善，就能永远留在乐园里生活，没有忧愁、痛苦、焦虑，唯有在天上不朽的应许。但如果他们违背诫命，离开神的面，成为恶的，就会知道他们这样做就引发了死之败坏，那原本是他们的本性所在。这样，他们就不可能再生活在乐园里，就要被赶出乐园，直到死亡，腐烂败坏。5. 这也是圣经所给予的告诫，神说："园中各样树上的果子，你可以随意吃，只是分别善恶树上的果子，你不可吃，因为你吃的日子必定死。"① 这里的"你必定死"，意思不就是说，不只是死，还要永久地滞留在死之败坏里吗？

第 4、5 节　我们的被造与神的道成肉身紧密相关。正如借着道，人从非存在被召入存在，并进而领受神圣生命的恩典。同样，由于过犯失去了那样的生命，重新引来败坏、不可名状的罪和充满世界的不幸。

1. 也许你会疑惑，我们既然要谈论道成肉身的问题，为何这里要讨论人类起源的问题。其实，这也完全属于我们论文的目标。2. 因为论及救主显现在我们中间时，我们必须也论及人的起源，好叫你知道他降身为人正是因为我们，我们的悖逆引发道的慈爱，使主既急急地

---

① 《创世记》2：16—17。

帮助我们,又显现在人中间。3. 因为我们是他道成肉身的对象,为了我们的得救,他才会做出如此煞费苦心的事,显现甚至以人的身体降生为人。4. 因而,神成了人,并且希望人能在不朽里永久长驻;但人既已鄙弃并拒斥对神的沉思,就为自己设计谋划出恶(如前一篇论文所说的①),接受了死的定罪,使他们一直受到死的威胁。自此之后,他们就再也不能保留原初被造时的状态,而被他们的许多巧计败坏了,死就在他们身上作王。②因为人违背诫命,就把他们推回到自己的自然状态;正如他们原是从无中造出来的,同样,可以预料,他们也完全可能寻求时间过程中的败坏,归回虚无。5. 既然他们原先所处的正常状态是非存在(non-existence),后因道的显现和慈爱,被召入存有,那么很自然地,当人丧失神的知识,转向所不是的(因为恶就是所不是,善就是所是),就永久地丧失了存有,因为他们是从那自有永有的神(God who IS)获得自身的存有的;换言之,他们就要分解,住在死亡和败坏中。6. 人的本性是必死的,因为他是从所不是的被造出来的;只是由于他与自有永有的神有相似性(他若能始终保守这种相似性,始终认识神),他就会阻止自己本性中的败坏,保持不朽。正如《所罗门智训》所说:"遵守他的律法就能保证获得不朽"。③成为不败坏的,此后就能像神一样生活。我想圣经所说的话指的就是这个意思,它说:"我曾说,你们是神,都是至高者的儿子;然而你们要死,与世人一样;要仆倒,像王子中的一位。"④

---

① 《驳异教徒》3—5 节。
② 《传道书》7:29;《罗马书》1:21、22。(参看和合本,前者:"神造人原是正直,但他们寻出许多巧计";后者:"他们虽然知道神,却不当作神荣耀他,也不感谢他。他们的思念变为虚妄,无知的心就昏暗了。自称为聪明,反成了愚拙"。——中译者注)
③ 《所罗门智训》6 章 18 节。(本节经文系中译者据英文直译,以下凡出自此书的经文皆如此,不再一一说明。——中译者注)
④ 《诗篇》82:6 以下。

第 5 节。1. 神不只是从虚无中造出我们,还借着道的恩典白白地赐给我们与神相应的生命。然而,人拒斥了这些永恒之事,在魔鬼的怂恿下,转向败坏之事,成为他们自己在死亡里败坏的罪魁祸首。如我前面所说的,他们的本性是可败坏的,但若是能保持良善,就能借着分有从道而来的恩典,笃定脱离自然状态。2. 因为道与他们同住,就是他们本性中的败坏也不能靠近他们,如《所罗门智训》所说:"神造我们是叫我们不死,作他自己之永恒的像;然而由于魔鬼的嫉妒,死进入了世界。"① 一旦这样,人就开始走向死亡,而败坏自此就在他们身上做王,甚至胜过其本性力量,支配整个人类。由于人违背诫命,神(Deity)就设下了这样的威胁,以便更加有利于他们。3. 就是在行恶中,人也没有设立任何界限,而是一步步地滑落下去,越过一切尺度;开始时寻出恶(wickedness),引来死亡和败坏降到身上,后来,背离正道,走上恶道,把一切悖逆推向极致,并不在哪种恶(evil)上止步,而是不断设计出各种各样新的恶,在犯罪之路上越来越贪得无厌。4. 到处都有通奸、偷盗,全地上都充满谋杀、抢劫,以至于败坏和冤屈遍地,没有人遵守律法,各种罪行在每个角落泛滥成灾,不论是个人行的,还是团伙作的。城市与城市争战,国家与国家相斗,全地上都充塞着人与人之间的骚乱与争吵;每个人都在无法无天的事上争先恐后。5. 就是逆性的罪行也没有远离他们,诚如使徒和基督的见证所说的:"他们的女人把顺性的用处变为逆性的用处;男人也是如此,弃了女人顺性的用处,欲火攻心,彼此贪恋,男和男行可羞耻的事,就在自己身上受这妄为当得的报应。"②

---

① 《所罗门智训》2 章 23 节以下。
② 《罗马书》1:26—27。

第 6 节 于是，人类被耗损，神的形象被抹去，他的工被毁灭。或者神必须放弃说过的话，就是人因此招来毁灭的话，或者在道的存有中所分有的东西必然再次陷于分解。这样，神的计划就会失败。那怎么办呢？神的圣善能允许这样吗？果真如此，当初又何必造人呢？那就只能表明神的软弱，而非良善了。

1. 于是，死亡主宰了人，败坏住在他们中间，人类濒临毁灭；按照神的形象所造的理性之人渐渐消失，神的作品处于瓦解之中。2. 如我前面所说，死从那时起获得了掌控我们的合法地位，①要废除律法是不可能的，因为这是神为过犯早已定立的，②结果这事就变得既奇怪，又不体面。3. 首先是奇怪的，神说的话竟被证明是错的——也就是说，神曾命定，人若是违背诫命，就必死。但人违背诫命之后却不死，那岂不使神的话变为枉然。显然，倘若神曾说我们必死，而我们并没有死，那么神就不可能是真的。4. 再次，这被造为理性的、分有道的造物，却要归于毁灭，而且由于毁灭要再次回到非存在状态，③这是不体面的。5. 神所造的事物若是因为魔鬼对人的诱骗就要毁灭，这是与神的圣善不相称的。6. 尤其不体面到极点的是，神在人中的作品或者因为他们自己的粗心，或者因为恶灵的诱骗而被毁消失。7. 那么，当理性造物正在耗损，这样的作品正在毁灭时，神出于圣善要怎样做呢？容忍败坏主宰他们，死亡扼住他们吗？若是这样，当时把他们造出来又有何益呢？他们若是一开始就未被造，倒比造出来却漠然以待，任其毁灭更好。8. 因为漠然只能表明神的软弱，而不是他的良善——也

---

① 参看《创世记》2：15。
② 参看《加拉太书》3：19。
③ 参看安瑟伦 cur Deus Homo, Ⅱ.4, "Valde alienum est abeo, ut ullam rationalem natuream penitus perire sinat."

就是说，如果他一旦造出自己的作品之后，就任由它们走向毁灭的话。9. 试想，他若不曾造出它们，谁也不会指责他软弱，但他既造出它们，并且从虚无中造出来，却任其毁灭，也就是说，造主眼睁睁地看着自己的造物灭亡，这岂不是奇怪至极的事。10. 所以神不可能任人陷入败坏的洪流，因为这是不体面的，也与神的良善不相称。

第7节　另一方面，神的本性有一致性，不会为我们的利益牺牲这种一致性。那么是否应当要求人忏悔？但悔改不能规避法律的执行，更不要说能恢复堕落的本性了。我们已经招致败坏，而且必须恢复神的形象的恩典。谁也不可能使之更新，唯有那最初造人的神。唯有他能（1）重新创造一切，（2）为一切受苦，（3）把一切显现给父。

1. 诚然，这一结论必须坚持。但是，另一方面，神的公正①却与其相反，也就是说，神关于死所定立的律法当是真实的。因为神是真理之父，他若是为了我们的利益，为了使我们得保存而成为说谎者，那是荒谬的。2. 所以这里的问题还是同一个，神可能采取什么样的途径呢？要求人为自己的悖逆忏悔吗？有人很可能会说这是与神相称的。就好比说，正如人因悖逆走向败坏，所以就可以因忏悔而重新走向不败坏。3. 然而，首先，忏悔不能阻挡神的公正。②因为人若脱离了死的掌控，神就要成为不真实的说谎的神；其次，忏悔也不能使人脱离属于其本性的东西，只能阻止他们犯罪。4. 试想，如果问题只是某种不当行为引起的轻罪，而没有导致败坏，那么忏悔就足够了。但是如果一旦开始悖逆，人就必然陷入那种出于他们本性的败坏，就必然失去原本拥有

---

① 直译是"关于神什么是合理的"，即他的属性以及他与我们的关系里所包含的东西，参看《罗马书》3：26，参看安瑟伦，同上 I. 12，对阿塔那修的观点稍稍作了限定。

② 参见注①。

的恩典，即在神的形象里，那么需要采取什么样的措施呢？或者说，这样的恩典，这样的回转需要什么呢？难道不需要神的道，起初时从虚无造出一切的道吗？5. 正是这道，既使败坏的成为不败坏的，又使父的公正①不受任何损害。他作为父的道，首先并唯有他完全符合以下两点：既能重新创造万事万物，又能为一切受苦，作一切造物与父之间的使者。

第8节 于是，道临到地上，其实他无时不在；看见所有这些恶。他取了我们本性的那个身体，那是出于无玷污的童女的身体。他在她的母腹里使这身体成为他自己的身体，从而显明自己，征服了死亡，恢复了生命。

1. 为了这样的目的，无形的、不败坏的、非质料的神的道来到了我们中间，尽管他此前也并没有远离我们。②因为造物界没有哪一部分缺乏他，他充满每一地方的任何事物，同时始终与他自己的父一起。但他降生为人，来到我们中间，是要表明对我们的慈爱，要安慰我们。2. 看到理性造物的族类处在毁灭之中，死借败坏在他们身上作王；也看到针对过犯所立的律法使败坏临到我们身上有了坚实的基础，知道这样的律法在成全之前不能落空，否则就会显得荒谬；还看到所发生之事的不体面，他自己作为工匠所造的事物正在消失；还看到人的极端邪恶，他们如何一点点地滑入无法容忍的罪恶深渊；最后看到所有人都在死罪之下，于是他怜悯我们人类，可怜我们的缺点，就屈尊降卑，来到我们的败坏之中，而且不能容忍死作王——否则造物就

---

① 参见前页注①。
② 《使徒行传》17：27。（参看和合本经文："其实他离我们各人不远。"——中译者注）

得灭亡,他的父在人里面的作为就化为乌有——他就亲自取了一个身体,与我们全无两样的身体。3. 因为他并不是简单地想成为有身体的,或者只是想要显现出来。①他若只是想要显现出来,就完全可以通过另外某种更高的方式显明他的神圣形象。然而,他取了我们人类的身体,不仅如此,还是从纯洁、未曾亲近男人的童女取的,是一个洁净的,真正不沾染男人之气的身体。因为他自身原本是全能的,是万物的创造者,他就在童女里为自己预备了这身体作为通向他自己的殿,使它成为他自己的身体,就如同一件器具,在它里面彰显自己,在它里面居住。4. 我们的身体全都被定罪,在死亡的败坏之下,所以他就取了其中的一个完全同样本性的身体,代替所有身体把这一身体交给死,献给父——而且出于慈爱他才这样做,目的在于,首先,使一切存有(all being)在他里面死了,这样,关于人毁灭的律法就解除了(因为它的力量完全化在主的身体上,不再有根基反对人,他的同类);其次,人虽然转向了败坏,他却可以使他们重新回到不败坏,并借着他身体的代赎和复活的恩典,使他们脱离死亡,获得新生。他废除他们的死亡,就如同从火里救出干草。②

第9节　既然唯有死能阻止神的刑罚,道就取了一个必死的身体,将这身体与他结合,有益于众人,让人分有他的不朽,阻止人类的败坏。他在一切之上,使自己的肉身作为我们灵魂的祭品,又与我们众人同在,使我们穿上不朽。用比喻来说明这一点。

1. 道知道没有其他办法除去人的败坏,唯有靠死作为必要条件,

---

① 参看43.2。
② 这是插入的一个比喻。人如"草",死如"火"。

但道作为父之子,是不朽的,不可能死的。所以,他为自己取了一个能死的身体,好叫它因分有在万物之上的道,而代替众人死,也因为道下来住在它里面,使它永不败坏,此后借着复活的恩典使败坏在众人之外。因此,他把亲自取的身体交给死,作为纯洁无瑕的祭品和牺牲,于是就借这种同等的祭献立即使他的一切同类脱离死亡。2. 因为神的道在一切之上,他为众人的生命①献上自己的殿和有形的器具,就自然而然地以自己的死偿清了债务。因此,他,神之不朽的儿子,取了与人同样的本性而与众人联合,必然借复活的应许使众人穿上不朽。实际上,死的败坏已经不再有根基反对人,因为道已经借自己的身体下来住在他们中间。3. 就好比说②,当一位伟大的君王进入某个大城市,在那里选了一处房子住下,这个城市就无论怎样都配得很高的荣耀,再也不会有什么仇敌或强盗光顾,欺负它。相反,就是因为有君王住在其中的一个房子里,人们就认为它配得一切关照。同样,对万物之独一的君王来说,也是如此。4. 既然他已经来到我们这里,并在他的同类中取了一个身体居住在里面,自此之后仇敌反对人类的整个阴谋就终止了,原先支配着他们的死之败坏就废除了。若没有主和众人之救主,神的儿子,来到我们中间使死终止,人类早已毁灭了。

第10节　通过类似的比喻表明救赎工作的合理性。基督如何消除我们的毁灭,以他自己的教义提供解药。圣经关于道成肉身以及他所成就的祭献的证明。

事实上,这一伟大工作与神的良善特别吻合。1. 如果一位君王建

---

① *Antipsuchon*.
② 可能是从皇帝的做法联想到的。因此几年后（326年）,君士坦丁堡（Constantinople）成为庄严之城。关于这一比喻,比较 *Sermo Major de Fide*, c. 6。

造了一座房子或城市之后，由于居住者的懈怠，受到强盗的攻击，君王无论如何不会坐视不管，而是要起来报仇，重新收回自己作品的主权，他并不在意居民的粗心，在意的是那适合于自己的东西；更不要说神，尽善之父的道了，岂非更不会忽视人类，他所造的作品，任其走向败坏。相反，他献出自己的身体，消灭了死之后，又以自己的教义纠正他们的漫不经心，借他自己的权能恢复一切属人的东西。2. 对此，可以从救主自己的那些受圣灵感动的作者那里得到证实，只要碰巧看到他们的著述，读到他们写的话："原来基督的爱激励我们。因我们想，一人既替众人死，众人就都死了；并且他替众人死，是叫那些活着的人不再为自己活，乃为替他们死而复活的主活。"①就是为我们的主耶稣基督活。又说：我们"惟独见那成为比天使小一点的耶稣，因为受死的苦，就得了尊贵、荣耀为冠冕，叫他因着神的恩，为人人尝了死味②"。3. 接着他还指明为何必须是神，是道自身，而不是别的，成为肉身："原来那为万物所属、为万物所本的，要领许多的儿子进荣耀里去，使救他们的元帅因受苦难得以完全，本是合宜的"；③他说这些话的意思是说，把人从那已经开始的败坏中引领出来的，不能是别的，只能是神的道，起初造人的也是他。4. 正是为了替众人的身体献祭，道才亲自取了一个身体，以下的话指的就是这一点："儿女既同有血肉之体，他也照样亲自成了血肉之体，特要藉着死，败坏那掌死权的，就是魔鬼，并要释放那些一生因怕死而为奴仆的人。"④ 5. 他既献上了自己的身体为祭，就终结了惩罚我们的律法，也为我们奠定了新生命的开端，赐给

---

① 《哥林多后书》5：14—15。
② 《希伯来书》2：9。
③ 《希伯来书》2：10。
④ 《希伯来书》2：14以下。

我们复活的盼望。因为死辖制人正是从一人开始的，所以相应地，神的道也要成为人，从而导致死的毁灭和生的复活，正如带着基督印记的人①所说的："死既是因一人而来，死人复活也是因一人而来。在亚当里众人都死了，照样，在基督里众人也都要复活。"②如此等等。如今我们不再被定罪受死，而是作为从死里复活的人等候着众人的大复活，"到了日期……要将他显明出来"，甚至神，就是成就这事，把它赐给我们的神也要显明出来。6. 这就是救主成为人的第一个原因。我们还可以从以下诸原因看出，他慷而慨之，来到我们中间，这事的发生是顺理成章的。

第11节　道成肉身的第二个原因。神知道人靠着本性不足以认识他，就赐给人关于神自身的知识，好叫他在存有上有所益处。他按道的形象造出他们，好叫他们认识道，并借着道认识父。然而，人鄙弃这一切，陷入偶像崇拜，离开看不见的神，转向巫术和占星术，尽管神用多种方式启示自己，人却视而不见，一意孤行。

　　1. 神有凌驾于万物之上的权能，当他借着自己的道创造人类时，看到他们本性上的弱点，知道光靠它自身不可能认识它的造主，对神也不可能获得任何观念，因为神是非受造的，而造物是从虚无中被造的。神是无形的，人则是以低级方式塑造为形体。在一切方面都是被造的事物远不能领会并认识它们的造主——我是说，他垂怜人类，因为他是良善的，他并没有任他们缺乏对他的认识，免得他们发现自身的存在根本没有益处。2. 试想，造物若是不认识自己的造主，那对他们

---

① 参看《加拉太书》6：17。
② 《哥林多前书》15：21 以下。

有何益处？或者说，他们若不认识父的道（以及理性），他们的存有就是从他而来，那怎么能说他们是理性的（rational）呢？若是那样，他们只有关于地上之物的知识，那就没有什么能使他们与兽类相区别。不仅如此，神若是不希望自己为人认识，他又何必造出他们来呢？3. 因此，为避免这样的情形，良善的神就让他们分有他自己的形象，我们的主耶稣基督，照着他自己的形象，按照他自己的样式造人，好叫他们借着这样的恩典领会形象，也就是父的道，能够借着他获得关于父的观念，认识他们的造主，过上真正快乐、幸福的生活。4. 然而，尽管如此，人还是悖逆地蔑视所赐给他们的恩典，完全拒斥神，灵魂充满昏暗，不仅忘却神的观念，还为自己造出一个又一个偶像。不仅刻出偶像，取代真理，荣耀并非在永生神之前的事物，"敬拜侍奉受造之物，不敬奉那造物的主"①。更糟糕的是，他们不去荣耀神，而把荣耀归给木头、石头，一切物质对象，以及人，甚至更甚于此，正如我们在前篇论文里所说的。5. 他们的不敬实在无以复加，竟然开始敬拜魔鬼，宣称它们是神，以满足他们自己的淫欲。如上所述，他们随心所欲地拿禽兽作祭品，拿人作牺牲，迅速卷入自己疯狂的感应之中。6. 因此，巫术在他们中间传播，各处的神谕把他们引入歧途，所有人都把影响自己出生和存在的力量归于星辰，归于天体，除了看得见的东西，再也不会思考看不见的东西。7. 简言之，一切都充满不敬和放荡，只是神和他的道，是他们所不认识的，尽管他并没有从人的眼前隐去，也不是只用一种方式把关于他自己的知识赐给人类。事实上，他早已以多种形式，借多种方法把这种知识向他们展现出来。

---

① 《罗马书》1：25。

第 12 节　虽然人是在恩典里被造的，但神预见到他的健忘，又造出各种造物，提醒人想到神。进而他还定立了律法和先知，以帮助整个世界。然而人只关注他们自己的私欲。

1. 虽然神圣形象的恩典本身足以显明神的道，并借他显明父，但神知道人的软弱，甚至考虑到了他们的粗心，所以预先作出了相应的安排，就算他们不尽心靠自己去认识神，也可以借着所造之物认识神，免得对造主一无所知。2. 但由于人漫不经心，一点点地堕落到低级事物，神再次对他们的这种软弱作了预先准备，送出律法、先知及他们所认识的人，这样，就算他们不愿意抬眼向天，去认识他们的造主，也可以从身边的人领受教导。因为人从人那里更能直接获得关于高级事物的知识。3. 所以他们完全可能洞悉天的高度，体会造物界的和谐，从而认识它的立法者，父的道，他借自己渗透万物的神意向众人显明父，并为此推动万物运动，好叫众人因着他认识神。4. 或者，如果这对他们来说要求太高，至少他们还是可能遇见圣人，从他们认识神，万物之造主，基督之父；也知道敬拜偶像是罪恶的，充满不敬的。5. 或者，他们完全可以通过认识律法，停止一切无法无天行为，过上有德性的生活。因为这律法既不是专为犹太人立的，众先知也不是只为他们派遣的，虽然是派给犹太人，并受犹太人逼迫，他们却是整个世界的一所神圣学校，传授神的知识，教导灵魂的行为。6. 神的圣善和慈爱是如此之大——然而，人受制于瞬间之乐、虚幻现象、魔鬼布下的骗局，没有将头抬起朝向真理，反倒更装满了邪恶和罪孽，以至于看起来似乎不再是有理性的造物，从他们的行为方式来看，倒可以算为无理性的东西了。

第 13 节　这里同样地，神是否无动于衷，保持沉默呢？任凭人敬拜假神？他造我们出来原不是要敬拜他自己吗？臣民造反，国王就会给他们送去信函和消息，然后再亲自来到他们面前。更何况神，岂不更要恢复我们里面他自身形象的恩典。这样的事，人只能模仿，不可能为之。因此道必须亲自到来（1）重新创造，（2）在身体上毁灭死。

1. 如此，人已经变得如同兽类，魔鬼的骗术遍满各处，掩盖了关于真神的知识，那么神要怎样做呢？对如此大的一件事沉默不语吗？任人被魔鬼引入歧途，不认识神吗？2. 果真如此，人最初按照神的形象造出来有什么用呢？当初被造时也不过如兽类，倒比造时更为理性些，所作所为却像兽类一样。3. 或者他一开始领受神的观念究竟有什么必要性呢？既然他到了现在还不适合领受神的观念，那倒还不如一开始就没有赐给他更好些。4. 或者，神造了人之后，人却不敬拜神，却认为他们的造主另有其人，这对神有什么益处，对他能是怎样的荣耀呢？因为这样，神就表明造这些是为别人造的，而不是为他自己造的。5. 再者，就算是世上的君王，也不会让自己所统治的地土落到别人手中，为别人所用，也不会让它们受别人控制，他会写信警告他们，常常是托朋友去送信，如果必要，也可能亲自去，当面谴责他们，给他们下最后通牒，只是为了不让它们为别人所用，不使他自己的工作化为乌有。6. 那么神岂不更珍惜他自己的造物，不让他们偏离自己，去侍奉虚妄之事？更何况这样的偏离指向他们的毁灭和解体之路，他们既曾分有神的形象，就不应当毁灭，不然岂不是不体面之事。7. 那么神要怎样做？或者说，除了更新那按神的形象造的，好叫人能够重新认识他之外，还应当怎样做呢？而要成就这样的事，除了神的形象，我们的主耶稣基督亲自显现之外，还有其他选择吗？这样的事，靠人的方式是不可能实现的，因为他们只是按照一个形象造的；天使也不行，他们甚至还不是神的形象。因此，神的道亲自到来，他既是父的形象，就完全能够按照形象重新创造人。8. 但是，死亡和败坏若没有去除，这事也仍然不可能成就。9. 于是，他就理所当然地穿上一个必死的身体，这样，当死在它里面被一劳永逸地除去之后，按他的形象而造的人就能得到更新。这样说来，谁也不能满足这样的需要，唯有父的形象。

第14节 被抹去的形象必须从原型得到恢复。因此父的儿子来寻找、拯救、重生。不可能有别的方法。人把自己弄瞎，无法看到医治。造物界的见证无法保守他，也不可能把他领回来。唯有道能这样做。怎么做呢？唯有将他自身显示为人。

1. 正如画在板上的画像被外面的污迹涂抹之后，必须要有原型重新出现，重新在同一块木板上恢复画像。为了他的画，就是画像的那块木头也不能抛弃，而把上面的轮廓重新勾勒。2. 同样，至圣的儿子，作为父的形象，来到我们中间更新曾按他的形象造的人，寻找他，就像寻找迷失者一样，以便赦免他的罪，如他自己在福音书里所说的，"我来是要寻找、拯救失丧的人"[①]。又对犹太人说，"人若不重生"[②]，这意思不是如他们所认为的，指从妇人出生，而是说灵魂在神的形象的样式里重生、再造。3. 但由于狂野的偶像崇拜和淫邪罪恶充塞世界，神的知识被隐藏，谁来向世界教导父呢？我们能说这是人的职责吗？须知，渗透太阳底下的每一角落，这不是人力所能为的；人的体力既不可能跑那么远，他们也不可能在这事上信誓旦旦，光凭他们自己也不能抵挡恶灵的欺诈和哄骗。4. 因为所有的灵魂都已被魔鬼的骗术浸淫和迷惑，他们怎么可能去赢得人的灵魂和心灵？他们甚至都不能看见

[①] 参看《路加福音》19：10。（参看和合本经文："人子来，为要寻找、拯救失丧的人。"——中译者注）

[②] 参看《约翰福音》3：3、5。

它们。自己都看不见的东西，怎么能去改变它？5. 也许有人会说造物界就足够了；然而，若说造物界就足够了，这些大恶就永远也不会消失。因为造物界已经存在，始终如此，而人则在同样错误的神观中跋涉。6. 所以，除了神的道，还能需要谁？他既能看见灵魂，也能看见心灵，把运动赐给一切被造之物，借着它们显示父。他借自己的神意和对万物的安排教导人关于父的事，也唯有他才能更新这样的教导。7. 那么这事是怎样成就的呢？也许有人会说，同样的方式一如既往，他又一次借着造物界之工表明关于父的真理。但这已经不再是确定的方式了。恰恰相反，因为人以前没有看到这一点，他们的眼睛不再向上，而是向下。8. 因此，出于有益于人的愿望，很自然地，他也像所有的人一样，亲自取了一个身体，成为人，逗留在这里，并从属地的事物，也就是借着这身体的作为（教导他们），好叫那不能从他的神意和对万物的治理中认识他的人，可以从他实际的身体所成就的工认识住在这身体里面的神的道，并借着他去认识父。

第15节　因此，道屈尊俯就人之陷于有形之物，甚至取了身体。一路上他遇到了人的种种迷信，不论人倾向于敬拜自然、人、魔鬼，还是死人，他都表明自己是这一切的主。

1. 正如良善的老师总是处处关照自己的门徒，如果有人不能因高级话题受益，他就降低标准，符合他们的水平，无论如何要以更为简单的课程教导他们。同样，神的道也是这样。如保罗所说："世人凭自己的智慧，既不认识神，神就乐意用人所当作愚拙的道理拯救那些信的人。"[①] 2. 看到人不再沉思神，眼睛朝下，似乎落入了深渊，在自然

[①]《哥林多前书》1：21。

中，在感觉世界中寻求神，为自己造出必死之人或魔鬼这些神祇；为此，众人的仁爱救主，神的道，为自己取了身体，像人一样行在人中间，迁就所有人的感觉，我是说，目的是为了使那些认为神是有形的人可以从主借自己的身体所成就的事认识到真理，通过他来认出①父。3. 因为他们是人，在一切思念上都是属人的，但不论把他们的感官集中于什么对象，都能透过那些对象看到他，从各个方面获得他教导的真理。4. 他们若是心怀敬畏地观看造物界，就能看到她如何认信基督为主。就算他们的心灵转向人，以至于把人当成神，但只要他们比较一下，也仍然能从救主的作为，看出唯有救主在人中间显为神子，因为其他人不可能成就神的道所成就的工。5. 或者，如果他们偏向恶灵，即便如此，看到恶灵被道赶出来，也当知道，唯有他，神的道，才是神，而诸灵算不得什么。6. 或者，如果他们的心灵甚至已经沉入到死人身上，以至于崇拜诗歌里所记载的英雄和诸神，然而，看到救主的复活，他们也不得不承认这些人物是假神，唯有主是真神，是父的道，甚至是死亡的主。7. 出于这样的原因，他既生为人，也显为人，死了，复活了，亲自使先前之人所做的工全都黯然失色。这样，不论人偏向什么地方，他都能把他们召回来，教导他们关于他自己的父的真理，如他亲口所说的："我来是要寻找、拯救失丧的人。"②

第 16 节　于是他到来把人的感官吸引到自己身上，使人看他为人，从而引导人知道他是神。

1. 因为人的心灵最终降到了感觉之事上，道就乔装打扮，穿戴身

---

① 直译是"推出"。
② 参看 14.2。

体,成为人,以便使人转向他自己,使他们的感官集中在他身上,此后人就看他为人,但他的所作所为又使他们相信他不只是一个人,还是神,是真神的道和智慧。2. 这也是保罗想要指明的一点,因为他有话说:"叫你们的爱心有根有基,能以和众圣徒一同明白基督的爱是何等长阔高深;并知道这爱是过于人所能测度的,便叫神一切所充满的,充满了你们。"① 3. 因为神借着道在各处显示自己,既在上面下面显示,也在深度广度上显示——上面,显示在受造物中,下面,显示为人;深度上,在阴司里,广度上,整个世界——万事万物都充满了神的知识。4. 同样出于这样的原因,他并没有一来到就立即替众人完成自己的献祭,即把自己的身体交给死亡,又复活,因为这样做②就意味着他仍然使自己成为人所不能见的。事实上,他借着身体所成就的事,就足以使自己显示在人面前,叫人看见,因为他住在身体里面,做诸如此类的事工,显出这样那样的记号,使自己不再显示为人,而是显示为神,道。5. 救主成为人,是要成全两方面的爱,首先,除去我们身上的死,使我们重生;其次,虽然是无形不能见的,但借他的作为显明出来,叫人知道他是父的道,是宇宙的统治者和王。

第 17 节　道成肉身为何没有限制道的无处不在,也没有减损他的纯洁。(太阳的比喻)

1. 他并没有如有人所认为的受制于身体,虽然存在于身体里面,却仍然无处不在;虽然推动身体运动,宇宙却并非缺乏他的运作和神意;最为奇异的事是,他原本是道,绝不可能被其他事物所包

---

① 《以弗所书》3:18 以下。
② Sia toutou,也许是指借他的身体。

含，而是把一切包含在自身里面；正如一方面存在于整个造物界，同时在存在上又迥异于宇宙，借自己的权能显现于万物之中——安排万物，在一切之上，在一切之中显明他自己的神意，赐生命给每一事物并一切事物，包含一切，却不被任何事物包含，只在他自己的父里面，整体如此，每一方面也如此。2. 因此，就算显现在属人的身体里，亲自激活它，他也照样激活整个宇宙，他存在于每一自然过程中，又在整个世界之外，一方面借着所做的工向人显现，另一方面仍然从宇宙的运作中显明自己。3. 我们知道，灵魂的作用在于，通过思想，不需要在它自己的身体之外运作，或者推动远离身体之外的事物，就能看见在它自身之外的东西。从来没有一个人通过思想远处的事物能推动或移动这些事物，也没有一个人坐在家里思想天体就能使太阳运动或使天体转动。但他看到，它们自己运动着、存在着，他实际上并不能影响它们。4. 而披戴人性的神的道却不是这样的。他不受制于自己的身体，毋宁说，他是自己切入到身体里，所以他不只是在身体里，事实上在一切事物里，同时在宇宙之外，只在他自己的父里。5. 这是多么奇妙的事，他既作为人行在人中间，又作为道激活万物，还作为子住在他自己的父里。所以，就是在童女怀他生他的时候，他也没有经历任何改变，他穿戴了身体也没有使他的荣耀减色。相反，他使身体也成为圣的。6. 他就是在宇宙之中，也没有分有宇宙的本性，而是相反，宇宙万物被他激活，靠他维系。7. 他所造的、我们看见在天上环行的太阳，它不会因碰到地上的物体而受到污染，黑暗也不能将它驱赶。相反，它靠自身的光照亮并洁净它们，太阳尚且如此，更何况全然为圣的神的道，造出太阳的主，岂非更不会因显现在身体里而受玷污。相反，他原是不败坏的，就使身体也变得有活力，得洁净，尽管它的本性是必死的。所以经上有话说："他并没有犯罪，口里也没有诡诈。"①

第18节 道，神的权能如何在其人的行为中做工：赶鬼，行神迹奇事，从童女出生。

1. 所以，当受圣灵感动的作者就这一件事论及他的吃喝和出生，认为②这身体作为身体是出生的，根据它的本性，要靠食物来维生，但神，道本身，与身体结合，安排万物，也借他在身体里的作为表明自己不是人，而是神，道。经上也记载了他的这些事，因为这吃喝、出生、受苦的真实身体，不是别人的，就是主的身体。他既变成了人，描述他这些属人的事就是适当的，表明他是真的拥有一个身体，而不是看起来如此。2. 正如从这些事我们就可知道他是有身体的存在，同样，从他在身体里所成就的那些事，我们也知道他是神的儿子。因此他还对不信主的犹太人大声说："我若不行我父的事，你们就不必信我；我若行了，你们纵然不信我，也当信这些事，叫你们又知道又明白父在我里面，我也在父里面。"③ 3. 正如他虽然是不能见的，却可以借着所造的作品知晓。同样，他成了人，在能见的身体里，却叫人从他的作为知道，能成就这些事的不是人，而是神的权能和道。4. 他指责恶鬼，把它们赶出去，这样的事不是人所能为的，只能是出于神。或者，凡看到他医治人类所患的各种疾病，谁还能认为他只是人，而不是神呢？请看，他洁净了麻风病人，使瘸腿的人行走自如，让聋子听见，瞎子重见光明，总而言之，除去了人的所有疾病和不适。从这些行为，就算是最普通的人也能看出他的神性（Godhead）。凡看到他给予人生来就缺的东

---

① 《彼得前书》2：22。
② 比较《演讲》iii. 31 注 11。
③ 《约翰福音》10：37 以下。

西,使天生的失明重见天日,谁能不认识到人性是顺服于他的,他是人性的创造者和造主?因为显而易见,他既能把人天生就没有的东西还给人,他也必是人自然出生的主。5. 因而,一开始,当他屈尊俯就我们时,他就从一位童女为自己造了一个身体,由此给众人提供了足以证明他的神性的证据,因为造身体的主也是其他一切事物的造主。凡看到一个身体直接从童女生出来,不需要男人的配合,谁能不由此推断出住在这个身体里的就是其他一切身体的造主和主?6. 或者,凡看到水变成酒的,谁能不认识到成就这种事的就是主和一切水的造主?为说明这一点,他还在海上行走,如走干地,对它掌控自如,由此向看见的人表明他是一切事物的主。用如此少的食物喂饱如此众多的人,没有食物的地方就从他自身产出丰富供给,也就是说,五个饼喂饱五千人,还有很多剩余,这岂不表明他不是别的,就是主,他的神意渗透于万事万物之中?

第19节 人天生愚顽,要靠那神圣的人性教导他认识神,那人性的神圣性得到众生的承认,尤其是通过他的死亡。

1. 看起来,救主完全有理由这样做。因为人一直不知道他启示在宇宙中的神意,没有认识到他表明在造物界里的神性,但无论如何,他们总可以从他身体所行的事恢复他们的视力,借着他领受关于父的知识,如我前面所说,从具体事例中推断出他那渗透整体的神意。2. 凡看到他对恶鬼的大能的,或者看到连恶鬼也承认他是它们的主,谁能仍然怀疑这就是神的儿子、智慧和大能呢?3. 他甚至使整个造物界打破沉默,因为说起来非常奇异,就在他死的时候,或者准确一点说,在他真正战胜了死——我指的是十字架——的时候,一切受造之物都承认他,即显现为身体、在身体里受苦的,不只是人,而是神子,是众人的救主。太阳隐藏他的脸,大地震动,群山裂开,所有人都敬畏不已。

这些事实表明十字架上的基督就是神，所有的造物都是他的奴仆，整个造物界无不肃然起敬，这就表明造物之主的在场。由此，神的道以自己的作为向人显明了自己。我们接下去要阐述并讨论的是，他在身体里的生命和经历的目的，他身体之死的本质，尤其因为这是我们信心的总结，所有人，无一例外，都充满这样的信心，好叫你知道从这一点也同样可以认识到基督就是神，就是神子。

第 20 节　没有谁能给予不败坏，唯有那创造的主；没有谁能恢复神的样式，唯有神自己的形象；没有谁能叫人活，唯有生命；没有谁能教导人，唯有道。他为偿还我们的死债，必然要为我们死，然后，作为我们初熟的果子从坟墓复活。因此，他的身体是必死的，但他的身体不可能是败坏的。

1. 至此，我们已经尽可能并按我们自己的理解能力，部分地陈述了他在身体里显现的原因。要把败坏的变为不败坏，不能出于别的力量，只能出于救主自己，起初还从虚无造出万物的主；谁也不可能为人更新神的形象的样式，唯有父的形象本身；谁也不可能使必死的成为不死的，唯有我们的主耶稣基督，他就是生命本身[①]；谁也不可能教人认识父，摧毁偶像崇拜，唯有道，他安排万物，是父唯一真正的独生子。2. 但由于所有人所欠的债要再次偿还，这也是必不可少的，因为如我已经说过的[②]，正是出于那样的原因，众人都要死，他来到我们中间实在是出于这个特定的原因；为了这个目的，他先是从自己的作为证明他的神性，然后还替众人献上活祭，把自己的殿交给死，以代替众

---

① *Autodzoe*，参看《驳异教徒》40, 46, 和《演讲》(*Orat.*) iv. 2, 注 4。
② 尤其见第 7 节。

人的死。首先，这是为了使人摆脱他们先前的过犯，进而表明他自己比死更有大能，显示他自己的身体是不败坏的，是众人复活的初熟果子。3. 如果我们不停地重复同一题目的同样话语，请不要吃惊。既然我们是在讨论神的智慧，我们就要用多种方式来阐述同一意思，免得我们遗漏了什么，招来讨论不周的指责。与其被指责遗漏不该遗漏的内容，还不如担当老是重复的骂名更好。4. 这身体与所有身体分有同样的本性，因为这是人的身体，虽然它是从童女形成的，是一无与伦比的神迹，但毕竟是可死的，与其他身体一样，必然走向死亡。但由于道与它结合，它就不再顺着自己的本性陷入败坏，由于道进来住在它里面，它就被置于败坏所侵蚀不到的地方。5. 所以，正是因为两大神迹合在一起发生，所以众人的死在主的身体里得以成全，同时，死亡和败坏因道与身体的结合而彻底被根除。这里，死是必要的，为众人死是必要的，这样众人所欠的债才可能还清。6. 因此，如我前面所说的，道本身是不死的，所以他不可能去赴死，于是就亲自取了一个能死的身体，这样，他就可以把它当作自己的身体献出去，为众人死，借他与身体的联合而为众人受苦，"败坏那掌死权的，就是魔鬼，并要释放那些一生因怕死而为奴仆的人"①。

第21节 借着基督的死败坏了死。但基督为何不悄悄地死，或者以比较体面的方式死？他不是顺服于自然死亡，而是死在别人之手。那么他为何要死？他来就是为了那样的目的，没有死，他就不可能复活。

1. 既然众人共同的救主为我们死了，我们信基督的人就不再像以前那样，按照律法的告诫俯服于死，因为这样的定罪已经停止。由于复

---

① 《希伯来书》2：14—15。

活的恩典,就停止了败坏,并且被清除,从此以后,我们只是分解,这是符合我们身体的必死本性的,到了神为各人指定的时候,我们都能获得更好的复活。2. 就好比种子撒入地里,我们的分解不是毁灭,而是被种入地里,将来必要重新起来,救主的恩典已经毁灭了死,将之归于虚无。因此,正是蒙福的保罗,被认为是众人复活的保证的人,说:"这必朽坏的总要变成不朽坏的,这必死的总要变成不死的。这必朽坏的既变成不朽坏的,这必死的既变成不死的,那时经上所记'死被得胜吞灭'的话就应验了。死啊,你得胜的权势在哪里?死啊,你的毒钩在哪里?"[①] 3. 有人会说,他既然必须把自己的身体交给死,代替众人之死,那么他为何不像人一样悄悄地死,而要弄到被钉十字架的程度?显然,他若体面地舍弃自己的身体,岂不比这样名誉扫地地受死更适合他?4. 对此我回答说,请注意,这样的异议纯粹是属人的,而救主所行的完全是属神的,并且出于很多与他的神性相称的理由。首先,因为临到人的死之所以临到人,是由于他们本性的软弱;他们无法保持同一种状态,必然在时间中分解。因此同样,疾病也临到他们,他们患病,死去。但主不是软弱的,他乃是神的大能和道,就是生命。5. 所以,他若是私下里把他的身体舍弃在某处,像人一样老死在床上,那么就会被认为他这样做也是出于他本性的软弱,因为他与其他人没有任何不一样之处。然而,他首先是生命,神的道,所以其次,替众人死这是必须成就的事。一方面,因为他是生命和权能,身体在他里面得了力量;6. 另一方面,死必须过去,所以他没有自己取死,而是死在别人之手,以成全他的献祭。显然,主患病是不恰当的,他医治别人的病,自己怎能得病。同样,让这身体丧失力量也是不正当的,因为他在这身

[①] 《哥林多前书》15:53—55。

体里赐给别人力量，使软弱变得坚强。7. 那么他为何不阻止死，就如他医治疾病那样？因为他取身体正是为了死，阻挡死自然是不适当的，否则复活也会受到妨碍。同样，他在死之前也不能生病，免得有人认为他的身体也是软弱的。但他岂不是也会饿吗？是的。他也会饿，这是符合他身体的属性的。但他并未因饿而死，因为主只是穿戴身体。所以，即便他为赎众人死了，他也并未看见败坏。事实上，[他的身体]完全无损地复活了，因为身体不属于别的，正属于生命本身。

第22节　他为何没有将自己的身体从犹太人手中撤回来，从而保证它的不死？（1）他不是替自己受死，也不是要逃避死。（2）他是来接受其他人当受的死，因而死当从外面临到他头上。（3）他的死必须是确定的，以便保证他复活的真理。同样，他不能因病而死，不然，他对别人的医治岂不成了笑话。

1. 有人会说，若是能避开犹太人的阴谋，岂不更好，他就可以保证他的身体完全脱离死。对这样的人，要告诉他，这也同样不适合主。正如对神的道来说，既是生命，自己将死加在自己的身体上是不适当的。同样，逃离在别人手上受死，而顺其自然地死，也是不适当的，因此他既没有自动地舍弃自己的身体，当犹太人阴谋害他时，也没有试图逃离。2. 但这并不表明道的软弱，相反，倒表明他就是救主和生命。因为他既等候死，去毁灭它，也急急地去交出自己，成全死，以拯救众人。3. 而且，救主来成全的不是他自己的死，而是人的死。因此，他没有按自然死亡的方式舍弃自己的身体①——他原本就是生命，不

---

① 参看《约翰福音》10：17—18。（见和合本译文："我父爱我，因我将命舍去，好再取回来。没有人夺我的命去，是我自己舍的。"——中译者注）

沾染死——而是接受从人而来的死，以便死一遇上他自己的身体，他就能彻底除灭它。4. 再者，从以下我们也可以看到主的身体遭遇这样的结局的合理性。主特别关注身体的复活，这是他要成就的事。他所要成就的事就是表明这是战胜死亡的一个重要时刻，叫众人相信他已经成功地毁灭了败坏，此后他们的身体就得以不败坏。为向众人保证这一点，为众人积攒复活的证据，他一直保持自己的身体不败坏。5. 再者，如果他的身体染病，让道在众人面前与它分离，那么他这医治别人疾病的人，任凭自己的器具在疾病中耗损，岂非太不体面。既然他自己的殿在他里面患病，叫人怎么相信他解除别人疾病的行为呢①？他或者因不能治病而被人嘲笑，或者他若能，却没有做到，就会被认为对别人漠不关心。

第23节　在大庭广众之下受死之于复活理论的必要性。

1. 然而，就算他的身体没有任何疾病和痛苦，他若是把它私下里藏匿起来，自己"在背地里作"②，或者在沙漠里，在房子里，在任何地方，后来突然出现，并说，他已经从死里复活了，那么无论如何，在人看来都以为他是在胡言乱语③，他关于复活所说的话就更不会有人相信，因为没有一个人见证他的死。我们知道，复活之前必先有死，没有在先的死，就不可能有复活，所以，如果他的身体之死发生在某个秘密的地方，死没有向人显明，也不是在众人面前发生，那么他的复活也是隐蔽的，没有证据。2. 他既然一起来就宣告复活，又何必使自己的死悄然无声？或者说，他既然在众人面前赶走污鬼，使天生的瞎子重

---

① 参看《马太福音》27：42。
② 《使徒行传》26：26。
③ 《路加福音》24：11。

见光明，变水为酒，借着这些作为叫人相信他是神的道，那他又何必不同样在众人面前显明他的身体是不朽坏的，从而叫人相信他就是生命？3. 他的门徒若不先看到他死了，怎么胆敢传讲复活？或者，听他们传讲的人们若是没有见证他的死，他们所讲的先发生的死和后来出现的复活，怎么能为人所信呢？事实上，就是他的死和复活都发生在众人面前，那时的法利赛人也仍然不相信，甚至强迫那些看见了复活的人否认它。那么可以肯定，倘若这些事是悄悄发生的，他们又会设计出多少不相信的借口呢？4. 若不是在众人面前挑战死，表明死已经灭了，他身体的不朽坏彻底废除了将来的死，又怎么能证明死的终结，证明死被战胜？

第24节　预计另外的异议。他没有选择自己死的方式，因为他要表明自己征服了所有的或者任何形式的死亡（关于优秀角斗士的比喻）。选择使他蒙羞的死法表明他胜过了死亡，而且也保护了他的身体不被分离。

1. 对于其他人可能会提出的异议，我们也必须预先给予回答。也许有人甚至会这样说：即便他的死必须发生在众人面前，叫人作见证，使他复活的故事叫人相信。无论如何，对他来说，为自己设计一种高贵的死法，岂不更好，只要不是这种奇耻大辱的十字架。2. 但他若是这样做了，就会给人疑惑不信的依据，怀疑他是否没有足够的力量对抗每一种死，而只能对付为他设计的死；所以同样，就会给人留下不信复活的借口。死临到他身体，不是出于他自己，而是出于仇敌的计谋，好表明无论他们加给救主什么样的死，他都能完全地摧毁它。3. 正好比优秀的角斗士，技术高超，胆量过人，不会自己去挑选对手，免得有人会产生怀疑，以为他害怕其中某个对手，刻意把他置于观众之列，尤其是如果他们恰好是他的仇敌，就更是如此，所以他不作选择。无论遇到谁，就把对方摔出去，叫人相信他胜过他们所有人。同样，众人的生命，我们的主和救主，就是基督，并没有为自己的身体设计一种死法，免得叫人以为他害怕某种死法。于是，他就接受了死在十字架上，忍受别人加给他的死，而且是他的仇敌加给他的。他们以为这是最可怕、最可耻、最无法面对的。然而连这也被他摧毁了。于是，人不得不相信他就是生命，也必然使死的权势完全归于虚无。4. 就这样，令人吃惊的奇异之事发生了。死，他们视为耻辱而加诸他的，事实上却成为战胜死本身的重要时刻。因此，他既没有承受约翰的死法——约翰的头都被分离了，也没有像以赛亚那样，被锯成碎片。他的目的是要表明，就算在死里，他也仍然保持自己的身体不被分离，完好无损，不给那些企图分裂教会的人任何借口。

第25节　在一切死亡的形式中，为何选择了十字架上的死？（1）他必须为我们忍受咒诅。（2）在十字架上，他伸出双手把众人包括犹太人和外邦人都联合在自身之中。（3）他在自己的领域里击败了"顺服空中掌权者的首领"，为我们扫清了指向天上的路，打开了通向永恒的门。

1. 对于那些为自己堆积证据的外邦人就回答到这里。不过，如果我们自己的百姓中有人也提出这样的问题——不是出于对争辩的爱好，而是出于对学识的热衷——他为何不以其他方式死，而要死在十字架上？那么我们也要告诉他说，没有其他方式能比这一种更有益于我们，并且主为我们的缘故忍受这样的死是最好的。2. 既然他亲自到来担当落到我们头上的咒诅，那么他若不接受为咒诅所设的死，还有什么其他方式能使他"成了咒诅"①？唯有那十字架。这恰恰就是经上所写的："被挂的人是……受咒诅的。"② 3. 再者，如果主的死是众人的赎价，借他的死"拆毁了中间隔断的墙"③，引出了万邦的呼召，他若不是被钉十字架，哪会呼召我们到他面前？人唯有死在十字架上，其双手才能如此伸出来。因此主忍受这种死法，把双手伸展开来，是适当的，一只手拉过古代的民，另一只手拉过来自外邦的人，把他们联合在自身里面。4. 这就是他自己所说的，指明通过他的这种死是要赎回众人："我若从地上被举起来，就要吸引万人来归我。"④ 5. 再说，既然魔鬼，我们人类的仇敌，从天上堕落，徘徊在我们的低级领域，辖制他的恶灵，就是与他同样不顺服的灵，不仅使那些受他们骗上他们当的人产生幻觉，还企图阻挡升天的人（关于这一点，使徒说："顺服空中掌权者的首领，就是现今在悖逆之子心中运行的邪灵"⑤）。同时主到来赶走魔鬼，清洁空气，为我们上天预备道路，如使徒所说："从幔子经过，这幔子就是他的身体"——而这必须借死来成就——那么，除了在空中发生的方式，我的意思是指在十字架上，还有什么其他死法能使这样的事得成全呢？唯有靠他这原本完全的挂在十字架上死在空中。因此主受这样的死是再适合不过了。6. 他这样被举起来，除去了魔鬼和各样邪灵的邪恶，如他所说："我曾看见撒旦从天上坠落，像闪电一样，"⑥新开了通向天上的道路，如他再次所说："众城门哪，你们要抬起头来！永久的门户，你们要把头抬起！"⑦不是道自身需要一个门户，

---

① 《加拉太书》3：13。
② 《申命记》21：23。
③ 《以弗所书》2：14。
④ 《约翰福音》12：32。
⑤ 《以弗所书》2：2。
⑥ 《路加福音》10：18。
⑦ 《诗篇》24：7，七十士译本。

他是众人的主,怎会需要?他的作为也没有一件不在它们的造主面前显现。需要它的是我们,就是他用自己的身体举起来的人。正如他替众人把身体交给死,同样,借着它,他再次预备了通向诸天的道路。

第26节 他在第三天复活的原因。(1)不是太早,否则他死亡的真实性就会受到怀疑,也不(2)太迟;(a)验证他的身体是同一个,(b)让他的门徒疑惑太长时间,(c)也没有等到见证他死的人都分散了,或者记忆衰退了。

1. 因此,主为我们死在十字架上,这样的死显然是体面而适当的,从任何一方面看,它的原因都是合理的。所以完全可以说,没有其他方式比十字架更适合拯救人。就是这样——在十字架上——他也没有隐藏自己。恰恰相反,当他使造物见证它造主的面时,他没有让自身的殿长期留在阴间,而只是借着它与死的接触,表明它是死的,随后立即使它在第三天复活,最终使他的身体印上不能朽坏和不能受苦的特性,表明对死的大获全胜。2. 他当然可以在他的身体刚刚死亡的时候就使它起来,表明它仍活着。但救主出于明智的预见,没有这样做。因为他若立即显明复活,有人就会说,他根本没有死,或者说死并没有完全触及到他。3. 或者,假若他的死与复活是两天之内的事,中间相隔只有一天①,他的不朽坏之荣耀就会变得模糊。为了证明身体确实是死了,道拖延了一天时间,直到第三天才向众人显明它的不朽坏。4. 所以,他在第三天复活,以便证明十字架上的死是真实的。5. 但是,假若他拖延的时间过长,身体完全腐烂了,再让它复活,人就不可能相信

---

① 直译为"不多不少的间隔",相比于(a)同一天,(b)第三天 (*en tritaio diastemati raiou*)。因而 "*en iao*" 的含义必等同于 "*deuteraiou*"。字面意思很可能是"[假若复活的发生]是在死与复活实际发生的那日的中间某日"。

他，而会怀疑他是否偷换了另一个身体——由于时间的流逝，人完全可能不相信自己所见的东西，并且忘却早已发生的事情——出于这样的原因，他只等到第三天，没有再拖延更长时间，也没有使那些听他传讲复活的人迟迟不能解惑。6. 当道还在他们的耳旁回响，还在眼前闪耀，还在脑海里萦绕，当那些杀死他的人还活在地上，还在现场，能见证主的身体的死亡，神子就在三天之后表明他的身体曾死了，却是不死的，不朽坏的；这向众人表明，身体死了不是出于住在它里面的道的本性软弱，而是为了借着救主的大能除去它里面的死。

第27节 人与死的关系借十字架所产生的变化。

1. 死被摧毁了，十字架战胜了它，死再也没有权势，真正死了。这不是微不足道的证据，而是显而易见地证明，它受到基督的所有门徒的鄙视，他们全都与之对抗，再也不畏惧它。借着十字架的记号，借着基督里的信心，把它踩在脚下，当它死了一般。2. 在古代，救主的神圣旅居还未发生之前，就是对圣徒来说，死也是可怕的事①，众人都为死者哭泣，似乎他们毁灭了。但如今，救主既然已经使自己的身体复活，死就不再是可怕的事。凡相信基督的人，都把它踏在脚下，视之为无，宁愿选择死，也不否认他们对基督的信心。因为他们完全知道，当他们死了之后，他们不会毁灭，而是真正地开始得到生命，借着复活成为不朽坏的。3. 魔鬼曾邪恶地赞美死，如今它的痛楚被解释了②，唯有留下一个是真正死的。对此的一个证据就是，人未信基督之前，在死里看到的是可怕的情景，在他面前显得胆怯懦弱。但他们一旦归向基

---

① 参看《诗篇》55：4，89：48；《约伯记》18：14。
② 参看《使徒行传》2：24。

督，听从他的教导，对死就大为鄙夷，甚至渴望急速地奔向它，从而成为对救主所成就的复活的见证。当他们还年轻的时候，就急于求死，不仅男人如此，连女人也不例外，通过身体上的锤炼，与死作斗争。他已经变得如此不堪一击，就是女人，原先被他蒙骗，如今嘲笑他是死的，僵硬的。4. 正如一个暴君被真正的王击败，手脚被捆绑之后，所有人看见他都嘲笑他，指责他，咒骂他，再也不会惧怕他的暴怒和野蛮，这全因真正的君王已经征服了他。同样，死既被十字架上的救主征服了，暴露了，被绑了手脚，凡在基督里的人，经过他的时候，就都踩踏他，见证基督对死的嘲弄。讥笑他，说着经上所写的古人的话："死啊，你得胜的权势在哪里？死啊，你的毒钩在哪里？"①

第28节　这种不同寻常的事实必须受到经验的检验。那些对此心怀疑惑的人应当成为基督徒。

1. 既然在基督里的少男少女们都鄙视此生，只身向死，这岂止是稍稍证明了死的软弱？或者只是稍稍表明救主对他的得胜？2. 人天生就害怕死亡，担心身体的分解。然而，披戴上十字架信心的人，甚至能够鄙夷人天生惧怕的事物，为基督的缘故不怕死，这岂不是令人惊异万分的事？3. 正如火的本质属性是燃烧，如果有人说有一种东西不怕火烧，相反能证明火的软弱——据说印度人的石棉就是这样的——而另一个人不相信，想要试验一下，就把这种防火的东西放在火上烧，从而确信火是有软弱性的。4. 或者，如果有人想要看看暴君被捆绑的样子，无论如何，只要到征服者的那个国家和地区去，就可以看见那人，曾经那样威慑别人，如今却虚弱不堪，同样，尽管出现这么多的证据，

---

① 《哥林多前书》15：55。

有那么多人成了基督的殉道者，每天都有杰出的基督徒视死如归，仍然有人不相信，心里仍然怀疑死是否真的被摧毁了，终结了。对如此伟大的事感到惊异是明智的，只是希望他不要在不信上显得如此冥顽不化，面对如此明显的事实仍然无动于衷，麻木不仁。5. 其实，正如得到石棉的人就知道火确实烧不着它；要看到暴君被捆绑的样子，只要去他征服者的帝国就行。同样，不相信死被战胜的人就当领受基督的信仰，接受他的教义，这样才能看到死的软弱，以及对死的胜利。有许多原本不相信的人和讥笑的人，后来相信了，就鄙视死，甚至为基督成为殉道者。

第29节 这是奇妙的结果，十字架成了他们一切的根源，就像阳光是白昼的根源。

1. 既然借着十字架的记号，借着基督里的信心，死被踩在脚下，那么在真理的审判台必然明明白白地显示，不是别人，正是基督自己展现了对死的得胜和凯旋，使死丧失所有的力量。2. 若说先前死是强壮的，因而是可怕的，那么如今，救主逗留以及他的身体死亡、复活之后，死就被鄙弃，死已经被高举到十字架上的基督摧毁、征服，这是显而易见的事。3. 就好比说，如果黑夜之后，太阳升起，整个大地被他照亮，那么无论如何不可怀疑，正是太阳把光洒到各个角落，驱散黑暗，照亮万物。同样，既然自从救主为救人显明为肉身，又死在十字架上之后，死已经成为可鄙之物，已经被踩在脚下，那么完全清楚的是，正是救主显现在身体里，使死归于虚无，在他自己的门徒里日复一日地展现出战胜死的记号。4. 只要看看那些人，虽然本性软弱，却奔向死，既不害怕它的败坏，也不担心落入阴司，怀着热切之心向它挑战。他们不但不畏惧苦难，甚至为了基督的缘故，宁愿奔向死，也不愿活在地上。只要看看这些男人、女人和少年，如何为基督的宗教赴汤蹈火，视死如归，谁还会愚不可及，谁还会顽梗不信。除非他心智不全，理性残缺，否则怎能看不出，如何推不出，正是基督本人使每个人战胜死亡。凡是坚守他的信心，背着十字架记号的人，他们里面死的权势都被基督亲自剥夺了。5. 人只要看到蛇被踩在脚下，又知道它原先是如何的凶猛，就不再怀疑蛇是死了，完全丧失了力量。除非他心智不全，甚至感官也失常。人若看见一头狮子被孩子们玩耍，谁会看不出它不是死了，就是失去了威力？6. 正如所有这些事实无不一清二楚，有目共睹。同样，既然死被基督里的信徒耍弄和鄙视，谁也不可再怀疑，也不可不相信，死确实已经被基督摧毁了，死的败坏已经除去，从此不会再有。

第 30 节　复活的真实性由事实证明：（1）以上所描述的对死的胜利；（2）恩典的奇迹是一位永生之神的作为；（3）如果所谓的诸神是真实的，永生的，那就更有理由说，摧毁他们权势的神是永生的。

1. 我们以上所说的完全可以证明死已经被摧毁，主的十字架就是战胜它的记号。而关于基督，众人共同的救主和真正的生命，由此而成就的身体复活和不朽，在那些理智健全的人看来，事实胜过雄辩。2. 我们的论证表明，死已经被毁灭，所有人都因基督而把死踩在脚下，既如此，更何况基督本人，岂不更是第一个用自己的身体把他击倒，使他归于虚无？既然死被他杀灭了，随之而来的，除了他的身体复活，显为战胜死亡的丰碑之外，还能是什么呢？或者，若不是主的身体复活了，怎么可能表明死已被摧毁？如果对复活的这种证明在人看来还不够充分，那么让他从发生在他眼前的事实来确信所说的真理。3. 人一死，就不能再发出任何力量，但他的影响可以一直持续到坟墓，然后停止。

行为以及支配人的力量,只属于活人,这是显而易见的事实。请他看清楚,下判断,承认真理。4. 既然救主在人中间成就了如此大的事,日复一日地在不知不觉中说服这么多来自各方的人,有来自希腊的,有来自外邦的,接受他的信仰,全都遵从他的教导,为何还有人心里疑惑,不信救主已经成就复活,仍然怀疑基督是否永活,或者说他本身是否就是生命? 5. 或者,这难道是一个死人去激活人的良知,叫他们否认祖传的律法,而顺服基督的教导吗?他若不再是活动的(人死了自然不能活动),又怎么能阻止那些活泼好动的人的活动,使通奸者不再通奸,杀人者不再杀人,作恶者不再贪心,渎神者从此变得虔诚?或者,他若只是死了,没有复活,又如何能驱赶、追捕、除去不信者认为永生的那些假神,他们所敬拜的那些魔鬼? 6. 凡有基督之名和他的信心的地方,一切偶像崇拜都被除去,一切恶灵的骗术都被曝光,没有一个鬼能忍受这名,甚至一听到这名,就逃得无影无踪。这样的工不可能出于死人,只能是出于活人——而且是出于神。7. 若说被他赶出去的污鬼,被他毁灭的偶像是活的,而把它们赶走,以其大能阻止它们出现,而且它们全都承认是神子的,却是死的,那岂不是更加荒唐可笑么?

第31节 如果大能是生命的记号,无论好歹,我们能从偶像的无能和基督以及十字架记号捆绑的能力中得知什么呢?由此表明死和魔鬼皆失去了主权。以上根据事实的论证与根据基督的位格性(Personality)的论证是一致的。

1. 那些不相信复活的人说基督是死的,然而,倘若不是他们所敬拜的鬼灵和诸神赶走基督,相反,恰恰是基督证明它们全都是死的,那么这些人就为自己提供了强有力的反证。2. 既然死人确实不可能施展力量,而救主每日都在成就那么多的工,吸引人转向敬虔,劝诫人追求美德，教导不死，引导人渴求天上的事，显明父的知识，激发人面对死亡的勇气，向每个人显明自己，取代偶像崇拜的邪恶。不信者的诸神和众灵没有一个能做这些事，却在基督面前显出其僵死的一面，它们的盛况归于无能和虚妄。而借着十字架的记号，一切巫术得以终止，一切邪术归于虚无，一切偶像被捐弃，一切放荡之乐受到遏制，每一个人都从地上仰望天上。那么请问：究竟是谁应被认为是死的？是基督吗？是成就了这么多工的基督吗？然而死人如何能做工？或者是根本不能施展能力、毫无生气地僵卧的事物？没错，那恰恰是偶像和鬼灵的本质，事实上它们是死的。3. 因为神子"是活泼的，是有功效的"①，日复一日地做工，为众人带来救恩。而死则日复一日地丧失力量，偶像和众灵被证明是死的，基督不是死的。从此以后，没有人再怀疑他身体的复活。4. 然而，不相信主的身体复活的人，似乎对神的道和智慧的大能也一无所知。既然道为自己取了一个身体，并且——根据合理的推论，如我们的论证所表明的——把它当作他自己的身体使用，那么主该怎样处理它呢？或者，当道屈尊降到身体上面之后，它的结局是什么呢？它既然是必死的，结局不可能是别的，只能是死，替众人献祭于死。救主为自己取了这个身体就是为了这样的目的。然而，它不可能始终是死的，因为它早已成为生命的殿。因此，它虽然因必死而死了，却因它里面的生命而复活。它的作为就是它复活的记号。

第32节 谁是看见他复活，从而相信他的？不，神永远是不可见的，唯有从他的作为才能认识他。这里，各种作为就是有声的活证据。你若是不相信，就请看看那些信的人，就知道基督的神性。魔鬼都看到

---

① 《希伯来书》4：12。

了这一点，而人却看不见。概括以上论证。

1. 倘若因为他不可见，就认为他的复活不能令人信服，那么那些拒不相信的人也该否认大自然的过程。须知，既不可见，同时又叫人借他的作为认识他，这正是神的独特属性，如以上陈述所表明的。2. 如果没有这些作为，他们有理由不相信没有显现出来的东西。但是这些作为在大声诉说，表明得清清楚楚，他们为何还否认如此明显的复活所特有的生命？就算他们的理智不健全，只要凭着外在的感官，人也可以看见基督那无可指责的大能和神性。3. 就算是一个瞎子，看不见太阳，只要他把握太阳所给予的温暖，就知道大地之上有一个太阳。同样，我们的对手即便还不相信，对真理仍然茫然无知，至少能从相信的人那里认识到他的大能，不否认基督的神性以及由他所成就的复活。4. 因为很显然，如果基督是死的，他就不可能驱赶魔鬼，摧毁偶像。鬼灵是不可能听从一个死人的。既然一叫他的名，他们全都逃走了，那么他必是不死的，尤其是因为鬼灵能看见人所不能看见的东西，所以更能分辨基督是不是死的，是拒斥他，还是顺从他。5. 事实上，不敬之人不相信的，众灵都看清楚了——他就是神——因此他们逃走了，仆倒在他脚下，说："我们知道你是谁，乃是神的圣者！"又说："神的儿子，我们与你有什么相干？我恳求你，不要叫我受苦。"①这正是当他还在身体里时他们说过的话。6. 既然魔鬼都承认他，他的作为也一日一日地见证他，那么以下道理必是显而易见的，是谁也不可否认的真理：救主使自己的身体复活，他就是神的亲生儿子，从神而来，就如从父而来，他是神自己的道，智慧和大能，在后来的世代里为救众人取了身体，向世界传讲父的知识，毁灭死，应许复活，赐给众人不朽，使自己的身体复

---

① 参看《路加福音》4：34；《马可福音》5：7。

活，作为这应许的初熟的果子，借着十字架的记号把它显明出来，作为战胜死及其败坏的标记。

第33节　犹太人的不信，希腊人的讥笑。前者被他们自己的圣经驳倒。关于他作为神和人到来的预言。

1. 这些事就是这样，救主身体的复活，对死所赢得的胜利，都已经清楚地显明了，现在我们要开始驳斥犹太人的不信和希腊人的讥笑。2. 犹太人所不信，外邦人所嘲笑的，也许就是以上这些事，他们指责十字架不体面，神的道成肉身不高贵。我们的论证不会迟迟不解决这两方面问题，更何况我们所掌握的驳斥他们的证据是如此一清二楚。3. 对犹太人的不信，可以用圣经来驳斥，就是他们自己所念的圣经。这段经文，那段经文，总之，整部受圣灵感动而写的圣经都大声讲述这些事，就是它的字字句句也都充分表明这些事。众先知预先宣告了童女及其生育的奇迹，说："必有童女怀孕生子，人要称他的名为以马内利。'以马内利'翻出来就是'神与我们同在'。"① 4. 而摩西，真正伟大的人，也是他们相信说真话的人，论到救主变人之事，认为所说的事是非常重要，相信它是真实的，所以写下了以下这样的话："雅各中要升起一颗星，以色列中要出一个人，他必把摩押的首领撕成碎片。"又说："雅各啊，你的居民何等可爱，以色列啊，你的帐幕何其华丽！如接连的山谷，如河旁的园子，如耶和华所设的帐幕，如水边的香柏木。一个人要从他的族出来，要做多国的主。"② 以赛亚也说："在这小孩子不晓得叫父叫母之先，大马士革的财宝和撒玛利亚的掳物，必在亚述

---

① 《马太福音》1：23；《以赛亚书》7：14。
② 《民数记》24：5—17。

王面前搬了去。"① 5. 显然，这些话都预言有一个人要出现，而这要到来的人就是众人之主。对此，他们再次作出如下的预告："看哪，耶和华乘驾快云，临到埃及。埃及的偶像在他面前战兢。"② 父也正是呼召他从这里回来，说："从埃及召出我的儿子来。"③

第 34 节　关于他受难、死及其全部情形的预言。

1. 就是对他的死也不是只字不提，相反，圣经里不仅提到，还说得格外清晰。为了不让任何人在真实事件上因缺乏教导而犯错，它们甚至不怕提及他死的原因——也就是，他不是为他自己受死，而是为了众人的不死和得救，还有犹太人反对他的阴谋，他在他们手上所遭受的屈辱。2. 它们这样说："一个人被鞭打，知道如何担当软弱，他被藐视，好像被人掩面不看，被轻视，被人厌弃。他担当我们的罪恶，背负我们的痛苦；我们却以为他受责罚，被击打苦待了。哪知他是为我们的过犯受害，为我们的罪孽压伤。因他受的刑罚，我们得平安；因他受的鞭伤，我们得医治。"④ 道的慈爱多么奇妙啊，为了我们，他自己受辱，以便叫我们得荣耀。它接着说："我们都如羊走迷，各人偏行己路。耶和华使我们众人的罪孽都归在他身上。他被欺压，在受苦的时候却不开口。他像羊羔被牵到宰杀之地，又像羊在剪毛的人手下无声，他也是这样不开口。因受欺压和审判，他被夺去。"⑤ 3. 然后，为了防止有人因为他的受难而以为他只是一个普通的人，圣智慧预见到人的推测，宣告他所施行的大能，说明了他的本性与我们的不同，说："谁能

---

① 《以赛亚书》8：4。
② 《以赛亚书》19：1。
③ 《何西阿书》11：1。
④ 《以赛亚书》53：3 及以下。(参看和合本 53：3—5，略有出入。——中译者注)
⑤ 或"被举高"。

宣告他的出生？谁想他受鞭打，从活人之地被剪除，是因我百姓的罪过呢？他虽然未行强暴，口中也没有诡诈，人还使他与恶人同埋；谁知死的时候与财主同葬。耶和华必洗净他的鞭伤。"①

第35节　关于十字架的预言。这些预言如何只在基督身上成全。

1. 也许听了关于他死的预言之后，你还要求了解关于十字架有什么说法。这一点确实没有忽略而过，圣人们用极其明白的话作了阐述。
2. 首先，摩西预言它，并且大声说："你将看到自己的性命悬悬无定，自料性命难保。"② 3. 接着，他之后的先知也见证这一点，说："我却像柔顺的羊羔被牵到宰杀之地。我并不知道他们设计谋害我，说：'我们把树连果子都灭了吧！将他从活人之地剪除。'"③ 4. 又说："他们扎了我的手、我的脚。我的骨头，他们都一一数过。他们分我的外衣，为我的里衣拈阄。"④ 5. 试想，被高高地举起来，并且死在一棵树上，这不可能是别的，只能是十字架；再者，扎手扎脚的死也不是别的，只能是十字架上的死。6. 由于救主住在人中间，世上各民各族都开始认识神。关于这一点，他们也并非毫无说明，圣经里同样有所提及。以赛亚说："到那时有耶西的根，他要起来治理万民，外邦人必指望他。"⑤这只是对所发生之事的一个小小证明。7. 其实，整部圣经都充满对犹太人之不信的驳斥。众义人，圣先知，各位先祖，按圣经里的记载，这些

---

① 以上经文皆参看《以赛亚书》53章，和合本里无最后一句。——中译者注
② 《申命记》28：66。(见和合本译文："你的性命必悬悬无定，你昼夜恐惧，自料性命难保。"——中译者注)
③ 《耶利米书》11：19。
④ 《诗篇》22：16以下。(参看和合本16—18节译文："他们扎了我的手、我的脚。我的骨头，我都能数过，他们瞪着眼看我。他们分我的外衣，为我的里衣拈阄。"——中译者注)
⑤ 《以赛亚书》11：10。(参看和合本此节经文："到那日，耶西的根立作万民的大旗，外邦人必寻求他，他安息之所大有荣耀。"——中译者注)

人中有哪个的身体是从童女出生的？哪个女子能不与男子结合就怀孕生子的？亚伯岂不生于亚当，以诺生于雅列，挪亚生于拉麦，亚伯拉罕生于他拉，以撒生于亚伯拉罕，雅各生于以撒？犹大岂不是生于雅各，摩西和亚伦生于暗兰？撒母耳岂不生于以利加拿，大卫岂不生于耶西，所罗门岂不生于大卫，希西家生于亚哈斯，约西亚生于亚们，以赛亚生于亚摩斯，耶利米生于希勒家，以西结生于布西？每个人岂不都有父亲，使他得以存在？那么这仅仅从一位童女出生的人是谁呢？先知赋予这一记号极其多的意义。8. 谁在出生时会有星星在天上预示，向世界宣告他的诞生？当摩西出生时，他父母把他藏匿起来，大卫的出生不曾有人听说，就是他的那些隔壁邻舍都没有听说，连伟大的撒母耳也不知道有他，却问，耶西还有另一个儿子吗？亚伯拉罕也只是在他出生之后才渐渐被人认为是一位伟人。但对基督的出生，当他从天上降下的时候，作见证的不是人，而是天上的星辰。

第36节 关于基督作王，下到埃及去的预言。

1. 自古以来，有哪位王，在他还没有力气叫父叫母之前，就胜了他的仇敌，作了他们的王①的？大卫岂不是到了三十岁时才登基，所罗门不也是在长大成人之后才作王？约阿施是七岁时坐上王位的，约西亚，更迟一点的王，也是在七岁时得到治理权的。不过，他们在那个年龄早已有力气叫父叫母了。2. 有谁在还未出生之前就统治并挫败仇敌？以色列和犹大国可曾有过这样的王——请犹太人，研究这个问题的犹太人告诉我们——万邦都把自己的希望寄托在他身上，在各方面都与他相和，而不是相敌？3. 只要耶路撒冷还在，他们之间就没有停止过

---

① 《以赛亚书》8:4。

争战，并且他们全都来攻击以色列。亚述人压迫他们，埃及人逼迫他们，巴比伦人欺压他们。奇怪的是，就是他们的邻居叙利亚人也打他们。大卫岂没有攻打摩押人，约西亚岂没有反击邻人，攻打叙利亚，希西家在西拿基立的夸口前发抖，亚玛力人对摩西发动战争，亚摩利人反对他，耶利哥人联合起来对付嫩的儿子约书亚？总而言之，外邦人与以色列之间没有任何友好的协议。所以，万邦寄予希望的人究竟是谁，我们值得看一看。因为必然存在着这样的一位，先知自然不可能说假话。4. 然而，有哪位圣先知、哪位早期先祖，为了拯救众人而死在十字架上？有谁为了众人得医治而自己受伤、毁灭？有哪个义人、哪位王下到埃及去，一到埃及就使那里的偶像轰然倒塌？亚伯拉罕到过那里，但偶像崇拜依然盛行如昔。摩西出生在那里，然而人们错误的敬拜毫无减少。

第37节　《诗篇》22：16及以下。他的出生和死亡之威严。埃及混乱的神谕和魔鬼。

1. 圣经里所记载的人中，有谁手脚被刺或者被挂在树上，为众人的得救献身于十字架上？亚伯拉罕死时安息在床上。以撒和雅各死时双脚也抬放在床上。摩西和亚伦死在山上。大卫死在自己家里，没有成为民众阴谋的对象。没错，扫罗追逐他，但他受到保护，毫发未损。以赛亚被分尸，但也没有挂在树上。耶利米受到侮辱，但并未被判处死刑。以西结受了难，但不是为了百姓，而是为了指明将来要临到百姓的事物。2. 再者，就算这些人遭受了种种苦难，也不过是本性相同的人。而圣经里所宣告的为众人受难的那位，不仅被称为人，还被称为众人的生命，尽管他事实上也有与人无异的本性。因为经上说："你将看到自己的性命悬悬无定，自料性命难保；""谁能宣告他的出生？"我们可以查明所有圣徒的家谱，追溯家谱的源头，并说明每一位都是从谁生的。至于他，圣经说他是生命，他的出生无法说明。3. 圣经中这样说他，那此人究竟是谁呢？这位伟大的人物，就是众先知也预言他要成就如此伟大之事的人是谁呢？在圣经里找不到别的人，唯有众人共同的救主，神的道，我们的主耶稣基督。正是他从童女出来，在地上显身为人，他肉身的出生无法说明。因为没有人能说出他的肉身之父是谁，他的身体不是出于某个男人，只是出于某个童女。4. 所以，谁也不能说救主的身体是从男人生育的。我们能勾画出大卫的谱系、摩西的谱系，以及所有先祖的谱系，但我们无法说出救主的谱系。正是他，使星辰成为他身体出生的标记。这原本就是再适合不过的事，道从天上下来，他的星座也当从天上下来。被造物的王一出现，整个造物界都应当认出他来。5. 是的，他出生在犹太地，但有人从波斯来朝拜他。正是他甚至还没有显出身形，就胜过了魔鬼仇敌，击败了偶像崇拜。世界各地的异教，发誓要抛弃其先祖的传统和偶像的不敬虔，都把盼望寄托在基督身上，投身到他的名下，诸如此类的事你们可以用自己的眼睛见证。6. 埃及人的不敬从来没有停止过，唯有当众人的主，可以说驾着祥云，披戴身体亲临那里，才把那些骗人的偶像毁灭，把众人引到自己身边，借着他把他们引向父。7. 他在光天化日之下，在一切造物面前被钉十字架，万物众生都是见证，在那些置他于死地的人也是见证：因着他的死，救恩来到众人面前，一切被造的都得了救赎。他是众人的生命，他就像一只羊羔，把自己的身体交给死作为替代，为众人带来救恩，尽管犹太人不相信。

第38节　关于神在肉身里到来的其他清晰预言。基督的神迹史无前例。

1. 他们若是认为这些证据还不够充分，无论如何，我们可以用其他理由来说服他们，就是从他们自己所拥有的神谕中引导出来的道理。先知论及他们，说："素来没有访问我的，现在求问我；没有寻找我的，我叫他们遇见；没有称为我名下的，我对他们说：'我在这里！我在这里！'我整天伸手招呼那悖逆的百姓。"① 2. 我们可以问犹太人，叫他们求问的人是谁呢？如果是先知，他们可以说，他先是躲起来了，后来又出现了。然而，先知若是不仅从隐蔽处显现出来，还把双手伸在十字架上，那是什么样的先知呢？这肯定不是哪个义人，唯有神的道，他本性上是无形的，但为了我们的缘故显现为身体，为众人受难。3. 倘若就是这样他们也仍然觉得不充分，那么至少还有另一种证据，看到它无可辩驳的证明力，就足以使他们心服口服。因为圣经说："你们要使软弱的手坚壮，无力的膝稳固。对胆怯的人说：'你们要刚强，不要惧怕。看哪，你们的神必来报仇，必来施行极大的报应，他必来拯救你们。'那时瞎子的眼必睁开，聋子的耳必开通；那时瘸子必跳跃像鹿，哑巴的舌头必能歌唱。"② 4. 请问，他们能对此说什么，或者，他们怎敢面对这一切？这预言不仅指出神要住在这里，还宣告了他到来的记号和时间。到那时，瞎子要重见光明，聋子要恢复听力，瘸子要跳跃，哑巴要歌唱，圣经把这些与将来神的到来联系起来。那就请他们说说，何时这样的记号出现在以色列，或者犹太地区哪里有类似的事发生过。5. 乃缦是个麻风病人，他得了洁净，但不曾有过聋子恢复听力，也没有瘸子行走自如的。以利亚使死人复活，以利沙也行了同类事，但没有哪个天生的瞎子重见光明的。一点儿没错，使死人复活无疑是大

---

① 《以赛亚书》65：1、2；参看《罗马书》10：20 以下。
② 《以赛亚书》35：3 以下。

事，但这完全不同于救主所成就的奇迹。既然圣经里记载了麻风病人的例子，寡妇已死儿子的故事，没有对这些事忽略不记，那么假如真的发生过瘸子能行走、瞎子能看见的事，它在叙述中也不可能会忽略不提。然而，圣经里什么也没说，这表明以前从未发生过此类事件。6. 那么除了神的道在身体里到来的时候，什么时候发生过这些事呢？若不是瘸子行走、哑巴歌唱、聋子听得见、瞎子重见光明的时候，那他是何时到来的？因为这就是当时亲眼看见的犹太人所传讲的事，他们不曾听说这样的事在其他什么时候发生过："从创世以来，未曾听见有人把生来是瞎子的眼睛开了。这人若不是从神来的，什么也不能作。"①

第39节　你还要求另外的证据吗？但以理预言了准确的时间。这个问题上的反对观点被消除。

1. 也许面对如此一清二楚的事实，他们也无法继续抵触，但他们虽然不否认经上所写的事实，却坚持要寻找这些事，认为神的道还没有到来。正是对这一点，他们一直唠唠叨叨，没完没了，面对一清二楚的事实，仍然厚颜无耻地视而不见。2. 然而，不说别的，就是在这一点上，他们必将被驳得体无完肤，不是由我们来驳斥，而是由最智慧的但以理来驳斥，因为他既指出了真实的日子，也表明了救主的神圣居留，说："为你本国之民和你圣城，已经定了七十个七，要止住罪过，除净罪恶，赎尽罪孽，引进永义，封住异象和预言，并膏至圣者。你当知道、当明白，从出令重新建造耶路撒冷，直到有受膏君的时候……"② 3. 也许就其他预言而说，他们可能会找到借口，把经上所

---

① 《约翰福音》9：32 以下。
② 《但以理书》9：24 以下。

写的事推延到将来，但关于这一点，他们能说什么，或者他们如何能直面它？这里不仅直接提到基督，而且指出受膏的他不只是人，而是至圣者；耶路撒冷要等到他到来之际建立，自此之后，以色列的先知和异象都将不再。4. 大卫是古代的受膏者，所罗门和希西家也是。但那时耶路撒冷和那城还在，众先知，就是迦得、亚萨和拿单在说预言，后来有以赛亚、何西阿、阿摩斯和其他人。另外，受膏者（实际上是人）只称为圣的，而不是至圣者。5. 就算他们拿掳掠来做挡箭牌，说因为被掳掠，所以没有了耶路撒冷，那么他们怎么解释众先知？因为事实上，即便最初百姓下到巴比伦，但以理和耶利米还在那里，以西结、哈该和撒迦利亚还在说预言。

第40节 立论（1）从预言的消失和耶路撒冷的毁灭，(2) 从外邦人的皈依，到摩西的神。还有什么基督没有成就，要留给弥赛亚来做的？

1. 所以犹太人是在浪费时间，所提出的时间问题，他们以为是在将来，实际上已经到来。试想，什么时候先知和异象从以色列消失呢？不就是基督这至圣者到来之际吗？因为耶路撒冷不再存在，没有先知起来，也没有异象向他们显明——那是非常自然的事——这就是一个记号，非常重要的证明，表明神的道到来了。2. 既然预示要到来的已经到来了，那么还要那些预示做什么用呢？既然真理已经在那儿了，还要真理的影子有何用呢？这原本就是他们说预言的原因，也就是说，直到真正的义到来，他就是要赎众人之罪的主。这就是此前耶路撒冷一直立着的原因，也就是说，为了使他们在预象里得训练，为实在作预备。3. 所以，当至圣者到来，异象和预言就被封住，耶路撒冷王国就停止。诸王要在他们中间受膏，只是到了至圣者受了膏才不再这样做。雅各预言犹太人的王国要在他到来之后才得以建立,他说:"杖必不离犹大,王必不离他两股,直到赐平安者来到,万民都指望他。"①
4. 救主自己也高声说:"众先知和律法说预言,到约翰为止。"②如果现在犹太人中还有王或先知或异象,他们完全可以否认基督已经到来。但既然犹太人中没有了王,也没有了异象,从那时起一切预言都被封住,耶路撒冷城和殿都消失,那他们为何还如此不敬不虔,如此大逆不道,不相信所发生的事,不认基督,他岂不是把这一切都扫入历史了?或者说,他们既然看到,就是异教徒都抛弃了偶像,借着基督把他们的盼望寄托于以色列的神,他们自己为何还不认基督,从肉身讲,他岂不是出于耶西的根,此后就是王?倘若外邦人还敬拜别的神,不承认亚伯拉罕、以撒、雅各和摩西的神,那他们倒完全有理由断言,神并没有到来。5. 然而,外邦人所敬拜的,正是给摩西立法的神,给亚伯拉罕应许的神,犹太人却羞辱他的道——他们为何不知道,或者更确切一点说,他们为何故意看不到圣经所预言的主已经照耀天下,以身体的形式显现,如经上所说的,"耶和华是神,他光照了我们";③又说,"他发命医治他们";④还说,"救他们的,不是使者,不是天使,乃是耶和华自己?"⑤ 6. 他们的心态与理智失常之人有何不同?看到被太阳照亮的大地,却不承认照亮大地的太阳。他们还指望他到来之后再做些什么?呼召异教徒吗?他们已经被呼召了。使预言、王和异象停止吗?这不也已经实现了吗?揭露偶像崇拜的邪恶吗?已经揭露并定罪了。毁

---

① 《创世记》49:10。[参看和合本此节经文:"圭必不离犹大,杖必不离他两脚之间,直等细罗(就是'赐平安者')来到,万民都必归顺。"——中译者注]
② 《马太福音》11:13;《路加福音》16:16。
③ 《诗篇》118:27。
④ 《诗篇》107:20。
⑤ 《以赛亚书》63:9(七十士译本)。

灭死吗？死也已经毁灭了。7. 那还有什么未实现，基督还必须做的？还有什么留下未成全，使犹太人如今还顺理成章地不相信的？如果，我得说——其实那正是我们实际看见的——他们中间不再有王、先知、耶路撒冷，也没有献祭、异象，整个大地都充满了关于神的知识，外邦人抛弃了他们的无神论，如今全都借着道求助于亚伯拉罕的神，甚至我们的主耶稣基督，那么完全可以说，基督已经到来，他已经用自己的光彻底照亮一切，赐给他们关于他父的真正而神圣的教训，就是对那些极其冥顽的人来说，这也是显而易见的。8. 所以，我们完全可以根据这些以及圣经里的其他经文驳倒犹太人。

第 41 节　回答希腊人。他们是否认得逻各斯？他既然可以将自身显明在宇宙的机能中，为何就不能显明在一个身体中？因为人体乃是宇宙整体的一部分。

1. 外邦人嘲笑那绝不可笑的事，但他们自己却没有意识到自己的羞耻，不知道自己已成为别人的笑柄，对这样的人，我们实在惊诧莫名。2. 既然我们的论证论据充分，我们就当用合理的根据来驳倒他们——主要从我们亲眼所见的事实来驳斥。在我们看来，我们所说的有什么荒唐，值得讥笑的？我们岂不只是说道已经成了肉身显现出来吗？这一点，只要他们真的是真理的朋友，必会认为这是真实发生，毫无荒谬可言的事实。3. 如果他们否认事实上有神的道，那他们是毫无根据的①，是在嘲笑他们所不知道的东西。4. 他们若是承认有神的

---

① 阿塔那修为了论证的目的，在这里采纳了新柏拉图学派的原理。就逻各斯而言，新柏拉图学派受到斐洛 (Philo) 的影响，但在这个题目上，他们的教义可以追溯到柏拉图，尤其是他的《蒂迈欧篇》（见 Drummond's *Philo*, i. 65—88. Bigg's *Bamp. Lect.* 14, 18, 248—253；St. Aug. *Confess.* 'Nicene Fathers', Series 1, vol. 1, p. 107 及注）。

道，他是宇宙的统治者，父在他里面造了世界万物，整个造物界借着他的神意得着光、生命和存有，他治理万物，从而，从他神意的作为就可以认识他，并借着他认识父——那么我恳请你们想一想，他们是否在愚蠢地嘲笑自己。5. 希腊哲学家说，宇宙是个巨大的身体①，这一点儿没错。因为我们的感官能看见它和它的各个部分。那么，如果神的道在宇宙之中，宇宙是个身体，神的道将自己与宇宙整体及其各个部分联合，既然如此，我们说他已经与人合而为一②，这又有什么可稀奇的呢？6. 倘若说他成了肉身是荒谬的，那么说他与宇宙整体联合，借着他的神意赐给万物光和运动，也是荒谬的。因为整个宇宙就是一个身体。7. 如果可以说他将自己与整个宇宙联合，在整体中显现出来，当然也可以说，他显现在人的身体里，把身体照亮，得以运作。因为人类乃是宇宙整体的一部分，若说把部分拿来作为他的器具教导人知道他的神性是不适当的，那么说他借整个宇宙作为工具显明自己也必是极其荒谬的。

第42节 他与身体的联合基于他与整个造物界的关系。他使用了一个人体，因为他正是想要向人显明自己。

1. 这就好比有人说，当人把自己的整个身体激活、照亮时，不能认为这身体的脚趾头上也有人的力量，否则就是荒谬的，这样说的人自然是愚蠢至极，因为他虽然承认人的力量渗透并运作于整个身体，却否认人的力量渗透于身体的某一部分。同样，只要承认并相信神的

---

① 尤其是柏拉图的《蒂迈欧篇》30及以下。
② Epibebekenai，参看以上20.4, 6. 神与人在基督里的连合当然是 "hypostatic" 或位格的，因而 (supra 17.1) 在类别上不同于道与造物界的联合。他的论证不免有点感情用事 (ad homines)。但这不能成为把宇宙与神等同的思想家反对道成肉身思想的把柄。

道存在于整个宇宙,承认宇宙整体由神的道照亮并推动,就不可认为某个人体也从他接受了运动和光这种观点是荒谬的。2. 如果是因为人类是受造的,且是从无中被造出来的,所以他们认为我们所说的救主显明在人里面是不体面的,那么他们也完全应当把他从造物界驱逐出去,因为整个造物界都是道从无中造出来的。3. 即便造物界是被造的,道在它里面也不荒谬。既然如此,那么他在人里面也同样不荒谬。因为如我前面所说,人是整体的一部分。4. 因而,道住在人里面,这一点也不荒谬,万事万物无不是从他得生命、运动和光,正如他们的作者所说:"我们生活、动作、存留都在乎他。"① 5. 既然如此,我们说道住在身体里,用它作为器皿显明自己,这话有什么可笑?他若不在它里面,就不可能使用它。如果我们前面承认他确实存在于宇宙整体及其部分里,那么说他自我显明在他所在的事物里,这有何荒谬之处?6. 他借着自己的权能,完全与各个部分联合,也与整体联合,不停地安排万物,所以他只要愿意,可以借着太阳、月亮、天地、水火说话,显明他自己并他的父,没有人能说这是不合适的。因为他把万物联合为一,事实上不仅存在于整体里面,也存在于所讨论的那一部分里面,不露声色地显明自己。同样,正如他安排整体,赐生命给万物一样,他愿意使自己借着人显现出来,取一个人体作为器皿显明父的真道和知识,也不可能是荒谬的。因为人原本就是整体的一个真实部分。7. 正如心灵渗透人的全身,由身体的某个部分传达出来,我指的是舌头,我想,没有人会说心灵的本质因此被降低了,同样,道渗透万物,使用了人体作器皿,这也不见得是不当的。正如我以前说过的,使用身体作器皿若是不当的,那他存在于宇宙整体中也是不当的。

---

① 《使徒行传》17:28。

第43节　他以人的样式而不是其他更高贵的样式到来，因为（1）他来是要救人，不是要引人注目；（2）造物中唯有人犯了罪。因为人认不出他在宇宙中所做的事，所以他化成人来到人中间做工；在他们所局限的领域里做工。

1. 他们若是问，道为何不以别的更高贵的造物形式显现，使用某种更高贵的器皿，比如太阳、月亮、星辰，或者火、气等，而非要以人的形式出现呢？那就让他们知道，主到来不是要哗众取宠，引人注目，而是要医治并教导那些受苦的人。2. 人若是以炫耀为目的，就会选择光彩夺目的形式，叫观众耳鸣目眩。而意在医治和教导的人，所采取的方式不会只是停留在这里，而是献出自己，帮助那些需要的人，按需要他的人所能承受的方式显现出来，免得超出受苦者的要求，倒使需要他的人感到困惑，使神的显现对他们毫无益处。3. 我们知道，造物界中没有其他事物在神观上偏离正道，唯有人。无论是太阳、月亮、天空、星辰，还是水流、空气，没有一个偏离自己的轨道，它们全都知道自己的创造者和主宰，认识道，所以全都保守自己当初被造时的样子。① 唯有人拒斥了美善之物，炮制出虚无的东西，替代真理，把属于神的荣耀，关于神的知识，归于魔鬼，以及用石头雕刻出来的人像。4. 对如此严重的一件事，神若是视而不见，那是与他的神圣至善不相称的，而人又不能从他对宇宙整体的管理和引导中认出他来，于是他就从整体中取了一个部分作为自己的器皿，这个部分就是人体，把自己与它联合起来，好叫无法从整体中认出他来的人，在这一部分中认出他来；另外，由于他

---

① 基布尔（Keble）淋漓尽致地表达了这种思想："一切都是真的，全无瑕疵，全都和谐一致，造物界奇妙的大合唱在神秘的统一步调中展开，一直持续到时间终止。时间终止了，它还要持续，日日夜夜发出统一和谐的声音，主啊，全都是歌颂你的荣耀，全都敬拜你，欢欣雀跃；唯有人破坏甜美的旋律……"（"Christian Year", Fourth Sunday after Trinity.）

们不能仰望他不可见的权能，无论如何，让他们能从与他们自己相似的事物推导出他，从而沉思他。5. 因为他们是人，所以能从本性相似的身体以及借着这身体所成就的神圣作为，迅速而直接地进行比较，作出判断，知道这些事不是人所为，乃是神所为，是由他所成就的。6. 若是如他们所说，道借着身体的作为显现出来是荒谬的，那么他借着宇宙的作为显现出来也同样是荒谬的。因为正如他在造物界中一点也没有分有被造物的本性一样，万事万物都分有他的能力；同样，他用身体来作为自己的器具，也丝毫不分有身体的属性，他自己甚至献出了这身体。7. 就算是柏拉图，希腊人中如此著名的哲学家，也认为宇宙的主看到宇宙动荡，有陷入混乱的危险，便坐镇灵魂，前来拯救，消除它的一切灾难；而我们说，因为人类犯了罪，道就光照在它身上，显身为人，以他的指引和良善使它脱离风暴，这又有什么不可思议的呢？

第 44 节　神既凭一道命令就造了人，为何不能也凭一道命令救人？(1) 从无而来的造物界不同于对已经存在之物的修复。(2) 人原本已经存在，有一种明确的需要，要求明确的医治。死是人性固有的，所以主必须把生命与人性紧密结合起来。于是道成了肉身，好叫他在自己掌控的领域与死相遇，并战胜它。(稻草与石棉的比喻。)

1. 他们可能会羞于承认这一切，于是故意说，神若是真的想要改造并拯救人，就应当仅凭一道命令就成就，根本不需要让他的道取一个身体，他当初从无中造物时不就是这样做的吗？2. 关于他们的这种反对观点，合理的回答应当是：起初造物时，根本无物存在，创造万物仅凭一道命令和意愿就够了。但如今人早已被造，所需要的是医治，不是医治还不存在的事物，而是医治早已存在的事物，因而医生和救主必然得显现在已经存在的事物里，以便医治那已然之物。出于这样的原因，他化身为人，用他的身体作为属人的器皿。3. 倘若这不是恰当的方式，道将如何选择一种器皿显现自身？或者说，他若不从那些已经存在并需要他的神性的人那里选取，以他们中的一员来满足他们的需要，他又能从哪里选取？因为需要拯救的并不是毫无存有的事物，只要一道命令就足够了，而是已经存在但濒临朽坏和灭亡的人。① 所以，道用人作器皿显明他无处不在，这是合情合理的事。4. 其次，你们必然也知道这一点，即已经确立的朽坏不是外在于身体，而已成为身体的附属部分。所以要求由生命来取代朽坏，依附于身体，这样，正如死已经产生于身体里面，同样，生命也可以形成于它里面。5. 倘若死外在于身体，那么生命也应当外在于身体。然而，死是如此密不可分地缠绕着身体，支配着它，就如同与它合为一体，所以生命也当非常紧密地与身体联合，好叫身体披上生命，取代死亡，脱去朽坏。此外，甚至可以设想，假如道来到身体之外，而没有进入他里面，死也的确会被他击败，这是完全合乎自然的事，因为死没有力量与生命对抗。然而依附于身体的败坏将仍然留在身体里面，毫发未损。② 6. 出于这样的原因，救主合理地披上一个身体，好叫身体与生命紧密地联合在一起，不再像以前必死时那样住在死里，而是穿戴上不死，自此之后得了复活，永远不死。因为它既已披上了朽坏，若不另外披上生命，就不可能复活。同样，死从其本性说，唯有在身体里，否则不能出现。因而，他穿上身体，以便找到身体里的死，把它驱逐出去。试想，主若不是使必死的成为活的，他怎么能表明自己就是生命呢？7. 正如稻秸自然怕火，遇到火就被烧毁，（首先）假设人使火远离稻秸，虽然没有被烧着，但稻秸

---

① 仅凭一道命令就使人恢复原状，这确实可能显明神的"大能"，但道成肉身显明的是神的"大爱"。见《演讲》i. 52, 注 1; ii. 68, 注 1。
② 参看《演讲》i. 56, 注 5; 65, 注 3。

毕竟只是稻秸，始终怕火的威胁，因为火的本性就是能烧毁它。(其次)人若是把它包在大量石棉里，据说这种东西是防火的①，那么稻秸就不再怕火，包围着它的不可燃之物保证了它的安全。8. 同样，关于身体和死亡，我们也可以说，如果他只是凭一道命令而使死亡远离身体，身体仍然是必死的，可朽坏的，因为这是身体的本性。但是它若穿上无形体的神的道，情形就不是这样了。不论是死亡还是朽坏，它都不再惧怕，因为它有了生命这件衣服，它里面的朽坏就被废除。

第45节　由此，造物界的各个部分再次彰显了神的荣耀。大自然是她造主的见证，她再次(通过各种神迹)见证神道成肉身。大自然的见证虽然被人的罪孽歪曲，却不得不返回真理。如果这些理由还不足以说服人，那就让希腊人看看事实。

1. 因而，神的道合乎逻辑地取了一个身体，利用人作为器皿，目的还是使身体得生命，正如他借自己的作为显现在造物界，他也同样在人里面做工，显明自己，表明自己无处不在，不让任何事物缺乏他自己的神性，缺乏对他的认识。2. 继以前所说，我再说一遍，救主这样做是为了使万物都满有他的知识，就如他使万物的方方面面都充满他一样。圣经也说："认识耶和华的知识要充满遍地。"② 3. 一个人若是仰头望天，就会看见天上的秩序。就算他不能抬眼看天，只要看看人，也能从神的作为看见神的大能。人的能力不可同日而语，从而知道人中唯有他是神，是道。倘若一个人偏离正道，坠到了魔鬼中间，畏惧它们，但看到这人把它们全都赶了出去，就应当知道他乃是它们的主人。

---

① 见以上28·3。他显然不曾看到过这种东西。
② 《以赛亚书》11：9。

倘若一个人沉到了水里，以为诸水便是神——比如埃及人就敬畏水——也可以看到水的本性是因他而改变的，从而知道主乃是诸水的造主。4. 然而，一个人若是甚至下坠到了阴间，敬畏下降到了那里的英雄，认为他们是诸神，无论如何，他仍然可以看到基督的复活，对死的得胜，从而也能从他们推断出唯有基督是真神和主。5. 因为主触及到了造物界的所有部分，使它们全都从每一种幻觉中解脱出来，知道真相，如保罗所说："既将一切执政的掌权的掳来，明显给众人看，就仗着十字架夸胜。"① 没有人还有可能再受骗，每一处都能发现神的真道。6. 于是，人的每一方面都被闭合起来②，看到道的神性展现在每一个地方，在天上，在阴司，在人里，在地上，所以，再也不可能在神的问题上受骗，必会敬拜基督，并借着他正确认识父。7. 经过这些有理有据的论证，外邦人反过来必完全被我们胜过，蒙受羞辱。但他们若是认为这样的论证还不足以使他们蒙羞，那么无论如何，他们当看见人人能见、众所周知的事实，从而相信我们所说的为实。

第 46 节　从道成肉身之日起，偶像崇拜、神谕、神话学、魔鬼的能力、巫术、外邦人的哲学，全都失去了可信性。古代的崇拜完全是地域性的，独立的，而对基督的敬拜则是大公的，统一的。

　　1. 人们何时开始抛弃对偶像的敬拜？唯有当神，神的真道来到人中间之时。希腊人中间以及其他各地的神谕何时终止，成为虚空？唯有当救主亲自显明在地上的时候。2. 那些在诗歌里被称为诸神和英雄的，何时开始被人相信只不过是必死的人？唯有当主成就了对死的征服，保存

---

① 《歌罗西书》2：15。
② 道成肉身完成了神的自我见证和人的责任这个圆圈。

他所取的身体不败坏，使它从死里复活之时。3. 魔鬼的欺骗和疯狂何时被人鄙视？唯有当神的大能，道，也是所有这些的主人，因人的软弱而屈尊下降，显现在地上的时候。巫术的技艺和林立的学派何时被人踩在脚下？不就是神圣的道显明在人中间的时候吗？4. 一句话，希腊人的智慧何时变成了愚拙，不就是当神真正的智慧本身显明在地上的时候吗？先前，整个世界每个地方都被偶像崇拜引导，误入歧途，人不是把别的，就是把偶像当作诸神。但如今，在世界各处，人们抛弃了对偶像的迷信，都求助于基督，敬他为神，借着他进而认识他们原本不认识的父。5. 令人吃惊的事实是，（偶像崇拜时代）人们敬拜的对象各不相同，数量众多，每个地方都有自己的偶像。每一个被当地人敬为神的偶像却没有能力凌驾于相邻之地，无法使邻人信服来敬拜他，而只能在他自己的百姓中得侍奉。没有人去敬拜邻人的神——相反，每个民族都保守他自己的偶像[①]，以为它就是众人的主——唯有基督是所有民族共同敬拜的同一个主。软弱的偶像所不能为的——即连那些近在咫尺的人也无法使他们相信——基督做到了，他不仅使那些近在咫尺的人相信，整个世界都相信，都来敬拜一位且是同一位主，并借着他敬拜他的父。

第47节　无数的神谕——幻想的圣地鬼魂，等等，被十字架的记号赶走。古代的诸神被表明只是人而已。巫术被揭露。哲学只能劝说少数的地方精英相信不朽和良善，而无知的小民却把超自然的生命原理浇灌在教会里的广大民众心中。

1. 先前，每个地方都充满神谕的欺骗[②]，德尔斐（Delphi）和多多

[①] 关于古代宗教的地域特点，见 Dollinger i. 109, &c, 及 Coulanges, *La Cite Antique*, Book III. ch. vi., and V. iii。

[②] 见 Dollinger, i. 216, &c, and Milton's *Ode on the Nativity*, stanza xix。

那的神谕，波伊奥提亚（Boeotia）①、吕基亚（Lycia）②、利比亚（Lybya）③、埃及的神谕，以及卡比里人（Cabiri）④和腓多尼斯人（Pythoness）的神谕，皆因人的幻想备受尊敬。但如今，由于基督已经被遍地传讲，它们的疯狂也就不再，它们中间再也没有任何神性可言。2. 先前，魔鬼常常欺骗人的想象力，占据江河、泉水、树木、石头，用它们的江湖骗术唬住头脑简单的人。但如今，神圣的道既已临到，他们的骗局就不攻自破了。因为借着十字架的记号，他虽是个人，却利用十字架把他们的骗术全都驱散了。3. 先前，人以为宙斯、克洛诺斯、阿波罗以及其他诗歌里讲到的英雄是神，敬拜他们，偏离正道；但如今，救主已经显现在人中间，所有其他的神全被揭露为只是必死的人，唯有基督被认为是真神，神的道。4. 至于他们中间所尊崇的巫术，我们要说什么呢？在道还未住在我们中间的时候，巫术在埃及人、迦勒底人、印度人中间大行其道，凡看见的人都对它大感敬畏。然而，随着真理的出现，道的显明，巫术也被完全驳倒，完全归于虚无。5. 至于外邦人的智慧，哲学家们的装腔作势，我想，我们无须论证，因为奇迹就在众人眼前。虽然希腊人中的智者著书甚丰，汗牛充栋，却不能说服邻人，哪怕是让一些人相信永恒和德性生活⑤。唯有基督，只用普通的语言，只用并非能言善辩的人就传遍整个世界，说服全教会的人都鄙视死，追求不朽的事，轻忽短暂的事，把眼睛转向永恒的事，不想地上的荣耀，只求天上的荣耀。

---

① 即特洛福尼乌（Trophonius）神谕。
② Patara.
③ Ammon.
④ 见 Dollinger, i. 73, 164—170. Cabiri 是前希腊化时代的神，许多古代仪式中都敬拜，但主要是在 Samothrace 和 Lemnos 敬拜。
⑤ 在柏拉图的《理想国》里，完全没有至高理念对大众的直接影响。他们的幸福在于被动地顺服极少数被理念激发的人。（对比《以赛亚书》54：13,《耶利米书》31：34。）

第 48 节　更多的事实。基督徒守节做童女与苦修者。殉道者。十字架对魔鬼与巫术的能力。基督借自己的大能表明自己不只是一个人，不只是一个魔术师，不只是一个灵，因为所有这些全都顺服于他。因此他是神的道。

1. 我们的这些论证不只是措辞上的，还有实际的经验可见证其真理性。2. 人若愿意，就请抬头看看基督的童女和践行神圣贞洁的童男，这是美德的证据，看看如此多的为他殉道的人，这是对不死的确证。3. 谁若想用经验来检验我们所说的话，那就来吧，面对魔鬼的骗术，神谕的魔力，巫术的神奇，请他使用他们所嘲笑的十字架的记号，就会看到，一用它魔鬼就逃跑，神谕就终止，一切巫术和骗术无不归于虚无。4. 这基督仅凭自己的名字和显现，就使各方面的一切事物黯然失色，相形见绌，归于虚无。唯有他强大无比，足以与一切抗衡，使自己的教义遍满全世界。那么他究竟是谁，又是怎样的伟大呢？就让希腊人告诉我们吧，他们喜欢嘲笑别人，自己却毫不知耻。5. 如果他是个人，那么一个人怎么能超过就连他们自己也视其为神的众神的能力，并以其自己的大能，使他们相信那些所谓的神其实算不得什么？如果他们称他为巫师，一个巫师又怎么把一切巫术都毁灭了，而不是同流合污？如果他只是征服了某些巫师，或者只是支配某一个，那么他们有理由认为他是个技艺高于其他巫师的巫师。6. 然而，既然他的十字架得了胜，完全毁灭了一切巫术，胜了巫术的名，那么很显然，救主不是一个巫师，因为就是那些被其他巫师引召的魔鬼也逃离他，畏他如畏主人。7. 就让希腊人告诉我们他究竟是谁，这些人唯一认真的追求就是讥笑别人。也许他们会说，他也是一个魔鬼，他的力量也是魔鬼的力量。他们愿意，就让他们这样说吧，但他们必引来嘲笑，因为我们前面的证据能再次使他们蒙羞。试想，他若是一个魔鬼，又怎么可能把众鬼赶出去呢？8. 倘若他只是把某几个鬼赶出去，他们也可以说他是以大鬼来主宰小鬼，正如犹太人想要侮辱他时所说的。然而，一听到他的名字，所有的疯鬼全都拔腿而逃，那么很显然，这里他们也同样是错误的，我们的主和救主绝不是如他们所认为的，是某种魔鬼的力量。9. 既然救主不只是人，也不是巫师，不是魔鬼，而是借自己的神性，使诗歌里所出现的理论，魔鬼的欺骗，外邦人的智慧全都相形见绌，归于虚无，那么他必是神的真子，是父起初的道、智慧和权能，这必是显而易见，也是人人都承认的。所以他的作为也不是人的作为，而是高于人，是真正神的作为。我们从这些作为本身以及它们与人类的其他作为之间的比较，就能看出这一点。

第49节　他的出生和神迹。你们因阿斯克勒普（Asclepius）、赫拉克勒斯、狄奥尼索斯的作为而称他们为神。比较他们的作为与他的作为，他死时的神迹，等等。

1. 有哪个人，出生时仅仅从童女就为自己形成一个身体的？有哪个人像众人共同的主那样医治这些疾病的？有谁能恢复人生来就缺乏的东西，使天生的瞎子见到光明？2. 阿斯克勒普之所以成为他们的神，是因为他行医治病，为患病的身体找到草药。这草药不是他自己从地里创造生产出来的，而是借用出于自然的技能发现的。然而这与救主所成就的事相比，算得了什么？因为救主不是医治受伤者，而是改变人的原初的本性，恢复整个身体。3. 赫拉克勒斯是希腊人所崇拜的一个神，因为他与人争战，他的同类，用诡计消灭野兽。这种雕虫小技与道所成就的事相比算得了什么，救主把疾病、魔鬼以及死本身从人里面驱逐出去。狄奥尼索斯受到他们的敬拜是因为他教导人们醉酒。而真正的救主和众人之主教导人要节制，却受到这些人的嘲笑。4. 这些事就让它过去吧。关于他的神性的其他奇迹，他们会说什么呢？有哪个人死时，日月失色，大地震动？就是到今天，垂死的人中，老死的人中，有这样的人吗？这样的奇迹何时曾出现在他们的情形中？5. 不说他的身体所行的神迹，就说他复活之后发生的事：有谁的教义能这样传遍各地，从地的一端到另一端，对他的敬拜就如长了翅膀，飞越每个角落？6. 倘若基督如他们所说的，只是一个人，而不是神，道，那么为何他们那些局限于他们所在之地的诸神不能阻挡对他的敬拜？而为什么相反，道逗留在人间的时候，却借着自己的教训阻断了他们的敬拜，使他们的骗术黯然失色，蒙受羞辱？

第50节　基督的死使智者的无能和争竞相形见绌。他的复活就是在希腊神话中也无可匹敌。

1. 这人［耶稣基督］之前，世界上有过许多王和暴君，迦勒底人、埃及人和印度人中有许多记载在册的智慧人和巫术师。那么，请问，这些人中有哪一个，不要说死后，就是还活着时，可曾像我们的救主那样，把自己的教义传扬到如此远的地方，遍布全地，改变如此众多的人，使他们抛弃对偶像的迷信，转而皈依他的？2. 希腊哲学家撰写了许多著作，全是似是而非、流于文字游戏的东西。他们大张旗鼓，场面之宏大虽不亚于基督的十字架，然而结果是什么呢？他们所教导的高雅形式看起来很合理，可以维持到他们死为止。也就是说，他们活着时似乎还能有些影响力，然而，这种影响力也常常受制于他们的彼此相争。他们好斗争竞，相互抨击。3. 然而，神的道只用质朴无华的语言教导，就令最优秀的智者黯然失色，这是最奇异的事实。他把所有人都吸引到自己身边，从而摧毁了他们的学派，同时使自己的教会济济一堂。另一件奇异的事是，他降卑为人，以至于死，就把智慧人①关于偶像的动听话语全都废除。4. 谁的死曾赶走魔鬼？谁的死曾使魔鬼也害怕，就像害怕基督的死那样？只要一提到救主的名，所有鬼全都闻风而逃。谁曾像基督那样解除人天生的痛苦，使好色之徒成为贞洁之人，杀人的不再拿刀，原本胆怯懦弱的人能尽人之本分？5. 简言之，若不是基督的信心和十字架的记号，谁能说服外邦人和各式各样的异教徒抛弃他们的疯狂，心灵变得安宁和谐？或者还有谁像基督的十字架和他身体的复活那样，赐给人如此确定不疑的不朽的保证？6. 虽然希腊人讲述着各种形式的假故事，却无法编造出他们的偶像复活的故事——这样的念头从未闪过他们的头脑，即身体死后是否能够重新存在的问题，他们从未思考过。这里我们应当特别接受他们的证明，因为他们的这种观点恰恰表明他们自己的偶像崇拜是软弱无能的，从而使人更有可能接受基督，这样，他也就更有可能使所有人知道自己乃是神的儿子。

第 51 节　自制的新美德。社会革命，被基督教净化和平息。

1. 再者，有哪个人死后，或者还活着时，教导童贞，认为这种美德在人中并非不可能？唯有基督，我们的救主，众人的王，有这样的能力教导这样的教义，甚至还未到法定年龄的孩子也起誓守法律远没有规定的童贞。2. 有哪个人可曾行踪如此广远，来到锡西厄人、埃塞俄比亚人、波斯人、亚美尼亚人、哥特人中间，那些我们只听说住在大洋那边，那些在赫尔卡尼亚（Hyrcania）之外的人中间，甚至埃及人和迦勒底人中间，这些看重巫术，迷信逆性，行事野蛮的人中间，向他们传讲美德、自制，反对偶像崇拜，就像众人的主，神的大能，我们的主耶

---

① 扬布里丘，并参看《驳异教徒》前言。

稣基督那样？3. 有谁不只是借着他自己的门徒传讲，还说服人的心灵，使他们收敛残暴好斗的性情，不再侍奉祖先的神祇，转而学会认识他，并借着他敬拜父？4. 先前，偶像崇拜的时候，希腊人和化外人常常彼此争战，实际上对自己的同胞也残忍至极。因为任何人若手上不拿刀把剑，是根本不可能跨越海洋或大地的，因为他们之间的争斗无法平息。5. 他们终生都佩带武器，刀剑于他们是随从，一旦遇到紧急情况，能给他们提供帮助。另外，如我前面所说的，他们还侍奉偶像，献祭给魔鬼，他们既然如此迷信偶像，就不可能摆脱这种鬼灵。6. 但他们一旦来到基督的学校，真是奇怪得很，就如同人真正触及到了良知，就把野蛮的杀人行径弃之一旁，再也不关心争战之事。每个人都平安相待，和睦相处，从此以后，他们心里所想的唯有如何谋求友谊。

第52节 战争等等，魔鬼引发，基督教平息。

1. 那么成就这一切的是谁？把彼此恨恶的人联合在平安里的人是谁？唯有父的爱子，众人共同的救主，就是耶稣基督，他出于自己的爱，为我们得救而经历了一切。甚至从古代起，就有预言说到他要引入平安，圣经说："他们要将刀打成犁头，把枪打成镰刀；这国不举刀攻击那国，他们也不再学习战事。"① 2. 这至少并非不可思议之事，因为事实就是这样，那些天生行事野蛮的化外人，虽然仍然献祭给自己国家的偶像，疯狂地你攻我打，无法忍受没有武器的日子，哪怕一个小时。3. 然而，当他们听了基督的教训之后，立即停止争战，转向家事，手上拿的不再是兵器，而是举起双手祷告。总而言之，他们不再自己打自己，从此之后争战的对象只是魔鬼和邪灵。他们训练自制和灵魂的

---

① 《以赛亚书》2：4。

美德，以忍受这些。4. 这就是对救主的神圣性的直接证明，因为人们不能在偶像中学到的，从他哪儿学到了。同时也大大揭露了恶鬼和偶像的软弱和虚无。恶鬼其实知道自己的软弱，所以先前让人彼此争战，不然，人们只要一停止相互争斗，就会转过来攻击恶鬼。5. 他们成了基督的门徒，不再彼此相争，而是联合起来，以他们的习俗和高尚行为共同与恶鬼争战。他们胜了恶鬼，就嘲笑它们的首领魔鬼。所以他们年轻时就克己自制，忍耐自制，劳苦坚毅，受到侮辱时不急不躁，被抢被夺时一笑置之。更奇妙的是，他们甚至鄙视死亡，视死如归，成为基督的殉道者。

第53节 基督悄悄引发人的良知，这是对异教整个体系的致命一击。

1. 提到对救主神圣性的一个证明，那实在是令人惊叹不已的——哪个人或巫师或僭主或君王，能够仅凭自己的力量吸引这么多人，争战所有偶像崇拜，整个魔鬼一族，一切巫术，希腊人的全部智慧，尽管它们如此强大，仍然势头旺盛，对众人影响巨大，并且一击出手，就把它们全都止住，就像我们的主，神的真道，不知不觉中揭示每个人的过犯，仅凭自己就把所有人从所有这些事物中解脱出来，使原本敬拜偶像的，如今把偶像踏在脚下，原本尊崇巫术的，如今把他们的书籍焚尽；智慧人沉迷于解释福音，胜过其他任何研究。2. 他们以前敬拜的，如今弃之如敝屣，以前嘲笑那被钉十字架的，如今却敬拜他为基督，认信他就是神。他们中间曾尊为诸神的，被十字架的记号胜过，而被钉十字架的救主，在全地上被宣称为神和神子。希腊人所敬拜的诸神，在他们自己手上名誉扫地，如同丑闻。而那些接受基督教训的人过着比他们更圣洁的生活。3. 如果所有这些以及诸如此类的事全是人的作为，那么请他，如果能够，指出先前是否有过类似的作为，也好令我们信服。然而，这些事显然不是人的作为，乃是神的作为，那不信的人为何还如此不虔不敬，不认成就这一切的主？4. 他们的情形就好比一个人没有从造物界的作为认识它们的造主，神。他们若是能从他主宰宇宙的大能认识他的神性，就会知道基督在身体里的作为也不是属人的，乃是众人之救主的作为，神的道的作为。如保罗所说，他们若是知道，"就不把荣耀的主钉在十字架上了"①。

第54节　如不可见的神一样，道成肉身也是借他的作为叫我们知道的。由此我们认识到他教人成圣的使命。我们只要列举其中一些就够了，其他令人炫目的大量事迹就留给想看的人去看。

1. 人若是想要看见神，而神的本性是不可见的，人根本无法看见，那么他可以从神的作为中认识并领会神。同样，人若是凭自己的理解力看不见基督，至少可以借他身体所成就的作为领会他，检验一下这些作为是人之所为，还是神之所为。2. 若是人的作为，就让他嘲笑吧。若不是人的，而是神的作为，就请他认识它，不可嘲笑，这绝不是可嘲笑之事。相反，他当对此惊异，仅凭如此普通的方式就向我们显明了神圣的事，借着死竟使众人都得以不死，借着道成为人，叫人知道了宇宙的神意，它的赐予者，创造者，就是神的道。3. 他成为人，好叫我们成为神②。他借一个身体来显明自己，好叫我们得到关于不可见之父

---

① 《哥林多前书》2:8。
② Theopoiethomen。见《演讲》ii. 70，注1以及其他许多段落，还有《书信》(Letters) 60.4, 61.2.；《论教会会议》(de Synodis) 51，注7。新约的引文应是《彼得后书》1:4，而不是《希伯来书》2:9以下；旧约经文《诗篇》82:6，似乎是《演讲》iii. 25 (注5) 的基础。尽管提到了最后一个段落，但在大多数地方，"神"(God) 比起"诸神"(gods) 是更受人欢迎的翻译，后者有异教之嫌。对我们来说，《哥林多前书》8:6)，根本没有"诸神"这样的东西存在。(Harnack, Dg. ii. p. 46 注对这个题目的教父教义作了最为精辟的概述。)

的观念。他忍受人的侮辱，好叫我们承受不朽。他自己原本是绝不可能受伤害，因他是不能受苦，不能朽坏的，是道，是神，但为了受苦的人的缘故，他忍受了这一切，好叫他自己的不能受苦性维系并保守他们。4. 总而言之，救主成为人之后取得的成就是如此众多，如果有人想要一一列举，就可以把他比作盯着广阔的大海想要数算它的浪花的人一样。人的眼睛不可能吸收全部浪花，它们一浪一浪涌来，使他目不暇接，头晕目眩。同样，基督在身体里成就的事也是如此，要全部吸收是不可能的，甚至无法一一数算，因为超越他所能思考的事物，远远多于他自以为已经理解的事物。5. 所以，最好不要企图讨论全部，其实就是对某一部分，我们也无法充分恰当地论述，我们只能提及几件事，对于全部，只能惊叹而已。所有的事都一样地奇妙万分，你的眼睛无论转向哪里，都可以看到那一方面所显现出来的道的神圣性，都会对此敬畏不已。

第 55 节　对以上所述的总结概括。异教神谕等的终止，信心的传播。真正的君王已经到来，一切僭主都被制服。

1. 我们论证到这里，你应当完全清楚了，再对我们所说的内容作个概括总结，必会感到大为惊异。也就是说，由于救主已经来到我们中间，偶像崇拜不仅不再盛行，而且原来存在的东西正在越来越少，渐渐地归于终结。希腊人的智慧不仅不再蔓延，而且原有的那点智慧也正在渐渐退去。魔鬼再不能借幻象、预言、巫术招摇撞骗，它们若还敢试一试，十字架的记号必使它们蒙羞。2. 这个问题概括来说就是：请看，救主的教义如何在各地日益增长，而偶像崇拜以及其他一切与基督的信仰对立的事物如何日复一日地萎缩，失去力量，消失不见。那就敬拜救主吧，"他在一切之上"，全能的，他就是神，道，谴责那些被他击败并废除的东西吧。3. 这就好比说，太阳出来了，黑暗就不再为续，如果哪里还有一点仍然赖着不走，就把它赶走。同样，如今既然神的道的神圣之形已经到来，偶像的黑暗就不能继续维持，世界的每一部分的任一方面都被他的教义照亮。4. 正如统治某个国家的君王，若是不驾临躬亲，只是待在自己的殿里，就常常会有一些目无法纪之徒，滥用他的退隐，自我标榜。每个人都借着所担当的职位，让单纯的人以为他就是王，这样，人们就被名义误导，只听说有一个王，却不曾看见，不是出于别的原因，因为他们不能进入宫殿。但是只要真正的君王到来、出现，扰乱法纪的篡夺者就在他面前原形毕露，而人们一看到真正的君王，就必然抛弃先前引导他们误入歧途的人。5. 同样，邪灵先前常常欺骗人，自诩为神，盗得神的荣耀。然而只要神的道在身体里显现，叫我们知道他自己的父，邪灵的欺骗就被彻底清除，完全终止。人们的眼睛也转向真神，父的道，抛弃偶像，开始认识真神。6. 这就证明基督是神，道，是神的权能。属人的事停止了，基督的道永驻，所有人都有目共睹，停止的东西是短暂的，永驻的乃是神，神的真子，他独生的道。

第56节　要是可能，请搜索圣经，充实这一纲要。学会寻求第二次来临和审判。

1. 爱基督的人啊，这就是我们献给你的，关于基督的信心和他向我们的神圣显现的基本轮廓和概要。而你有了这些之后，如果能依赖圣经的经文，真诚地研讨它们，必会从中更完全、更清晰也更详尽地了解我们所说的一切。2. 因为圣经是神所说，也是神所写，只是借着人记下神所说的话。不过，我们从那些受圣灵感动的老师——他们精通经文，还为基督的神性殉道——那里学到的东西，我们要传授给你，也希望你能热情学习。3. 你也要学习他的第二次荣耀而真正神圣的临到，向我们显现，到那时，不再以卑微的形式，而是在他自己的荣耀里到来——不再有卑微的外衣，唯有他自己的宏伟——他将要到来，不再受苦，自此之后把他自己的十字架所结的果子给予众人，这果子就是复活和不朽。他不再受审，而要审判众人，按各人在身体里所行的事审判，或善或恶。善人有天上的国为他们所立，而对行恶之人，有永火和外面的黑暗等着他们。4. 因为主自己也这样说："后来你们要看见人子坐在那权能者的右边，驾着天上的云在父的荣耀里降临。"① 5. 正因如此，救主还有一句话为我们预备那个日子的到来，他说："你们要警醒，随时预备，因为不知道他是什么时候来到。"② 按着圣保罗的话说："我们众人必要在基督台前显露出来，叫各人按着本身所行的，或善或恶受报。"③

第57节 首要的一点，这样生活就可能有资格吃这知识和生命之树的果子，从而获得永乐。荣耀颂。

1. 要研究圣经，获得它们的真知识，就需要一种可敬的生活，一颗纯洁的灵魂，与基督相称的美德。这样，再由理智引导它的道路，才可能获得所向往的东西，才能领会所获得的东西，因为如今人性可以学习神的道的知识。2. 没有纯洁的心灵和像圣徒一样的生活模式，人不可能领会圣徒的话。3. 正如一个人若是想要看见太阳的光，无论如何他得把自己的眼睛擦亮，使自己洁净，在一定意义上与所渴望的对象相似，这样，眼睛变亮了，才可能看见太阳的光。或者可以这样说，一个人若想看某个城市或国家，无论如何得到那个地方去看。同样，人

---

① 《马太福音》26：64。在和合本的翻译中，无最后一句"在父的荣耀里"字样。——中译者注
② 参看《马太福音》24：42；《马可福音》13：35。[和合本此节经文为："所以你们要警醒，因为不知道你们的主是哪一天来到"（《马太福音》）；"所以你们要警醒，因为你们不知道家主什么时候来"（《马可福音》）。——中译者注]
③ 《哥林多后书》5：10；参看《罗马书》14：10。

若是想要领会那些谈论神的人的话,就必须洗濯、洁净自己的灵魂,改善自己的生活方式,效法圣徒们的行为,从而接近他们本人。等到他在共同生活的行为上与他们密切相关,就可能理解神向他们显明的事。此后,因与他们紧密相连,就可能避开罪人的困境及其审判之日的永火,领受在天国里为圣徒预备的东西,那是"眼睛未曾看见,耳朵未曾听见,人心也未曾想到的"①,凡过着高尚的生活,在基督耶稣我们的主里面爱神和父的,都有这样的东西为他们预备,那是父借着与他同在的主耶稣基督为他们预备的。借着他,协同他,在圣灵内,尊贵、权能和荣耀都归于与子同在的天父,直到永远。阿们。

---

① 《哥林多前书》2:9。

罢黜阿里乌

"罢黜阿里乌"与
亚历山大的通谕前言[*]

　　以下文件是阿塔那修反驳阿里乌作品系列的最佳开场白。它们被收集在他的作品集本尼迪克版中,也收在牛津版的"历史论文"集中,现在该译本就是它的修订版。通谕很可能是阿塔那修本人起草的,因为他当时是亚历山大(Alexander)主教的执事和助手,这是把它收进本版的另一个原因。纽曼(Newman)之所以认为它是阿塔那修所作,基于以下几个原因,这些原因可以从他的注释得到证实。(1)与亚历山大写给比赞提乌姆(Byzantium)同名人的信相比,风格迥异。那封信风格精致复杂,充满了复合词,与阿塔那修简洁有力的风格没有丝毫相同之处。(2)与阿塔那修的风格惊人的一致,包括他那最富特色的表达法。(3)亚历山大的"神学观"和术语体系与阿塔那修不同,而通谕与后者吻合,与前者相悖。(4)阿塔那修对某些经文的使用。这些论证非常重要,至少初看起来证明纽曼有道理。后者有举足轻重的

---

[*] 此为英译本前言。——中译者注

波林格（Bohringer）的观点支持，而科灵（Kolling）的对立观点却微不足道。格瓦肯（Gwatkin）(*Studies*, 29, note 4) 未抓住纽曼论证的要点，完全可以说，纽曼的论证坚守住了阵地。亚历山大城罢黜阿里乌的事件发生在320年或321年，很可能是321年。普遍认为这封通谕是在罢黜阿里乌的主教大会上起草的，也有人认为它是在大约写于两年后——从尼哥米底亚的优西比乌（Eusebius of Nicomedia）的引用可以推断出来。这个问题就我们目前的目标来说，仍是个悬而未决的问题。无论如何，这是关于阿里乌争论的最早文献之一。应当注意的是，这份文件里没有出现"*homoousion*"（本质同一），这个词在尼西亚被接受为一种标准在历史上是一个非常重要的事实，这说明在这个阶段，亚历山大城的人还满足于"*homoios kat ousian*"（本质相似，阿塔那修），"*aparallaktos eikon, apekribomene emphereia*"（独有的形象，完全的样式，Alex. in Thdt.）的表述，后来才发现这些表述是不恰当的。

本书信先是交代了写作的环境，复述了阿里乌所宣称的教义及他的被罢黜，然后指出谴责他的教义的一些主要经文（3—4节）。之后将阿里乌主义者与其他异端分子比较（5节），教会主教们一般性地告诫尼哥米底亚的优西比乌的阴谋（6节）。书信由16位亚历山大城长老和24位执事签名（阿塔那修签在第四位），另外还有马勒奥提斯（Mareotis）的18位长老和20位执事也签了名。本信中的圣经论证还是论辩的萌芽，在构成本卷一大部分的反驳阿里乌的系列论文里将得到逐步发展。

圣亚历山大对阿里乌及其追随者的罢黜及关于这个问题的通谕

亚历山大，与他亲爱的弟兄们，亚历山大城的长老和执事，马勒奥提斯的长老和执事，同聚一起，在主内问候他们。

虽然你们已经在我写给阿里乌及其追随者的信上签了名，告诫他们抛弃阿里乌的不敬，顺服于大公信仰，也显明了你们的纯正思想和对大公教会的教义的认同，但由于我还写信给我们在各地的同工论到阿里乌及其追随者，尤其是因为你们中有些人，比如长老查理斯（Chares）和庇斯图（Pistus），执事塞拉皮恩（Serapion）、帕拉蒙（Parammon）、佐西姆（Zosimus）、爱任纽（Irenaeus），与阿里乌及其追随者联合，甘愿与他们一同被罢黜，所以，我想有必要与你们，本城的神职人员们，聚集在一起，发信给你们马勒奥提斯的神职人员们，好叫你们知道我现在要写什么，以便证实你们所认同的是什么，一致同意罢黜阿里乌、庇斯图和他们的追随者。让你们了解我所写的内容，这是好事，好叫你们每个人都能真心地拥护它，似乎是他本人所写的。

一个副本

亚历山大致各地大公教会里至爱、至尊的同工，祝主内健康。

1. 因为大公教会有统一的身体①，圣经也有一条诫命给予我们，要求保守合一和平安，所以我们应当把我们每个人所做的一切事都写信彼此告知。这样，无论哪个肢体受苦或喜乐，我们都可以与他同苦同乐。如今，在这个教区里出现了一些无法无天②的人，基督的敌人，教导一种背信弃义，我们完全可以说这是敌基督的一个预兆。我原想这样的事让它悄无声息地过去，希望这种恶只在它自己的支持者范围内传播，不会蔓延到其他地方去，污染单纯者的耳朵。然而，看到优西比乌，如今应称为尼哥米底亚的优西比乌——此人认为教会的治理依赖于他，因为当他贪婪地盯着尼哥米底亚人的教会时，就离弃了贝里特（Berytus），却一直没有因此受到惩罚——开始支持这些叛教者，着手到处为他们写信，利用一切手段引诱一些无知的人接受这种极其卑鄙、敌基督的异端。我知道律法上写着什么，因而我再也不能保持平静，而要叫你们众人都知道，叫你们明白谁是背信弃义者，他们的异端所采取的吹毛求疵的意见是什么。若是优西比乌写信给你们，你们不要理睬他。他如今想要通过这些人再现他旧时的恶毒，那已经隐藏了这么久的恶意，假装是为了他们的利益，实际上很清楚，他这样做只为他自己的利益。

2. 那些成了叛教者的人是：阿里乌、阿喀琉斯（Achilles）、阿埃泰勒（Aeithales）、卡尔波涅（Carpones）、另一个阿里乌、萨尔马特（Sar-

---

① （《以弗所书》4：4。）圣亚历山大在 Theod. 写给君士坦丁堡的同名者的书信里谈到一些关于野心和贪婪的道德反思。阿塔那修诚然为他的《致埃格的信》（*Ep. Aeg.*）用了类似的引子，但此信不是写给个人的。

② *Paranomoi*.

mates)、优佐伊乌（Euzoïus）、卢修斯（Lucius）、朱利乌（Julius）、梅那斯（Menas）、赫拉底乌（Helladius）、该犹（Gaius），这些人有时候称为长老，有时候又称为执事。此外还有塞昆都（Secundus）和塞奥那（Theonas），这两人有时候也称为主教。他们所炮制并发表的与圣经相悖的新奇花样如下：神并非始终是父①，有一段时间神不是父。神的道并非始终存在，乃是从原本不在的事物中产生的。他属于原本不在的东西，是永远存在的神从无中造出原本不在的他，因而有一段时间他并不存在；因为子就是一个受造者，一个作品。他的本质不与父相似，他也不是父真实的本性上的道，不是父真正的智慧，乃是形成、被造的事物之一，只是因为误用术语才被称为道和智慧，因为他本人是借神独有的道，借着在神里面的智慧产生的，神借自己的智慧不仅创造了万有，也创造了他。因而，他的本性是可变可动的，与所有理性造物一样。这道与父的本质无关，在它之外，与它分离。父不可能由子来描述，因为这道不能完全而准确地认识父，也不可能完全看见父。此外，子对自己的本质也不甚了了，因为他是为我们而造的，神造他是为了造我们，把他用作一个工具。若不是神想要造我们，他可能就不会存在。所以，当有人问他们，神的道是否有可能像魔鬼一样变化时，他们毫无顾忌地说他能；既然他是形成、被造的东西，其本性就是可变的。

3. 当阿里乌及其追随者作出这些论断，恬不知耻地宣扬这些观点时，我们与埃及和利比亚主教大约一百人聚在一起，严厉谴责他们及他们的跟随者，把他们都咒逐出去。但是优西比乌及其追随者接纳他们，与他们团契，妄想把虚假混进真理，使不敬渗入敬虔。然而，他们

---

① *Ouk aei pater.* 这里列举的阿里乌的教条，尤其是第一点，对应于《论尼西亚信条》（*de Decr.*）6 和《致埃格的信》12。摘自 *The Thalia*。

不可能得逞，因为真理必胜。从来没有"光明和黑暗的相通"，"基督和彼列的相和"。①谁以前曾听说过这样的学说？谁现在听到这些论断会不感到吃惊，不掩起耳朵，免得被这样的语言污染了？凡听过约翰的话"太初有道"②的，谁会不摒弃这些人所说的"有一段时间他不存在"的话？凡听过福音书里所说的"独生子"，"万物是借着他造的"③，谁不会厌弃他们所宣称的他是"被造的事物中的一个"？他怎么可能是那些借着他自己所造的事物中的一个？若是按他们的说法，他只能算受造物中的一个，他本身不过是一个受造物，一个作品，那么他怎么可能是独生子？既然父说："我心里涌出美辞，""我在晨星之前从母腹里把你生出来，"④怎么能说他是"从不存在的事物造的"呢？再者，他既然是父完全的"真像"和"光辉"⑤，乃至说"人看见了我，就是看见了父"⑥，怎么能说他"与父的本体（substance）不同"？既然子是神的"道"和"智慧"，怎么会"有一段时间不存在"？这就如同说，神曾经没有道，也没有智慧。他既然自己说："我在父里面，父在我里面，"⑦"我与父原为一"⑧，又借先知说："看哪，我是永有的，是不改变的，"⑨那他怎么能"可变可动"呢？虽然你可以认为这话是指父而言的，但如今用来指道而言可能更加恰当，即他虽然成了人，却不曾改变。如使徒所说："耶稣基督昨日今日一直到永远，是一

---

① 《哥林多后书》6：14。
② 《约翰福音》1：1。
③ 《约翰福音》1：3、14。
④ 《诗篇》45：1；110：3。（后一句在和合本此节中没有，按英文直译。——中译者注）
⑤ 《希伯来书》1：3。
⑥ 《约翰福音》14：9。
⑦ 《约翰福音》14：10。
⑧ 《约翰福音》10：29。（和合本为30节。——中译者注）
⑨ 《玛拉基书》3：6。（参看和合本经文："因我耶和华是不改变的"；本译文为中译者根据英文直译。——中译者注）阿塔那修《演讲》i. 30, ii. 10 也用了这经文。在第一段中，他用了同样的辩护，所用词汇几乎与这里完全相同。

样的。"①保罗写道：他是"为万物所属，为万物所本的"②，谁还能相信他们所说的话，说他是为我们而被造？

4. 至于他们渎神的观点"子不能完全认识父"，我们不必对此惊奇。他们既然已经决定与基督争战，就要连他所说的话都一一违背，因为他说过："正如父认识我，我也认识父。"③倘若父只是部分认识子，那么显然，子也不可能完全认识父。但这样说是不合法的，事实上父完全认识子，所以显然，正如父认识自己的道，同样，道也认识自己的父，他乃是父之道。

5. 通过这些论证和对圣经的引用，我们一次次把他们驳倒。然而他们就像变色龙一样，又把自己的根基变了，刻意给自己招来那样的判决："当恶人陷入罪恶的深渊，他就藐视一切。"④他们之前也有过许多异端，也肆无忌惮，陷入愚拙。然而这些人尽一切吹毛求疵之能事，推翻道的神性，证明他与他们自己相似，从而更进一步滑向敌基督之路。因而他们被教会革除、咒逐。我们为他们的毁灭悲哀，尤其因为他们曾经接受教会教义的教导，如今却偏离了。不过，我们并不感到十分奇怪，因为许米乃和腓理徒⑤以前就是这样做的，他们之前还有犹大，原本跟从救主，后来竟成了叛徒和背教者。关于这些人，主并非没有留给我们指示。事实上，我们的主早就预先告诫我们："你们要谨慎，不要受迷惑，因为将来有好些人冒我的名来，说，'我是基督'，又说，'时候近了'，你们不要跟从他们。"⑥保罗是从我们的救主得知这些事的，他写道："在后来的时候，必有人离弃真道，听从那引诱人的

---

① 《希伯来书》13：8。
② 《希伯来书》2：10。
③ 《约翰福音》10：15。
④ 《箴言》18：3。（参看和合本经文："恶人来，藐视随来。"——中译者注）
⑤ 《提摩太后书》2：17。
⑥ 《路加福音》21：8。

邪灵和鬼魔的道理。"①

6. 既然我们的主和救主耶稣基督亲口教导我们,又借使徒向我们指明了这些人,我们自己又亲自见证了他们的不敬,于是就如我们所说的,我们把所有这些人咒逐,宣告他们背离了大公信仰和大公教会。我们把这事告知你们所有人,至爱且至尊的同工们,万一他们中有人胆敢来到你们面前,你们不可接待他们,也不可顺从优西比乌或者其他为他们的利益写信之人的愿望。因为这表明我们基督徒拒斥一切谈论或思考反基督之事的人,把他们看作神的敌人和灵魂的毁灭者;甚至不要问他们的安②,免得我们在他们的罪上有分,如蒙福的约翰所指控的。与我一起的弟兄们向你们及与你们一起的弟兄们致意。

亚历山大的长老

7. 我,科鲁图(Colluthus)长老,同意这里所写的,同意罢黜阿里乌及其同样不虔敬的同党。

亚历山大,长老,同上	阿尔波克拉提翁(Arpocration),长老,同上
狄奥斯科若(Dioscorus),长老,同上	阿迦图(Agathus),长老
	奈米西乌(Nemesius),长老
狄奥尼修斯(Dionysius),长老,同上	朗古(Longus),长老,
	西尔瓦努(Silvanus),长老
优西比乌,长老,同上	佩罗斯(Peroys),长老

---

① 《提摩太前书》4:1。
② 《约翰二书》10节。

	埃皮斯（Apis），长老
亚历山大，长老，同上	普若泰里乌（Proterius），长老
	保鲁斯（Paulus），长老
尼拉拉斯（Nilaras），长老，同上	西鲁斯（Cyrus），长老，同上

执　　事

阿摩尼乌（Ammonius），执事，同上	安比提亚努（Ambytianus），执事
	该犹，执事，同上
马卡里乌（Macarius），执事	亚历山大，执事
庞斯图（Pistus），执事，同上	狄奥尼修斯，执事
阿塔那修，执事	阿迦松（Agathon），执事
优米尼（Eumenes），执事	波里庞乌（Polybius），执事，同上
阿波罗纽（Apollonius），执事	
奥林匹乌（Olympius），执事	塞奥那（Theonas），执事
阿夫索尼乌（Aphthonius），执事	马库斯（Marcus），执事
阿塔那修，执事	科摩都（Comodus），执事
马卡里乌，执事，同上	塞拉皮恩（Serapion），执事
保鲁斯，执事	尼郎（Nilon），执事
佩忾鲁（Petrus）执事	罗马努（Romanus），执事，同上

马勒奥提斯的长老

我，阿波罗纽长老，同意这里所写的一切，同意罢黜阿里乌及其不敬的同党。

伊基尼乌（Ingenius）长老，同上　　塞勒努（Serenus），长老

狄迪莫斯（Didymus），长老

阿摩尼乌，长老　　　　　　　　赫拉克勒斯（Heracles），长老

狄奥斯科若，长老　　　　　　　波科（Boccon），长老

苏斯特拉（Sostras），长老　　　 阿迦图，长老

塞翁（Theon），长老　　　　　　阿喀拉斯（Achillas），长老

提拉努（Tyrannus），长老　　　 保鲁斯，长老

科普勒（Copres），长老　　　　 泰勒拉乌（Thalelaeus），长老

阿摩那（Ammonas），长老　　　狄奥尼修斯，长老，同上

奥里翁（Orion），长老

执　事

萨拉庇翁（Sarapion），执事，同上　　狄迪莫斯，执事

普托拉里翁（Ptollarion），执事

朱斯图（Justus），执事，同上　　塞拉（Sera），执事

狄底谟，执事　　　　　　　　　该犹，执事

德谟特里乌（Demetrius），执事　黑拉克斯（Hierax），执事

毛鲁斯（Maurus），执事　　　　马库斯，执事

亚历山大，执事　　　　　　　　塞奥那斯，执事

马库斯，执事　　　　　　　　　萨尔马通（Sarmaton），执事

科蒙（Comon），执事　　　　　 卡尔蓬（Carpon），执事

特里风（Tryphon），执事　　　　佐伊鲁（Zoilus），执事，同上

阿摩尼乌，执事

优西比乌书信

前　言[*]

以下信件是凯撒利亚的优西比乌（Eusebius of Caesarea）写给他的教众的，是对这次主教大会的总结，阿塔那修把它附在他写于大约公元350年的《为尼西亚定义辩护》后面。然而，本版把它插在这里，部分原因是因为这样符合按照时间顺序排列的原则，但更主要的原因在于，它构成了后面一系列论文的最恰当的前言。除了狄奥多勒（Theodoret）的《教会史》（*H. E.* i. 8）中记载的欧大悌（Eustathius）的说明和优西比乌在《君士坦丁的生平》中的阐述之外，本书信也是我们了解尼西亚大会记录的最重要的权威文献，是我们根据大公会议的真实年份确定日期的唯一文件。更为重要的是，它包含了优西比乌递交给大会的信经草本，以及最终接受的修订本。前者（第三节第一段从"我们相信"到"一位圣灵"）包含了凯撒利亚教会的传统信经，这信经是优西比乌早在他受洗时就认信的，是他在大会前制定的，并得到认可。不过，根据皇帝的建议，插入了一个词"*homoousion*"（本质同一）［不像斯温

---

[*] 此为英译本前言。——中译者注

森（Swainson）所说的，是由于"大多数人"与皇帝意见相左］。这一修正为其他修正打开了大门，最终形成第四节的信经。要将这一信经与阿塔那修本人的信经调和起来，并非十分容易的事，因为根据后者，大公会议坚持要加上"*homoousion*"，以避免阿里乌主义的主教们每一次面临检查时都有遁词，彼此点头、眨眼、做手势来传递信息，导致这次信经也如圣经里所列的子的每种属性一样，能在某种阿里乌主义的意义上理解。情形很可能是这样的［见 Prolegg. ch. ii. 3（1）note 5］，先是出现了这里所描述的争论［比较索宗曼（Sozomen.）1.17］，然后尼哥米底亚的优西比乌拿出随后被人愤怒撕碎的文件；再后凯撒利亚的优西比乌呈上他起草的信仰声明（Confession），这份声明被接受为最终发表的信经的基础。无论如何，皇帝提出插入"*homoousion*"的建议必是受了别人的进谏，此人很可能是何修［《阿里乌主义史》(*Hist. Ar.* 42)，参看荷特《两篇论文》(Hort, *Two Dissertations*, p. 58)。格瓦肯（Gwatkin, *Studies*, pp. 44, 45）认为阿塔那修所描述的争论场景有利于信经的最终形成］。

  以下译本，连同注释和附注 A（Excursus A）原封不动地出自于纽曼《教父文集》(*Library of Fathers*, vol. 8, pp. 59—72)，唯有"本质"(*ousia*) 这个词，在本卷里取代"substance"，另外，凡把"*genetos*"译成"generate"的地方，也作了改变，这在前言里已作了说明。凡本卷编辑所加的，都放在方括号里，这里和其他地方都是这样。

尼西亚大公会议

凯撒利亚的优西比乌致他教区里的教众的信①

1. 亲爱的弟兄姐妹,你们可能已经从别的途径了解尼西亚大公会议关于教会信仰达成了什么样的信条,谣言总是在正式文件公布之前就大为流传。为了避免对事情的真实情形产生误解,我们必须告诉你们,首先我们自己的信仰表述是什么,其次,教父们对我们的话提出了哪些补充。我们自己的文件,当着最敬虔的②皇帝的面所念的,可以说是完美而无懈可击的,现公布如下:

---

① 这封信也可见于 Socr. *H. E.* i. 8. Theod. *H. E.* i. Gelas. *Hist. Nic.* ii. 34. p. 442. Niceph. *Hist.* viii. 22.
② 见第4节的"最敬虔的",第8、10节的"最智慧最敬虔"、"最敬虔"。优西比乌在他的《君士坦丁的生平》(*Vit. Const.*)中论到君士坦丁时始终保持同样的语调,在决定信仰时分配给他同样的职责(虽然他还未受洗)。比如:"一旦不同国家的人之间产生分歧,他就如同神所指派的某个公认的主教,召集神的牧者举行大公会议",如此等等,i. 44。当他来到尼西亚会议时,优西比乌说:"就如同神的某位天使",iii. 10,暗指皇帝的紫袍光彩夺目。在这个会议上,他"清澈的双眼和蔼可亲地看着众人,镇定自若,以平静柔和的声音"向教父们作了关于平安的讲演。站在人的立场来说,君士坦丁始终是把如此巨大的益处给予基督的身体(Christian Body)的器皿,因而当时除了优西比乌之外其他作家也赞美他,这一点不奇怪。希拉利(Hilary)称他"仙逝的"(of sacred memory, *Fragm. V. init*)。阿塔那修称他为"最敬虔的"(*Apol. Contr. Arian.* 9),"蒙纪念的"(*ad. Ep. Ag.* 18. 19)。伊比芬尼(Epiphanius)称其"最虔敬的,已故的"(*Har.* 70. 9)。后来的人对他更是充满感激,这也是很自然的事。

2. "正如我们在自己最初学习教义问答时，领受圣洁的洗礼时，从我们之前的主教们那里接受了这信仰，正如我们从圣经了解这信仰，正如我们作为长老，担任主教职位相信并教导这信仰，同样，此时此刻我们仍然相信这信仰，现将我们的信仰向你们公布如下①：

3. "我们信独一的神，全能的父，可见和不可见之万物的造主。我们信一位主耶稣基督，他是神的道，是从神而来的神，从光而来的光，出于生命的生命，是独生的子，一切造物之首生的，在万世之前，从父而生，万物借着他被造。他为我们的得救成了肉身，住在人中间，受难，第三天复活，升到父那里，将在荣耀里再临，审判死人活人。我们也信一位圣灵：

"相信这三位都是自有（to be）并存在的，父是真的父，子是真的子，圣灵是真的圣灵，正如我们的主在差遣他的门徒传教时所说的：'你们要去使万民作我的门徒，奉父、子、圣灵的名给他们施洗（或作'给他们施洗，归于父、子、圣灵的名'）。'②关于这三位，我们充满信心地说，我们这样主张，这样认为，以前这样，现在也这样，我们要

---

① "教会的孩子已经从他们的圣教父们，即圣使徒那里获得信仰，保卫信仰，并把它传讲给他们自己的子孙……因而可以说，忠心而坚持正统的人一刻不停地教导与圣经相同的信仰，行在正道上，进行教义问答，坚固信念，自己这样，听讲的人也这样。也就是说，大公教会的神圣信仰，作为神的圣洁而唯一的童女，已经从主的圣使徒获得其保护，因而，那些接受教义问答训练的人，凡是要领受圣洗礼的，都应当不仅向你们的孩子传讲对主的信，还要如你们共同的母亲所教导的，要教他们说，'我们信一位神'"，等等（Epiph. *Ancor.* 119 fin.），由此开始详尽阐述 [所谓的] 君士坦丁堡信经。所以，阿塔那修论到正统信仰是"源于使徒教训和教父传统，由新约和旧约得到确认"（*Letter* 60. 6. init. Cyril Hier）。也认为正统信仰是"教会所宣布的，所有圣经所确立的。"（*Cat.* v. 12.） "我们要警醒保卫我们所领受的…… 那么，我们从圣经所领受的，不就是这些吗？神借着道造了世界"，如此等等（Procl. *ad Armen.* p. 612.）。"非常清楚，神，道与肉身联合为一，但仍然保持其原来的所是，等等，这是圣经教导我们的，也是早期教会博士们，世界的众光教导我们的。"（Theodor. *Dial.* 3 init.） "这是教父们的传统，但并非完全如此。因为他们也遵循圣经的意义，以我们现在陈列在你们面前的圣经证据为起点。"（Basil *de Sp.* 16.）

② 《马太福音》28：19。

一直坚持这样的信心,直到死,弃绝一切邪恶异端。我们的心和魂都一直这样认为,自我们重新找到自己之后就这样认为,如今我们在全能的神面前,我们的主耶稣基督的见证下,说出我们的真实思想,我们能够用充分的证据证明它,使你们信服,就是在过去的世代,这也是我们的信念和教导。"

4. 我们公开发表的这一信仰,没有出现任何矛盾之处。相反,我们最敬虔的皇帝,在所有人面前证实它包含了最正统的表述。他还承认这也是他自己的观点,建议在场的所有人都接受它,在它的条款上签名,同意这些条款,同时建议插入一个词:本质同一(One-in-essence)。他还解释说,这不是指身体的属性,不是说子是从父分离出来的,或者父有什么分裂;因为非质料的、属理智的、无形体的东西不可能有任何形体的属性,我们只能以一种神圣而不可言喻的方式来感受这些事。这就是我们最智慧最敬虔的皇帝的神学解释。不过,他们考虑到①所添加的"本质同一",重新制定了以下公式:

会上所颁布的信仰

"我们信独一的神,全能的父,可见与不可见之万物的造主;

"我们信一位主耶稣基督,神的子,独生子,从父受生,即是从父的本质受生;是神从神,光从光,真神从真神,受生而不是受造,与父本质同一;万物,不论天上的,地上的,都是借着他被造;他为我们人,为我们的得救降下,成为肉身,成为人,受难,第三天复活,升天,并且要再来审判死人与活人。

---

① 或者"把添加之词作为他们的前提"。

"我们信圣灵。

"那些说'他曾经不在','他出生之前不存在',以及'他从无中形成'的人,或者那些妄称神子'出自别的位格(subsistence)或本质'①,是'受造的','可变的'的人,大公教会一律予以绝罚。"

5. 他们颁布这个表述时,我们并没有忽略这个问题,即他们在什么意义上引入"出于父的本质","与父本质同一"。于是就出现了提问和解释,对这些词的含义进行了理性梳理。他们承认,"出于本质"这个词表明子的存有(being)诚然出于父,但绝不是如同父的一部分。根据这种理解,我们认为完全应当接受这种敬虔教义的含义,教导子是从父而来,只是并非父之本质的一部分。②我们自己也认同这种解释所阐明的意义,甚至没有拒绝"本质同一",因为我们所树立的目标是和平以及坚守正统的观点。

6. 同样,我们也承认"受生而非受造",因为大公会议断言"受造"是其他借着子而形成的造物所共同的修饰语,而子与它们全无相似

---

① 信经里唯有两个句子在解释中有疑问,一个是"他出生前不存在",另一个是"他出自别的位格或本质"。前者要留给本卷的后面部分讨论;后者在本论文末的一个注释里讨论 [见附注 A]。

② 优西比乌自己对"本质的"这一表述并没有作出任何肯定性的解释,只是说它不是指什么意思。他对它的解释是"出于父,但不是父的一部分",其中,非否定的内容虽然算不上一种解释,却与圣经的原话一致,ex ousias 本身就是对它的解释;这是一种奇怪的倒置。事实上,他究竟是否接受 ex ousias,还是很可疑的。他说,子不同于光发出的光辉在于,光辉是本体的一种不可分的偶性,而子是出于父的旨意的,kata gnomen kai proairesin (Demonstr. Ev. iv. 3)。他虽然坚持我们主是唯一 ek theou,但他所指的意思正好是阿塔那修所拒斥的,supr. 6,即唯有他是当下从神受造的。参看下一注释。没错,他明确谴责尼西亚信经里阿里乌主义者的 ex ouk onton,"出于虚无",但是这里也是一个遁词。因为他不仅根据阿里乌的习惯,加上"如他者",还提出另一个理论,即没有什么是出于虚无的,非存在不可能是存在的原因。他说,神"拿出自己的旨意和权能作为'一种质料和本体',来生产并建构宇宙,所以,说有什么事物出于虚无,是不合理的。因为出于虚无的,不可能是什么。试想,虚无怎么可能成为存有(being)的原因呢?凡是存在的(all that is),都是从那唯一所是的(who only is)'一'获得其存有,就是那说'我是自有永有的'。"(Demonstr. Ev. iv. 5) 另外,论到我们的主,"他若是出于虚无,就不可能是真正的神子,'就如其他产生的事物不可能是一样。'"(Eccl. Theol. i. 9 fin.) [不过,请参看 D. C. B. ii. p. 347]

之处。因而,他们说,他不是类似于那些借着他而形成的事物的作品①,而是远远高于任何作品层次的一种本质。神谕教导说,他是从父出生而来的②,这种生产方式是任何一种受造的存在物都无法测知,无法估量的。

7. 同样,只要考察一下就会发现,说子与父"本质同一"是有理由的。这同一不是指身体意义上的同一,因为子不同于必死的存在物,他不是通过划分本质,或分裂本质而来的,也不是出于任何属性,他没有改变父的本质和权能③(因为父非源起的本性与这些东西全然无关)。事实上,"与父本质同一"暗示神子与被造的受造物没有任何相似性,

---

① 优西比乌明确指出(Dem. Ev. iv. 2.)我们的主是受造物。他说,"这子(offspring)确实先从自身生产出自身,作为其他跟随之物的基础,这是出于完全者的完全作品,semiourgema,是出于智慧者的智慧结构,architektonema。"如此等等。他在文中的公开承认不过是通常的阿里乌遁词"一个子,不是如同子"。比如,"草率地说子是从虚无中产生的,'类似于其他产生之物',这并非毫无危险。"(Dem. Ev. v. 1. vid also Eccl. Theol. i. 9. iii. 2)他通过一条神圣规定认为我们的主是独子,类似于通过这规定说天上只有一个太阳,是光和热的中心。"这样一个独生子,出于父旨意的优秀创造者和运行者,确实是至高的神,这运行者之父本身先于一切之先生的,借着他并在他里面把位格/实存(subsistence)给予后来形成之物的运行之道(理念或原因),在他里面播下构建和治理宇宙的种子…… 因而,父既是一,就必然要求子也是一,既然他所构成的任何事物都不是多,那么这样的一就有理由诉说,他所造的太阳不是多,月亮不是多,世界不是多,其他数不胜数的事物不是多。"(Dem. Ev. iv. 5 至末尾,也参看 iv. 6)
② 优西比乌没有说我们的主是"出于父的本质"(from the essence of Father),而是说主是"出于父的一个本质"(an essence from Father)。这是半阿里乌主义教义,是否承认子是出于父的本质,这个问题暗示:子的本质不是父的本质,而是另一种本质。在安西拉(Ancyra)的半阿里乌主义者那里也可看到同样的教义,但是,他们似乎又承认"出于本质"。这正是插入 homoousion 的目的所在,即防止承认"出于本质"的同时却暗含另一个本质,因为这并不违背 homoiousion(本质相似)的含义,甚至是它所支持的。安西拉公会议引用经文"因为父在自身里拥有生命,所以"等等,说,"既然父里面的生命就是本质,父所生的独生子的生命也是指本质,那么'所以'这个词暗示本质与本质相似。"(Haer. 73. 10 至末)因此,优西比乌毫无顾忌地谈论"两个本质",其他作者则谈到"三个本质"(contr. Marc. I. 4. p. 25),他称我们的主为"第二个本质"(Dem. Ev. vi. Praef. Praep. Ev. vii. 12. p. 320)。圣灵是第三个本质,(同上, 15 p. 325) 难怪拉丁作者对二位格非常怀疑,因为半阿里乌主义者像他们一样,认为 hupostasis 就是指本质的意思[不过,这一点是不可靠的]。同样,优西比乌[继奥利金]称我们主为"另一位神","第二位神"(Dem. Ev. v. 4. p. 226. v. fin),"第二位主"(同上, 3. init. 6. fin)"第二因"(Dem. Ev. v. Praef), eteron echousa to kat ousian upokeimenon (Edm. Eu. v. 1. p. 215), kath eauton ousiomenos (同上, iv. 3)。因此,阿塔那修毫不动摇地坚持我们的主"不是"外在于父。一旦承认他在父里面,我们就可以称父为"独一"神,因为子是被包含在他里面的。关于非受生者(Ingenerate)也是这样,这个词没有把子排除在外,因为子是在非受生者里面被生的。
③ 这是半阿里乌主义者反对"本质同一"所立足的主要观点,不过,他们也反对这一观点,认为它属于撒伯里乌主义。

唯有与生他的父在各方面相同。他不是出自任何别的位格和本质，乃是出自父的本质。①这样解释，显然就完全可以接受那一术语，因为我们知道，就是在古代人中间，有些博学而杰出的主教和作家②也在他们关于父和子的神学教义中使用过"本质同一"这一术语。

8. 关于所发表的信仰就说到这里。只要是按在最敬虔的皇帝本人面前提到的，由前述思考所证明合理的含义来理解，我们所有人都接受这一信仰，没有一点疑义。至于他们在信经后面附加的咒逐，并没有让我们感到不安，因为它禁止使用的话不是圣经里的话，而是引发教会的种种迷惑和混乱的那些话。既然受圣灵感动而写的圣经没有一处用过诸如"从无而来"、"他曾经不在"，以及其他类似话语，那么显然就没有理由使用或教导它们。我们也同意这是一个正确的决定，迄今为止，我们从未有使用这些术语的习惯。

9. 此外，强烈谴责"他出生之前不存在"并不显得荒谬，因为众人都承认神子还未按肉身方式出生之前就早已存在。③

---

① 同样，这里优西比乌没有说"出于父的本质"，而是说"不是出于别的本质，而是出于父"。根据以上注释 2，他认为神的旨意是一种质料或本体。蒙特法考（Montfaucon）在 loc. and Collect. Nov. Praef. P. xxvi 中毫无正当理由地把它译为 "ex Patris hypostasi et substantia"。至于他显然认可的子与父的完全相像，de Decr. 20, note 9 已经表明应如何避免接受。像只能是对同类的像，比如画像是对原型的像。他说，"尽管我们的救主本人教导，父是'唯一的真神'，但我仍然要认信他也是真神，这并不相悖，'如在一个像里'，如像所拥有的，所以，'唯一'这个修辞语只属于作为像之原型的父……就好比说，一个国王掌权了，他的肖像被发到各个地方，此时，正常的人没有谁会说掌权的有两位，只会认为这位国王借自己的像更受尊敬，同样，"等等（de Eccles. Theol. ii. 23, 7.）。
② 阿塔那修在《论主教会议书信》（ad Afros. 6）以同样的方式说到"约 130 年前的古代主教的见证"；在《论教会会议》（de Syn.）43 节说到公元 269 年安提阿会议（the Council of Antioch）"之前很久。"
③ 苏格拉底（Socrates）支持优西比乌的正统教义，彻底删除了这段离经叛道的话［9—10 节］。然而，布尔（Bull）认为（Defens. F. N. iii. 9. n. 3）这是一段插入语。阿塔那修提到上述第 4 节……前面部分，说，优西比乌暗示阿里乌主义者甚至否认我们的主在道成肉身之前的存在。至于君士坦丁，在这些场合似乎习惯了被宫廷主教，他的那些老师利用，他们把他作为宣传自己异端的工具。阿里乌主义争论最初兴起时，他给亚历山大和阿里乌写了一封教牧书信，告诉他们说，他们的争论是个措词问题，建议他们抛弃争论，和睦相处。优西比乌《君士坦丁的生平》（Euseb. vit. C. ii. 69. 72.）。

10. 不仅如此，我们最敬虔的皇帝当时就在一次讲话中表明，就是按他属神的出生来说，那是在一切世代之前，他也是存在的，因为就算他还未在能力（energy）里产生，他也在美德上①与父同在，父始终是父，如同永恒的王，而救主永远是救主，在实质上始终同一，永恒不变。

11. 亲爱的弟兄姐妹，我们必须把这一切告诉你们，叫你们知道我们的接受是经过深思熟虑的。只要我们受到不同于我们自己的信经的其他说法的挑战，我们必要合理地抵制到底。但对于全然不令我们反感的陈述，只要对话语的含义经过真诚的考察，在我们看来与我们自己所承认的已经发表的信仰完全吻合，我们就毫无保留地全盘接受。

---

① [应该说"在潜能上"，下同。] 尼西亚的阿里乌主义者 [之一] 塞奥格尼斯（Theognis）也这样说，即"神即便在他生子之前就已是父，因为拥有生育的能力，*sunamis*。"(*Hist.* ii. 15) 虽然布尔宣告这样的教义是异端，确实如此，但他仍然认为这种说法从反面说出了正统教义，即我们的主自永恒起就被称为道，子降临创造世界。他实际上非常巧妙地把阿里乌主义的表述"他出生前原本不存在"解释为对这一观点的支持。另外会有机会再讨论这个问题。同时，对于异端理论引用经文里的"比拟"（parallel）来作佐证，许多著作家都作出了回应，因为父与子是描述本性的术语，而造主、君王、救主则是外在的属性，或者是可称为他的偶性的东西。因而，阿塔那修注意到，父实际上就包含了子，而造主只是说明有创造的力量，表达一种 *sunamis*；"造主先于他的作品，但只要说到父，这文里面就包含了子的存在。"(*Orat.* iii. 6.) 另一方面，奥利金从相反的进路指出，由于神永远是父，因而，也永远是造主："正如父亲不可能没有儿子，地主不可能无财产，同样，神若没有其权能所实施的对象，就不可能被称为全能的。"(*de Princ.* i. 2. n. 10.) 他由此证明质料的永恒。

附注 A

关于尼西亚咒逐里的术语
"*ex heteras hypostaseos e ousias*" [①] 的含义

布尔（Bull）主教提出一个问题：尼西亚信经里的这些词是指同一个意思，还是认为它们意思各不相同。他本人与佩太维乌（Petavius）相反，主张后一种观点。*hypostasis* 这个词的词源太复杂，不适合在这里讨论。不过，我们可以用一些替代词来说明它在信经里的含义，再参照这位伟大的圣者所解释的观点，他对此有过注释。

按我的理解，布尔主教（*Defens. F. N.* ii. 9. 11.）认为，在"*ex heteras hypostaseos e ousias*"这个句子里，*ousia* 与 *hypostasis* 这两个词意指两个不同的观念。由此，信经似乎既谴责那些说子不是出于父之本质（essence）的人，也谴责那些说他不是出于父之位格（*hypostasis*）或位格（*subsistence*）的人；仿佛一个人即使不主张这一点，也至少可

[①] "出自别的位格（subsistence）或本质"。——中译者注

以坚持另一点。事实上，他确实承认双方都是异端，不论是否认这一观点的，还是否认那一观点的。

另一方面，佩太维乌 (de Trin. iv. 1.) 认为，hypostasis 只是 ousia 的另一种说法，两者在所论的句子里其实是同一个东西。hypostasis 这个词现在所具有的含义，在 362 年的亚历山大公会议之前并没有为人所认识。康斯坦特 (Coustant, *Epist. Pont. Rom.* pp. 274, 290, 462.)、提勒蒙特 (Tillemont, *Memoires* S. Denys. d'Alex. 15.)、休伊特 (Huet, *Origneian* ii.2.n3.)、托马辛 (Thomassin, *de Incarn*.iii.1.) 和摩里努 (Morinus, *de Sar. Ordin*.ii.6.) 本质上也持这种观点。而马拉努 (Maranus, *Praef. ad S. Basil*.1.tom.3.ed.Bened.)、纳塔利斯·亚历山大 (Natalis Alexander) 的《历史》(*Hist* Saec. 1. *Diss*. 22. circ. fin.)、布尔顿 (Burton, *Testimonies to the Trinity*, No. 71)，以及 [Routh] (*Reliqu. Sacr*.vol.iii. p.189.)，既不接受布尔的观点，也与佩太维乌持不同看法。

布尔的主要论点在于这样一个确凿的事实，即圣巴西尔 (Basil) 明确指出，大公会议确实认为两个术语是有区别的，这是他在回答撒伯里乌主义者时所说的，后者之所以论断只有一个 hypostasis，是基于所谓的事实：大公会议不加区分地使用了 ousia 和 hypostasis。

布尔还引用阿塔那修的 *Hodeg.* 21.，阿塔那修说，尼西亚教父规定，圣三位一体里有三个位格 (hypostases or Persons)。佩太维乌认为他这是从西西库的格拉西乌 (Gelasius of Cyzicus)，一个名不见经传的作家那里引来的。但是，这段话出现在阿塔那修那里时，却是出自撒摩撒他的安德烈 (Andrew of Samosata)。更为重要的是，出于同样的目的，阿塔那修在另一处引用了安斐洛奇乌 (Amphilochius) 的一段话，对其作出他自己的阐释。此外，布尔从亚历山大城的狄奥尼修斯、罗马的狄奥尼修斯、凯撒利亚的优西比乌，以及晚期的奥利金那里引用段落；在所有这些段落里，都讲到三位格 (hypostases)。不过，古人，不论先后，从未在"三 ousiai"的意义上说过"三 hypostases"。显然，在那时，hypostasis 包含某种 ousia 所没有的思想。对此可以补充阿塔那修《论〈路加福音〉》(in Illud, Omnia, 6) 中的一段话。

布尔主教补充以下对两个词在信经里的含义的解释：他认为一者意在通向阿里乌主义者，另一者通向半阿里乌主义者。半阿里乌主义者确实对 ousia 和 hypostasis 作了区分，在某种意义上承认子出于父的 hypostasis，但他们否认子出于父的 ousia。所以，他们是在"ex heteras ousias"的话上被咒逐的；由此，他似乎是说，阿里乌主义者是在"ex heteras hypostaseos"①的话上被咒逐的。

我对此有不同看法，并提出我的理由，希望不要把这看作是对如此伟大的一位权威的不尊重。

1. 首先，就算他对半阿里乌主义理论的解释可以成立，暂且承认他们否认 ex ousias（出自一本质），接受 ex hypostaseos（出自一位格），那么，根据他的观点，那些否认 ex hypostaseos，或者认为子 ex heteras hypostaseos（出自别的位格）的是谁呢？他虽然暗示是阿里乌主义者，但并没有指明是哪个派别。然而，他们虽然否认 ex ousias，这是臭名昭著的，却并不表示他们或者任何其他阿里乌主义派别明确坚持子不是出于父的 hypostasis，或 subsistence。也就是说，这位杰出的圣者所支持的 hypostasis 并没有回答它所提出的那个问题。它承认，那些否认 ex hypostaseos 的，不同于那些否认 ex ousias 的；但它并没有告诉我们究竟是谁把 ex hypostaseos 理解为不同于 ex ousias，从而否认 ex hypostaseos。

---

① "出自别的位格"。——中译者注

2. 其次，他证明半阿里乌主义者确实认为 *ex hypostaseos* 不同于 *ex ousias* 的唯一证据在于这样的情形，公元 341、344、351 年的三份（通称）半阿里乌主义的认信书（confessions），就是"阿勒修撒的马可的信经"（Mark's of Arethusa）[即"第四安提阿信经"]，马克洛提切信经（the Macrostich）和"第一士每那信经"（the first Sirmian），强烈谴责了那些说子是 *ex heteras hypostaseos kai me ek tou theou*①的人，但没有谴责 *ex heteras ousias*，由此他就推断这是他们自己的信念。我们下面还将提出对这段话的另一种解释。同时，应当注意，希拉利在论到菲利波波利斯（Philippopolis）的认信（摘自"马可的信经"）时，根本没有怀疑句子里包含某种省略，捍卫它乃是因为它保留了这样的咒逐（*de Synod.* 35），由此表明 *ex heteras hypostaseos kai me ek tou theou* 等同于 *ex heteras hypostaseos e ousias*。另外，还可以补充一点，阿塔那修在阐述尼西亚公会议（*de Decret.* 20. fin）时，复述到它的咒逐，也同样把 *ex hypostaseos* 整个漏掉了，而写为 *tous de legontas ex ouk onton，…e poiema，e ex heteras ousias, toutous anathematidxei*②k. t. l.

3. 再者，布尔根本没有向我们提供任何证据，可以证明半阿里乌主义者确实否认 *ex ousias*。尽管很清楚，如果与如此伟大的一位作家背道而驰是正确的话，他们大多数人并没有否认。他说，写了以上提到的三份忏悔书的异端分子，也就是半阿里乌主义者，*nunquam fassos, nunquam fassuros fuisse filium ex ousias, e substantia, Patris progenytum*③，这是 *certissimum*。他之所以没有对此提出任何证据，其原因自然是，佩太

---

① "出自不同的位格和不同的神"。——中译者注
② "凡说[神子]出于虚无……或某个事工，或出于另外的本质的，[圣大公教会]要将这些人一律咒逐"。——中译者注
③ "从未承认，也永远不准备承认子是从'ousia'生的，是从父的本体生的。"——中译者注

维乌,就是他的争论对手也坚持这一点,所以他就利用佩太维乌的承认来攻击他,让他搬石头砸自己的脚。今天若有哪个作者,既与布尔的意见不同,又与佩太维乌的观点相对,那似乎是太大胆了。但这样做的原因很简单,这是因为佩太维乌和布尔所否认的事,正是阿塔那修所肯定的,而且佩太维乌本人也承认确实如此。也就是说,当他抱怨阿塔那修没深入到半阿里乌主义者的理论底部,对他们过于乐观时,就暗示阿塔那修同意它。"*Horum Semi-arianorum, quorum antesignanus fuit Basilius Ancyrae epicsopus, prorsus obscura fuit haeresis. …ut neapse quidem Athanasius satis illam exploratam habuerit.*"① (*de Trin.* i. x. 7)

圣阿塔那修的话非常明确而清晰。"至于那些接受尼西亚大公会议上确定的一切,只是对'本质同一'有争议的,我们不可视之为敌人。……正如承认子出于父的本质,而不是出于别的位格(subsistence)(*ek tes ousias tou patros einai, kai me ex eteras hypostaseos ton oion*②)……他们也并非完全不接受'本质同一'的话。这就是安西拉的巴西尔(Basil of Ancyra)关于信仰所写的"(*de Syn.* 41)——这段话,不仅表达了眼前的问题,而且显然把 *hypostasis* 与 *ousia* 作为同义词使用,而这正是布尔所否认的主要观点。阿塔那修接下来的话也与本题有关,他敦促半阿里乌主义者接受 *homoousion*,这是符合逻辑的,因为他们仅主张 *ex ousias* 及 *homoiousion*,不足以保证它的安全。

另外,希拉利在捍卫半阿里乌主义的安西拉条款或者 *Sirmium* 时,清楚地说,根据他们的看法,除了别的真理,"non creatura est Filius

---

① "可以肯定,这些半阿里乌主义者的异端学说——其首领就是安西拉主教巴西尔——是模糊不清的……事实上,阿塔那修本人就不曾对它作过充分的考察。"——中译者注
② "因为出于父的 *ousia*,而不是出于另一个 *hypostasis*。"——中译者注

genitus, sed a naturea Patris indiscreta substantia est."① (*de Syn.* 27)

然而，佩太维乌为证明这种半阿里乌主义观点，在布尔诉求的那一段话里，引用了伊比芬尼保存的那些安西拉文件。他认为，从这些文件来看，半阿里乌主义者认为子不是 *ex ousias tou partos*（出自父的本质）。他说，从他们自己的解释可以清楚地看出，他们认为我们的主不是 *ex tes ousias*（与父本质同一），而是 *ek tes ouoiotetos*（他没有如布尔所希望的那样说 *hyopstaseos*）*tou partos*（与父本质相似），认为 *energies genetice*（受生的能力），一个神圣的 *energeiai*（能力），如造物，*he ktistike* 是另一个。可以肯定，对这一陈述，伊比芬尼并没有比阿塔那修作出更好的解释。按照他的报告，半阿里乌主义者说到"uion omoion kai kar ousian ek tou partos② (p. 825 b), os he sophou uios, ousia ousias③ (p. 853 c), kar ousian uion tou Theou kai partos④ (p. 854 c), exousia homou kai ousia partos monogenous uiou.⑤ (p. 858 d)"，此外，还有强调的词"*gnesios*"（生育），同上，及阿塔那修《论大公会议》(Athan. *de Syn.* 41.) 不是要坚持与他们不同的陈述。

在公元 360 年的君士坦丁堡会议上，阿诺摩乌主义者（Anomoeans）与半阿里乌主义者在康士坦丢（Constantius）面前以更令人瞩目的方式向我们显现了同样的事实，后者，根据狄奥多勒的说法，根本不愿接受 *homo ousion*，因为他们承认 *ex ousias*。而阿诺摩乌主义者希望谴责他们，泰尔苏的西尔瓦努（Silvanus of Tarsus）说，"既然神，道并非出于虚无，也不是受造物，不是出自别的本质，那么他必是与生他的神

---

① "受生的子不是受造物，而是与父的本性不能区分的一个本体。"——中译者注
② "一位在 ousia 上与父相像且相似的子。"——中译者注
③ "子是智慧的智慧，*ousia* 的 *ousia*。"——中译者注
④ "照着他的 *ousia* 说，他是神和父的儿子。"——中译者注
⑤ "独生子有与父同样的权威和 *ousia*。"——中译者注

本质同一，是出自神的神，出自光的光，他与父有同样的本性。"[《教会史》(*H. E.* ii. 23)]这里还要注意的是，如上所引的阿塔那修的段落一样，他在复述尼西亚咒逐时，显然删除了 *ex heteras hypostaseos*，似乎重复提一个同义词是多余的。

同时，肯定有理由怀疑，随着时间的推移，半阿里乌主义者是否能靠近正统教义。也许根据他们在安西拉的陈述来确定他们在尼西亚的主张，这不公平，尽管佩太维乌引证前者作为证据。他们中几个非常有名的人，如梅勒提乌 (Meletius)、西利尔和撒摩撒他的优西比乌，不久之后就顺服了。但是，在他们在尼西亚的代表优西比乌那里，要找到对 *ex ousias* 的明确接受，恐怕会很难。无论如何，他没有坚持 *ex hypostaseos*，而这正是布尔的理念所要求的。

这样看来，出于各种原因，半阿里乌主义作为一个体系，并没有否认 *ex ousias*，也没有承认 *ex hypositaseos*，阿里乌主义者也没有否认它，所以我们有理由拒绝布尔主教关于这些词在信经里的含义的解释；现在让我们转而思考他的解释所依据的那些权威。

至于格拉西乌，布尔本人并没有依据他的证据，而阿塔那修［大约公元 700 年］还是新人，不可能具有权威。他从安斐洛奇库引用的话诚然很重要，但因为他是圣巴西尔的朋友，而巴西尔对同一问题有更为杰出而详尽的证据，所以它恐怕不一定能再增加多少分量，当然也没有人会说它的意义无足轻重。

但也有相反的证据压倒它。布尔指责佩太维乌拒绝巴西尔关于一次他出生前举行的大公会议的证据，然而，他自己若不拒斥阿塔那修关于其同时代人即半阿里乌主义者的教义的证据，也不可能坚持他自己关于信经的解释。而且，我们可以看到，关于公元 362 年亚历山大公会议的更为直接的证据来自圣哲罗姆、安西拉的巴西尔和苏格拉底。

不过，关于这次大公会议的意义的注解，不可能要求比阿塔那修及其他人附带所说的话更好。在上面摘录的话里，阿塔那修把 ousia 与 hypostasis 互换，这只能在一种情况下是合乎自然的，那就是他把它们作为同义词使用。在另一处，如我们所看到的，他删去了尼西亚咒逐里的 ex hypostaseos，而希拉利认为删去之后的咒逐仍然是完整的。

同样，希拉利明确把信经里的句子译为 ex altera substantia vel essentia（出自不同的本体和本质）(Fragm. ii. 27.)。优西比乌在自己的信里也以类似于同样的方式说 ex eteras tinos hypostaseos te kai ousias（出自别的位格和本质）。

但是，阿塔那修进而指出，《论主教会议书信》(ad Afros)，——"hypostasis 就是本质（essence），ousia，没有别的意思，就是指 being，耶利米称之为存在（existence）"，等等。没错，他在别的地方论到"三 hypostases"，但这只是表明他不认为这个词有固定意义。[事实上，他在其中期及晚期的作品中抛弃了后一种用法。] 这正是我要提出的主张，它的含义必是由上下文决定的，而它在所有大公教作者那里代表着 Una Res（如第四次拉特兰会议说的），就是 ousia 所指的含义，当阿塔那修说"三 hypostases"时，他在那个特定的意义上（它是三）把这个词理解为 ousia，当他把它理解为 ousia 的同义词时，他用它指全能的神，强调神是一。

除了阿塔那修，我们还有以下关于 hypostasis 这个词的历史证据。圣哲罗姆说："教导世俗知识的所有学校对 hypostasis 的理解不外乎 ousia, essence,"(Ep. xv. 4)，其中论到"三 hypostases"时，用了强调句，"如果你渴望它，那就成为尼西亚*之后*形成的一种新信仰，让正统教义像阿里乌主义者那样承认它。"

同样，安西拉的巴西尔、乔治（George）和其他半阿里乌主义者都明确地说:"这个 *hypostasis*,我们的教父们称之为 essence", *ousia*。Epiph. *Haer.* 74. 12. fin. ;沙尔底卡(Sardica)书信里添加的一句未经证实的话与此相一致,"*hypostasin, en autoi oi airetikoi ousian prosagoreuousi*。"(Theod. *H. E.* ii. 6.)

若说哲罗姆因与罗马的关系,巴西尔和乔治作为半阿里乌主义者,他们各自的神学出于不同的原因这样说,这一点没错,而且可能使他们对事实的陈述过于无所顾忌;不过,另一方面,认为尼西亚教父在他们的咒逐里有意区分 *hypostasis* 和 *ousia*,这也与圣巴西尔的神学一致,他非常坚定地捍卫三位格的表述。

再者,苏格拉底告诉我们,虽然尼西亚会议不久前在亚历山大城有过关于 *hypostasis* 的一些争论,但大公会议本身"并不致力于对某个词的讨论"(*H. E.* iii. 7.);不过,这与它打算订立规则区分 *ex heteras hypostaseos* 与 *ex heteras ousias* 又很难统一。

同样,公元362年的亚历山大公会议认定 *hypostasis* 的含义问题是个可以讨论的问题,不仅从问题的本性上一直认为尼西亚公会议没有完结它,还在它的主教会议书信(Synodal Letter)上反复这样讲。如果尼西亚公会议早已在现在的意义上使用 *hypostasis*,那么阿塔那修还能说什么,岂不只有服从它?

事实上,这次公会议也许是历史上最强烈反对所谓的尼西亚公会议作出的两个术语的区分。布尔若要回应这一点,只能设想沙尔底卡公会议时候就开始对 *veterm vocabuli usum* 有所改革,但是苏格拉底提到争论早于尼西亚公会议之前就存在于亚历山大城(*H. E.* iii. 4. 5.)。而假定的沙尔底卡认信(confession of Sardica)表明它已经接受传统的一位格(*one hypostasis*)观点为大公教义。

早期对这个词的使用并不与这些证据矛盾,但是它出现得非常之少,尽管它是圣保罗的一个词[即《希伯来书》1:3],事实上那一证据是我们最主要的证据。苏格拉底的评注值得引用,"希腊人中那些研究希腊哲学的人,已经用很多方式定义了本质,ousia,但他们根本没有提到过 hypostasis。语法学家爱任纽在他那按字母顺序排列的词汇书里,甚至把这个词称为粗俗的,因为没有古人使用它,即便在什么地方发现它,其意思也并不就是今天所理解的意思。比如,在苏弗克勒的弗尼克斯(Phoenix of Sophocles)那里,它的意思是一种'埋伏',而在米南德(Menander)那里则是'保存'的意思,好比有人把瓶里的保护酒的物质称为'hypostasis'。然而必须注意的是,尽管古代哲学家未曾提到这个词,后来的人仍然一直把它用作本质,ousias"(H. E. iii. 7.)。在前尼西亚作家中,这个词主要出现在奥利金那里,必须承认,他一般根据上下文来决定它的含义,意指 subsistence 或者 person。换言之,它是教会里某个学派的词,后来被教会所接纳。但这并不能说明它在尼西亚会议上被使用的那种含义。说到"三 hypostases"的有奥利金,他的学生狄奥尼修斯,后来还有凯撒利亚的优西比乌(虽然他可能还是认为 hypostasis 与本质同义),以及阿塔那修[奥利金《〈约翰福音〉注释》(Origen in Joan. ii. 6.);狄奥尼修斯《辩护》(Dionys. ap.);巴西尔《论圣灵》(Basil de Sp. S. n. 72.);优西比乌《辩护》(Euseb. ap.);苏格拉底(Socr. i. 23.);阿塔那修《〈路加福音〉注释》(Athan. in Illud Omnia, &c. 6.)];谈到父和子的"二 hypostases"的有奥利金、阿摩尼乌、亚历山大(Origen c. Cels. Viii. 2. Ammon. ap. Caten. in Joan. x. 30. Alex. ap. Theod. i. 3. p. 740)。至于狄奥尼修斯致撒摩撒他的保罗的信里谈到"二 hypostases"的那段话,我们得说,那信肯定不是真实的,尽管得到了大权威的认可,这可以在适当的时候加以说明。

我从心里承认有一种先行的可能性,即这里所推导出来的观点是正确的。从教义史来看，我们不能指望这么早就能够随处得到这个词的正式的教会含义。非常确定的是，圣三位一体和道成肉身的教义本身在最早的时候就产生了，或者更明确地说，这些理论所包含的主题从最早时期就被接受。但如今属于它们的一些特定术语基本上都是后来才统一的。思想已经提出，但专业术语还没有找到。并不是这些术语不存在，而是它们要么不是专业的，要么属于某个特定的学派或教会，或者某个作者，或者如 apax legomena，所讨论的这些词，不只是受到抵制，也许还有某个区域性公会议在使用，最终因其明确的属性被普遍接受。因而，学派的词汇就转而为大公教会使用。我不认为 hypostasis 这个词，如马兰（Maran）所说，从诺伊图（Noetus）时或者至少从撒伯里乌时起已在东方接受 summo consensu，也不同意布尔的观点 "apud Catholicos Dionysii aetate ratum et fixum illud fuisse, tres esse in divinis hypostases"，我认为这个词现在的用法最早始于亚历山大城，在 4 世纪中叶之前几乎没有越出亚历山大城的范围。

最后，应当思考一下，如果这两个词没有不同的含义，它们为何同时用在信经里。康斯坦特认为，ex ousias 是补充说明 ex hypostaseos，免得有人从撒伯里乌主义的意义上去理解后者。对此，我们可以进一步说，为什么把 "hypostasis" 挑选出来作为主要术语，原因在于，它除了符合东方人的语言习惯外，还能为西方人所接受。通过比照，我们发现第二次全体公会议——会上没有说拉丁语的——就论到 "三 hypostases"。几年后，主教达马苏（Damasus）和罗马公会议论到圣灵是与父和子同样的 hypostasis 和 usia。许多事都说明这是可能的。比如，康斯坦特巧妙地指出——尽管马兰和马格达伦主席（President of Magdalen）[Routh, Rel. Sac. ii. 383] 不同意——这可能是两位 Dionysius（狄奥尼修斯）之间的争论焦点；亚历山大主教主张 "三 hypostasses"，我们知道他确实这样说过,罗马主教则抗议"三个属于部分的 *hypostases*",认为这涉及三神论,与他同名的主教反驳道:"如果因为有三 *hypostases*,就可以说他们是部分的,那么虽然有三,他们也不会喜欢它。"另外,阿塔那修的语言本身说明他深受西方的影响,他违背自己的教会习俗,不同于奥利金、狄奥尼修斯,还有他的资助者(patron)和导师(master)亚历山大,他的用语非常变化多端,使他的作品几乎成为自由的典范,他在亚历山大公会议上证明这种自由是合理的。再者,当何修在尼西亚会议之前去亚历山大城时,一场与撒伯里乌主义关于 *hypostasis* 与 *ousia* 的争论产生,这不就是东方与西方的冲突吗?还应当记住的是,尼西亚是个东方拉丁城,何修主持了尼西亚会议;还有沙尔底卡会议,虽然会上没有通过有利于"一 *hypostasis*"的法令,历史清楚地表明,他似乎是在反对与他意见相当一致的人。另外,对于《马可的认信》(Confession of Mark)和其他两份认信书中略去 *ex ousias* 的事实——布尔用来证明半阿里乌主义拒斥这一表述的证据——也要作同样的思考。这三份半阿里乌主义信经,并且唯有这三份,是写给拉丁读者的,因而它们的编撰者很自然就选择那个同义词,那是最令他们高兴的,从而保证听众接受。正如阿塔那修相反的做法,即在写给希腊人看的《为尼西亚公会议辩护》(*de Decretis*)里,略去 *hypostaseos*,代之以 *ousias*。

信仰陈述

前　　言[*]

这份意义重大的文件的日期很难确定,但是我们有充分的理由认为它早于日期明确的反驳阿里乌的作品。首先,文中没有一处提到反驳阿里乌主义者的争论,然而在第3—4节非常清楚地制定了一条规则,后来阿塔那修处理论及救主被造的经文都采纳这一规则。其次,没有任何疑虑地使用 homoios（相似）来表示子与父的关系。第三,本陈述与 Sermo Major de Fide 非常相近,而后者又与阿塔那修的前阿里乌时期的作品有非常相近的观点。见导论第三章1 (37)。[①]

如果我们大胆地作一个推测,我们可以在这个"ekthesis"（《信仰陈述》）里看到一个信仰陈述,是阿塔那修于公元328年刚就任主教职位时发表的。这个陈述由第1节、第2—4节构成,反复阐述了子的独特的存在,以及他本质上的非受造性。

以下译本与已故的斯温森（Swainson）教授论信经的作品,第73—

---

[*] 此为英译本前言。——中译者注
[①] 英译本的导论没有译出。——中译者注

76 页，作了仔细比较。其中，斯温森博士以前参考过一个"不完全的、误导人的"译本，本编辑不曾见过。斯温森博士对阿塔那修是否为《信仰陈述》这篇文章的作者表示怀疑，但没有提出任何令人信服的理由。唯一重要的一点是，他承认这是阿塔那修常用的语言，这充分支持而不是反对这篇小论文是他的真实作品。文中有三次说到人的身体，或者主的人性是 "*o kuriakos anthropos*"。斯温森博士把它译成 "Lordly man"（主的人），夸大了这个术语的怪异性。这个术语自然需要解释，不过，解释并不难。(1) 赫尔米阿奈的法昆都（Facundus of Hermiane）从本文引用过这一术语（*Def. Tr. Cap.* xi. 5），鲁菲努（Rufinus）也从阿塔那修的一篇无名作品（libellus），很可能就是本篇，引用过。另外，阿塔那修本人在 *Sermo Major de Fide*，还有他在注释《诗篇》第 40 篇（41 篇）中频繁地使用这个术语。伊比芬尼至少用过两次（*Ancor.* 78, 95）；这一术语（"Dominicus Homo"）从这些希腊教父传到拉丁作者那里，诸如卡西安（Cassian）和奥古斯丁，不过，后者后来不再采用这个词（*Retr.* I. xix. 8）。因而，这一术语不应当认为是非阿塔那修的。事实上，(2) 它的基础是，阿塔那修频繁地，也是独特地用 "*anthropos*" 这个词来表示我们主的人性。斯温森似乎没有注意到这一点。如果基督的人性可以称为 "*anthropos*"，那么称之为 "*ho anthr tou soteros*"（*Serm. M. de F.* 24, 30）或者 "*kuriakos anthropos*" 也没有什么难处，后者在 *Serm. M. de F.* 19, 28—31 里等同于 *to* [*kuriakon*] *soma*。对 "*anthropos*" 这个词的这种使用，如果不够小心，就可能变成聂斯脱利主义（Nestorian）的术语。但阿塔那修并非随意使用，也不是在上下文模糊的情况下使用。不过，他若是能预见到 5 世纪的争论，肯定会使用另外的术语。无论如何，以上所述足以表明，它在本文中的使用并不能说明可以对本文的真实性吹毛求疵。

正　文

1. 我们相信一位永生的神[1]，全能的父，一切能看见的和不能看见的事物的创造者，他的存有（being）出于自身。我们相信一位独生的道，智慧，儿子，从父所生，永恒而没有开端。这道不是发出的声音[2]，不是心理上的，不是完全者的一种流溢[3]，不是那不能受苦的本质的一种分离，也不是发出的事物[4]，而是完全的子，永生的，大能的（希伯来书 4：12），父的真像，在尊贵和荣耀上与父同等。因为这是父的旨意，他说，"叫人都尊敬子如同尊敬父一样"（约翰福音 5：23）；就是出于神的神，如约翰在一般书信里所说，"我们也在那位真实的里面，就是在他儿子耶稣基督里面。这是真神，也是永生"（约翰一书 5：20），即出于全能的全能。凡是父所管治和支配的，也都是子所管治和支配

---

[1] 参看《论教会会议》(de Syn. 3, 46, 47) 以及 the Excursus in Lightfoot's Ignatius, vol. ii. pp. 90 及以下（第一版）。
[2] 参看 note by Newman on de Synodis, 26 (5)。
[3] 比较 Newman's note (8) on de Decr. 11。
[4] 或者 "development"（希腊词 Probole），诺斯替主义和撒伯里乌主义曾用过的词，参看 Newman's note 8 on de Synodis, 16。

的，这就是从整体而出的整体，与父相似（being like①），如主所说："人看见了我，就是看见了父，"（约翰福音14：9）但他的受生是无以言喻，不可理解的，"谁能说明他的出生呢？"（以赛亚书53：8②）也就是说，没有人能说明。在这末世的时候（希伯来书9：26），他从父的怀里降下，从纯洁的童女马利亚取了我们的人性，成了基督耶稣，要为我们受难，如主所说："没有人夺我的命去，是我自己舍的。"（约翰福音10：18）他在人性里被钉十字架，为我们死了，又从死里复活，被接到天上。他成为我们一切道路的起头开端（箴言8：22③），在地上时；给我们显明光，使我们摆脱黑暗；给我们救恩，使我们摆脱谬误；给我们生命，使我们摆脱死亡。显明通往乐园的门，亚当从那里被赶出来，又像贼一样再次进入那里，如主所说的："今日你要同我在乐园里了。"（路加福音23：43）保罗也曾进入到那里。[他还向我们显明]通向天上的道路，主的人性④——他要在这人性里面审判活人和死人——作为我们的先驱先行到那里。同样，我们也相信参透万物，就是神深奥的事也参透了的圣灵（哥林多前书2：10），凡是与此相悖的教义，我们一律咒逐，严加谴责。

2. 我们既不会像撒伯里乌主义者那样，主张一个子—父，说他是

---

① 这个词成了优西比乌主义者的后继者阿卡西亚派（Acacian party）的口号，这表明本文的日期是比较早的。后来，阿塔那修不会没有界定就使用这个词（见《演讲》ii. 22，注4），再后来就完全拒斥这个词，认为它会误导人（《论教会会议》53. 注9）。见《论主教会议书信》(ad Afros.) 7，及《演讲》ii. 34。
② 和合本无此句经文。——中译者注
③ 参看和合本经文："在耶和华造化的起头，在太初创造万物之先，就有了我。"——中译者注
④ ho kuriakos anthroros. 鲁菲努（Hieron. Opp. Ix. p. 131, ed. 1643）、狄奥多勒（Dial. 3）及其他人引用的阿塔那修的这一术语，显然就是从这一段里来的。圣奥古斯丁所使用的"Dominicus Homo"在《尼西亚和后尼西亚教父》（series i. vol. vi. p. 40 b.）中被译为"Divine Man"（神圣的人）。

一个本质,却是与父不同的本质①,从而损害子的存在。我们也不会说他为拯救整个世界而穿戴的能受苦的身体是属于父的。我们无法想象,这三个位格(Subsistences)是彼此分离的,就像三个人的三个身体一样,否则我们就是主张异教的多神论。事实上,这就如同一条河,从一个源头流出来,并没有与源头分离,但实际上有两个可见的事物和两个名称。因为父不是子,子也不是父;父是子的父,子是父的子。正如源头不是江河,江河也不是源头,但两者是同一的水,从源头流到江河,同样,父的神性进入子,既没有流动,也没有分离。主说,"我从父出来,到了世界"(约翰福音16:28)。但他永远与父同在,因为他就在父的怀里,父的怀里从来不曾没有子的神性。他说,"那时,我因他井然有序"(箴言8:30②)。我们诚然认为神是万物的造主,但并不认为神子是一个造物,或者是被造出来的事物,或者是从无造出来的,因为他是出于存在者的真实存在,是出于独一存在者的独一存在,可以说是父所生的永恒、共同的荣耀和权能。"人看见了"子,就是"看见了父"(约翰福音14:9)。也就是说,万事万物都是借着子造的,但子本身不是受造物,如保罗论到主所说的,"一概都是借着他造的……他在万有之先"(歌罗西书1:16)。请注意,他说的不是在万有之先"被造",而是"在"万有之先。也就是说,"被造"适用于一切事物,但"在万有之先"则只适用于子。

3. 这样说来,他本性上是出于完全者的完全者,大山未曾奠定,小山未有之先,就已生出(箴言8:25),先于一切理性的和智性的本

---

① *Monoousion kai ouch omoousion* [Prolegg. ch. ii. 3 (2) b sub fin]. 对那些习惯使用英文的"尼西亚"信经的人来说,翻译上的区别无法译出实际上的差异。真实的区别不在于前缀 mono- 和 omo-,而在于赋予含义模糊的词 "ousia" 什么意义。
② 此句原英文为"I was by Him as one setting in order";和合本此节经文为:"那时,我在他那里为工师。"——中译者注

质,如保罗在另一处称他为"首生的,在一切被造的以先"(歌罗西书1:15)。他既称其为首生的,就表明他不是被造物,乃是父的子。否则,他既有神性,却被称为被造物,岂不自相矛盾。因为万物都是父借着子造的,唯有子本质上是从父生的,因此这道神是"首生的,在一切被造的以先",是出于不变者的不变者。然而,他为我们所穿戴的身体是被造物。关于这身体,耶利米说(根据七十士译本《耶利米书》31:22):"耶和华为了我们造就了一种新的救恩,人要在这救恩里来回走动,"①不过,根据阿奎拉(Aquila),这句经文是:"耶和华在女人里面造了一件新事。"②无论如何,这为着我们所造就的,新的,不是旧的,为我们,不是在我们之前的救恩,就是耶稣,他作为救主,成了人,他的名字有时译为救恩,有时译为救主。但救恩出于救主,正如光亮出于光。这救恩出于救主,是耶和华新造的,如耶利米所说,"为我们造了一种新的救恩",如阿奎拉所译:"耶和华在女人里面造了一件新事。"这事成就在马利亚身上。在女人里面所造的,要说哪一件是新事,唯有主的身体,从那未曾玷污的童女马利亚所生,也如《箴言》以耶稣的口气所说的:"在耶和华造化的起头,在太初创造万物之先,就有了我。"(8:22)他没有说,"在创造万物之先造了我",免得有人把它理解为道的神性。

4. 所以,凡是提到造物的经文都是指耶稣的身体。因为主的人性被造为"一切道路的起头",他为我们的得救向我们显明它。借着它我们才能走到父那里去。他就是道路(约翰福音14:6),引导我们回到父。道路是一种有形的能看见的事物,就如主的人性。这就是说,神的

---

① 希伯来文:"耶和华在地上造了一件新事,就是女子护卫男子。"
② 这两句经文均按英文直译。——中译者注

道造了万物，他本身不是造物，乃是受生的子。因为他所造的被造之物，没有一个能与他自身等同或相似；生育是父的事，而制造是工匠的事。所以，身体是形成、被造的事物，主为我们穿上它，为我们而使它出生①，如保罗说，"神又使他成为我们的智慧、公义、圣洁、救赎"；然而道在我们之前，在一切受造物之前，是父的智慧。圣灵是从父所发的，始终在发他的父之手，也在传他的子之手，借着他们充满万物。父从自身拥有自己的存在，如我们所说的，他生了子，但不是造了子；子从父出来就如江河从源头流出来，枝子从根部生出来，光从光发出，这些都是本性不能分离的事物。愿荣耀、权能和伟大借着他归于父，在一切世代之前，直到一切世代。阿们。

---

① *Egennethe* (1Cor. 1.30, *egenethe*). 这两个词在 MSS 抄本中常常混淆，我想，从上下文来看，阿塔那修所写的应当是 *egenethe*。

论《路加福音》十章二十二节

前　言[*]

这篇备忘录或短文如它的开篇第一句所表明的，写于尼哥米底亚的优西比乌在世期间，因而最迟不会迟于公元342年夏。本文开头多少有点突兀，对经文的后面部分也没有任何解释，这使我们推断它可能是个残篇。不过，它的结论显然是完整的，开篇语很可能就是经文本身。本短文是对阿里乌主义关于《路加福音》10：22（马太福音11：27）论述的一个回应。如果"一切所有的"都是父交付给子的，那就可以推出他曾不拥有它们。这里，"一切"包括他神圣的子的身份。因而子也有一段时间是不存在的。阿塔那修完全否定这个小前提，以此来回应这一观点。他指出，基督用"一切所有的"来指他作为中保的工，以及它的荣耀，而不是指他作为神的道的本质属性。他引用《约翰福音》16：15，表明子与父既有分别，但父的所有属性也必是子的属性。

阿塔那修并没有主张对本文所给的重要经文进行阐释（《演讲》3.35），他只解释这经文中的子，保证他的独立位格性，以驳斥撒伯里

[*] 此为英译本前言。——中译者注

乌主义者。然而，应当注意，这种根基的变化并不表明向阿里乌主义对本段经文的用法让步，它只是把阿塔那修对他们小前提的否定转为对他们大前提的否定。

除了本文写于342年之前这一点之外，关于它的日期没有任何决定性的证据。不过，一般都把它放在（Montfaucon，Ceillier，Alzog）写于339年的《通谕》之前。文中有一些细节与晚期反驳阿里乌主义的论文不同，由此，我们也许可以推测它成书于约335年，即这位"主教"第一次被流放之前。

正　文

1. 本经文不是指永恒的道,而是指道成肉身。

"一切所有的都是我父交付我的。除了父,没有人知道子是谁;除了子和子所愿意指示的,没有人知道父是谁。"

他们这个阿里乌派,就是优西比乌及其同伙,因为不理解此经文,就放纵不敬亵渎主。他们说,既然一切所有的都是交付的("一切"的意思指对造物界的主权),就有一个时候他不拥有它们。既然他曾不拥有它们,他就不是出于父的,否则,他若是,那就应当永远拥有它们,不会要求得到它们。然而,这种观点只能更加清楚地暴露他们的愚蠢。因为所论到的经文不是指主对造物界的主权,不是指管理神的作品,而是部分地显明了道成肉身的意愿(tes oikonomias)。倘若当他说它们被"交付"给他时,意思是指这样的"交付"是在他接受它们之前,那么造物界就没有道。果真如此,那为何有经文说"万有也靠他而立"(歌罗西书1:17)呢?如果是在造物界产生的同时,一切都交付与他,那么这样的交付是多余的,因为"万物是藉着他造的"(约翰福音1:3),把那些本身就属于主自己、主就是它们的造主的事物交付与他,这显然是毫无必要的。他在创造万物时就是被造万物的主。不过,就算承认它们是在被造之后"交付"给他的,看看这是何等的荒谬。试想,如果它们是被"交付"的,而父在子接受它们之后就隐退了,那么我们就陷入了有些人所传讲的可怕的谎言,即父把[自己的作品]交付给子,他自己就离开了。或者,如果子拥有它们,父也拥有它们,我们就不应当说,父把它们"交付"给他,而应当说父以他为伴,如保罗带西拉作伴一样。然而,就是这种假设也是荒谬的,因为神并非不完全,他也不会因着需要子,召他来帮助他。事实上,他因为是道的父,所以借着道创造万物,完全不是把造物交付给他,而是借着他,在他里面施行神意对造物界的安排,以至于若是父不许,就连一个麻雀也不能掉在地上(马太福音 10:29),没有神,野地里的草就不会有美丽的花装饰(马太福音 6:30)。父做事直到如今,子也做事(参看约翰福音 5:17)。因而,不敬者的观点是枉然无益的。这话不是指他们所以为的那个意思,而是指道成肉身。

2. 在什么意义上,为什么目的,一切所有的要交付给成了肉身的子。

因为人犯了罪,堕落了,他一堕落,万物就陷入了一片混乱,从亚当到摩西,死就作了王(参看罗马书 5:14),地受了咒诅,阴司之门打开了,乐园却关闭了,天发了怒,最后,人败坏,如同死亡的畜类一样(参看诗篇 49:12),同时,魔鬼却幸灾乐祸——于是,神出于慈爱,不愿意那按照他自己的形象造的人毁灭,就说:"我可以差遣谁呢?谁肯为我们去呢?"(以赛亚书 6:8)但周围一片寂静,于是子①就说:"我

---

① 关于子的使命的这种戏剧性描述,唯有阿塔那修的作品里有,如果深究起来,就有可能被滥用于子与父的关系概念,那即便不是阿里乌主义的,也至少与阿塔那修所形成作为范例(in *Orat*. ii. 31)的最清晰、最成熟的概念相矛盾。同样的思想也出现在弥尔顿(Milton)的《失乐园》(例如卷十)。见 Newman, *Arians* 4, p. 93, note.

在这里，请差遣我！"事就这样定了，他说："你去吧"，就把人"交付"给他，叫道自身变成肉身，并因他取了肉身，使肉身完全复原。因为把人交给他，就如同交给一位医生，要医治蛇咬的伤；如同交给生命，使死者复活；如同交给光，照亮黑暗；因为他原是道，要更新理性造物 (to logikon)。既然万物都"交付"给了他，而他成了人，所以，万物一下子就改邪归正，得了完全。地得了祝福，不再是咒诅，乐园之门向贼开启，阴司退缩战栗，坟墓打开，死人复活，天堂的门被举起，等候那"从以东来的"他（诗篇24：7，以赛亚书63：1）。是的，救主本人清楚地指明"一切所有的都交付"给他是什么意思，如马太所记载的，主说，"凡劳苦担重担的人，可以到我这里来，我就使你们得安息"（马太福音11：28）。是的，你们"交付"给我，我要给那些劳苦的人安息，给死者生命。《约翰福音》所记载的，也与此一致："父爱子，已将万有交在他手里"（3：35）。正如万有都借着他所造，同样，把万有都交在他手里，是为了叫万物靠着他更新。显然，把它们"交"给他，不是因为他太穷，要让他变得富有，也不是因为他原本软弱无力，要叫他得权能。断不是这样的目的，而是相反，因为他是救主，他要使万物改邪归正。既然万物起初都是"藉着他"造的，那么万物也当"在他里面"（注意语词的变化）归回正道（参看约翰福音1：3，以弗所书1：10），这是完全适当的。起初他们"借着他"被造形成，但后来又全都堕落了，所以道就成为肉身，穿上肉身，以便使一切所有的"在他里面"归正。他自己受苦，赐给我们安息，自己挨饿，叫我们得滋养，自己下到阴司，把我们从那里领上来。比如，起初造物时，万物的被造全在于一道命令，诸如"要有……"，"地要发生……"（创世记1：3、11），但在复归的时候，就得把万物都"交付"到他手里，好叫他成为人，让万物都在他里面更新恢复。人因在他里面，就得激活。所以道要与人结合，这样,人的咒诅就不再作王。这也是他们在《诗篇》72 篇记载代表了人类所提出的要求:"神啊,求你将判断的权柄赐给王"(诗篇 72:1)的原因,既恳求把审判悬在我们头上的死的权柄赐给子,也恳求他能借着为我们的死,在他自身里面为我们除去死。这就是他在《诗篇》88 篇中所说的意思:"你的忿怒重压我身"(诗篇 88:7)。因为他担当了压在我们身上的忿怒。也如他在第 137 篇所说的:"耶和华啊,求你为我报仇"(诗篇 138:8,七十士译本)。

3. "一切所有的"意指基督的救赎属性和权能。

如果有必要通过解释概括一下,我们对交付给救主、并非他原先没有的万物,就是这样理解的。因为他原先本不是人,只是因为救人的缘故才成为人。道起初并不是肉身,只是后来成了肉身(参看约翰福音 1:1 及以下),在这肉身中,如使徒所说,他涂抹了攻击我们的字据,成就和平(歌罗西书 1:20, 2:14),毁掉那记在律法上的诫命,为要将双方借着自己造成一个新人,如此便成就了和睦(以弗所书 2:15、16),使双方归为一体,与父和好。然而,凡父所有的,也全属于子,如他在《约翰福音》中所说:"凡父所有的,都是我的"(16:15),没有比这样的话说得更清楚的了。当他成为他原本不是的,"一切所有的都交付"给他。当他想要宣告他与父的合一时,他就毫无保留地教导说:"凡父所有的,都是我的。"我们无话可说,唯有对这话的准确性敬佩之极。他没有说"凡父所有的,他都给了我",免得有人以为他曾有时候不拥有这些事物,而是说"凡父所有的,都是我的"。因为,这些事诚然属于父的权柄之下,也同样在子的权柄之下。不过,我们有必要反过来检查一下"父所有"的事物。如果创世的意思是说,父在创世之前一无所有,从而要从所造的世界中获得额外的东西,那是极其荒谬的,我们绝不可这样认为。因为正如他在创世之前就存在,同样,他在创世之前也拥有所有的，我们相信这所有也是子所拥有的（约翰福音16：15）。既然子在父里面，那么凡是父所有的，也都属于子。所以这经文对异端邪说是颠覆性的，那背经离道的话说："既然万物都交付给子，那么父对所交之物就不再管治，指派子来替代他的位置。事实上，'父不审判什么人，乃将审判的事全交与子'"（约翰福音5：22）。然而，"说谎之人的口必被塞住"（诗篇63：11）（虽然他把一切审判的事都交给了子，但他并不因此就失去了主权。同样，虽然经上说父把一切所有的都交付给了子，但他并不因此不再管治万物），他们显然是把独生子与父分离，而子的本性是不可能与父分离的；尽管这些不敬者出于狂妄，通过自己的言语把他分离，没有意识到光永不可能与太阳分离，因为其本性就是与太阳永在的。因为亵渎神不可理喻的本性实在过于大胆，所以我们必须从可见、熟悉的事物中引用这么一个拙劣的比喻，来表达我们的思想。

4. 《约翰福音》16：15经文清楚地表明了子与父的本质关系。

凡理智正常的人，绝不可能认为照亮万物的太阳之光可以与太阳分离，因为太阳的光本来就是与太阳合一的。假若光说："我已经从太阳获得照亮万物的权柄，我里面的热量可以使它们生长，给它们力量"，谁也不会疯狂到以为这里提到太阳，意思是指要将他与他的本性，即光相分离。同样，我们要敬虔地知道，道的神圣本质是与他自己的父合一的。我们面前的经文可以非常清楚地解决我们的问题。救主说："凡父所有的，都是我的"，这足以表明他永远与父同在。"凡父所有的"表明父掌握主权，而"都是我的"表明两者是不可分的合一。所以，我们必须知道，父里面根植着永在、永恒和不朽。而这些根植在他里面的属性，不是偶然外在的性质，而是可以说，在他里面，在子里面，就是在源泉里头。所以，你若想要理解与子相关的东西，就要了解父里面的东西，因为你必须相信这些就是在子里面的。父若是被造或是形成的事物，那么这些性质也属于子。如果可以说父"有一段时间他不存在"，或"出于虚无"，那么这些话也可以用来说子。然而，如果把这些属性归于父是不敬的，那也得承认把它们归于子也同样是不敬的。因为凡属于父的，就是属于子的。凡尊敬子，就是尊敬那差他来的父，人接待子，就是接待那与他同在的父，因为人看见了子，就是看见了父（马太福音10：40，约翰福音14：9）。所以，既然父不是受造物，那子也不是；因为不可能说父"有一段时间不存在"，也不能说他是"从虚无造的"，所以，同样不能说子是这样的。相反，因为父的属性是永在、不朽和永恒，绝不是造物，所以我们也必须这样思考子。如经上所写的："因为父怎样在自己有生命，就赐给他儿子也照样在自己有生命"（约翰福音5：26）。他用了"赐给"这个词，是为了指明父是赐给者。这里，生命在父里面，也同样在子里面，这再次表明他与父是不可分的，永在的。所以，他非常准确地说，"凡父所有的"，这样说是为了避免有人误解，以为他的意思是指他就是父本人，因为他并没有说"我就是父"，而是说"凡父所有的"。

5. 对同一经文的进一步解释。

你们这些阿里乌主义者，虽然父的独生子可能被他称为"父"，但不是指你们所理解的错误意思，而是指（一方面是生他之父的子，另一方面是）"将来世代的父"（以赛亚书9：6，七十士译本）。我们不能让你们有任何猜测，所以，请注意他借先知所说的话："有一婴孩为我们而生，有一子赐给我们，政权必担在他的肩头上。他名称为大策士的天使、全能的神和君、将来世代的父"（以赛亚书9：6①）。也就是说，神

---

① 参看和合本此节译文："……他名称为奇妙、策士、全能的神、永在的父、和平的君。"——中译者注

的独生子同时就是将来世代的父,全能的神和君。这清楚地表明,凡是父所有的一切事物,也都是他的,父赐给生命,子也同样能随己愿叫人活。他说:"死人要听见神儿子的声音,听见的人就要活了"(约翰福音5:25),父与子的旨意和愿望是同一的,因为他们的本性同一,不可分割。阿里乌主义者徒劳地自寻烦恼,只是因为不明白我们救主所说的话,"凡父所有的,都是我的"。仅凭这句话立即就可以推翻撒伯里乌的骗局,也将揭露我们现代犹太人的愚蠢。因为这就是为何唯有独生子知道父是谁的原因,即因为他在父里面,父也在他里面,他在自身里拥有生命,就如父自己有生命一样。他是一个完全的印,在自身里面显明父;他是永生的真道、权能、智慧,我们的圣洁和救赎(哥林多前书1:30)。因为"我们生活、动作、存留都在乎他"(使徒行传17:28),"除了子,没有人知道父是谁;除了父,没有人知道子是谁"(路加福音10:22①)。

6. 阿里乌主义者错误地解释三一颂。它的真正意义。

这些不敬的人,不过是人,甚至无法解释地上的事,怎敢愚蠢地谈论根本不该谈论的话题?但是我又何必要说"地上的事"呢?就让他们说说自己的本性,如果他们能找到方法考察他们自己的本性的话。他们实在是鲁莽草率,刚愎自用,对那些天使也渴望详细察看的事(彼得前书1:12)贸然发表意见,天使可是比他们高贵得多的存在者,无论是在本性上还是在地位上。还有比基路伯(Cherubim)或塞拉弗(Seraphim)更接近[神]的吗?但他们没有见过神,甚至没有直面站立,事实上都是蒙着帕子站立,却献上赞美诗,用他们不知疲倦的嘴

---

① 参看和合本此节译文:"除了父,没有人知道子是谁;除了子和子所愿意指示的,没有人知道父是谁。"——中译者注

高唱三一颂，荣耀那神圣而不可言喻的本性。无论什么地方，凡是说圣言的先知，就是为这样的异象特别挑选出来的人，没有哪个告诉我们说，第一个"圣哉"要大声发出，第二个低一点，第三个更低——这样，第一个表示主权，第二个表示从属，第三个表示更低级的。唯有这些恨恶神的疯子出于愚昧才会这样认为。因为这三一，都是可赞美、可尊敬、可仰慕的，是一，不可分离，没有程度的不同。它是合一，没有一点混乱，就如一元（Monad），有分别，但不分离。那些可敬的活物（以赛亚书6，启示录4：8）献赞美颂时说了三次"圣哉！圣哉！圣哉！"这表明三位格（Subsistences）①是完全的，正如他们在说"主"时，表明的是一个本质。所以，凡贬低神的独生子的，就是亵渎神，损害他的完全，指责他是不完全的，从而使他们自己可能遭受最严厉的惩罚。因为凡亵渎三位格之一的，既不能在此世得赦免，也不能在来世得赦免。但是神能够开启他们的心眼，叫他们沉思公义的太阳，以便渐渐认识原先所轻看的他，叫他们与我们一同以永恒的敬虔之心荣耀他，因为国度属于他，属于父、子和圣灵，从今时直到永远。阿们。

---

① *Treis hypostaseis*. 这个表述是本文与《信仰陈述》(*Expositio* (2))的一个纽带，也是表明它是早期作品的一个标志。这一次我们看到，阿塔那修说到了"三 *hypostases*"，但通过解释（《信仰陈述》2）限定他的语言，说它们不是 *memerismenai*。在这一点上，他追随他的奥利金主义先驱狄奥尼修斯，不过，本段的语言属于巴西尔或格列高利的语言，而不是阿塔那修本人晚年时的语言。

致全世界主教的通谕

前　言[*]

阿塔那修于339年写下这封信。此年年初的冬日里，优西比乌主义者在安提阿召开了一次公会议，会议决定指派格列高利任亚历山大教区的主教，取代阿塔那修（见导论第二章6节）[①]。"格列高利出生于卡帕多西亚，（是否与纳西盎的格列高利是同一位格列高利，但有些评论家对此表示怀疑。）在亚历山大城学习，阿塔那修曾非常友好地接待他，与他很熟稔，尽管格列高利后来参与传播关于他谋杀阿尔塞尼乌（Arsenius）的谣言。格列高利被派往亚历山大城任职"（纽曼）。以下这封通谕记载了格列高利于339年大斋节上任期间的所作所为，这信是阿塔那修在他即将去罗马之前写给大公教会的全体主教的。"如提勒蒙特所注意到的，此信的风格没有他其他作品那样精致，似乎是匆匆写成的。在本尼迪克版以前的各版本中，它被称为'致各地正教的书信'；但蒙特法考得以恢复它正确的名称。他还从他的MSS抄本作了一个非常重要的修正，从而澄清了历史上一些非常令人困惑的难题。本尼迪克版以前的所有版本都

---

[*] 此为英译本前言。——中译者注
[①] 英译本导论没有译出。——中译者注

把'格列高利'(Gregory)译成'乔治'(George),而凡出现'庇斯图'(Pistus)的地方,又代之以'格列高利'。巴罗尼乌(Baronius)、提勒蒙特(Tillemont)等已经根据情形的需要作了改动"(纽曼)。他先是拿教会所遭遇的暴行与《士师记》19章中利未人的妻子所遭遇的暴行进行比较,呼吁普世教会的主教们把他的事件当作他们自己的事件(1节)。接着他具体描述了所发生的事:行政官(Prefect)菲拉格里乌(Philagrius)宣布由格列高利取代阿塔那修,众人的愤慨,及其原因(2节);异教暴民在菲拉格里乌的挑唆下对神圣的人和建筑行恶(3节);格列高利的强行入侵(4节);迫害他本人的行径(5节)。他告诫他们,格列高利是个阿里乌主义者,请求他们同情他本人(6节),恳请他们拒绝任何来自于格列高利的信件(7节)。此"通谕"写于他正要离开亚历山大城之际,他在那儿必已退休三个星期了[《节期书信索引》(Index to Festal Letter) 339],但他显然(5节)要留在城里直到复活节之后。布莱特博士(Dr. Bright)在这里看到一个显示"Index"不准确的证据,不过,也有其他证据说明它是正确的(见 Prolegg. ch. v. 3, c, and Introd. to *Letters*),因此本编辑采纳了它的时间顺序。关于引发信中所描述的情节的历史事件的详细记载,可见于 Prolegg. ch. ii. 6 (1), *sub fin.* and (2)。可以补充的是,索宗曼(Sozomen)在描述阿塔那修的这次逃脱时,插入了实际上于356年2月份发生在教会里的情节,而苏格拉底更是完全把两次事件混淆在一起。内部证据表明索宗曼借助于 *Hist. Aceph.* 部分纠正了苏格拉底的记载。将格列高利与乔治混淆(尤其是在拉丁语中),从苏格拉底和狄奥多勒到奈安德尔(Neander)和纽曼,几乎所有的历史学家都犯了这一错误,这种混淆看来从很早开始就破坏了通谕的传抄。不过,西维尔(Sievers)认为之所以插入了从第三节到第五节这一大部分内容,也是出于同样的原因,那也未免太离谱了。

通　　谕

阿塔那修致各地的同工，亲爱的主教大人们，并问主内健康。

1. 全体教会都受到所发生之事的影响。

我们的苦难可怕之极，无法承受，要用适当的词汇来描述它们，几乎不可能。然而，为了使所发生的事的可怕性更容易理解，我想最好给你们讲一个圣经的故事。有一个利未人①因妻子被辱之事深受伤害；后来考虑到这污辱实在太大（因为这妇人是希伯来人，属犹大支派），对他所行的暴行实在令人吃惊，他就把妻子的尸体分成十二块，如圣经在《士师记》里所记载的，分送到以色列四境各支派，好叫他们明白，这样的伤害不只是对他一个人的，乃是对以色列所有人的伤害。如果人们同情他的遭遇，就可能起来为他报仇；如果他们无动于衷，就必忍受耻辱，从此之后自认为犯有罪过。他所派的信使讲述了所发生的事。凡耳朵听见眼睛看见的人都说，从以色列人出埃及地，直到今日，这样的事没有行过。于是，以色列每个支派都震怒了，所有人都联合起

---

① 《士师记》19：29。

来反对冒犯者,就好像是他们自己受到这样的遭遇。最后作恶者在大争战中被消灭,成为众人口里的咒诅,因为联合起来的人不考虑他们的血缘,只考虑他们所犯的罪行。弟兄们哪,你们全都知道圣经所记载的历史和具体的情节,既然我的读者都熟悉它们,我就不再一一叙述;因为我急于要向你们陈述的是我们现在的情形,这情形甚至比我所引述的故事更为严峻。我之所以要提醒你们这段历史,目的在于,让你们拿那些古代人的行为与我们现在所遇到的比较一下,认识到后者的残忍如何大大地超过了前者,从而因这些事充满义愤,比古代人对他们的敌人的忿怒更大。因为我们所受到的遭遇超过了任何逼迫可能产生的痛苦;利未人的灾难与如今教会所遭受的恶相比,只是小事;或者毋宁说,这样的事全世界都是闻所未闻,没有人经历过的。就利未人的故事来看,被害的只是一个女人,受冤屈的只是一个利未人;而如今,受伤害的是整个教会,受侮辱的是全体神职人员;更糟糕的是,敬虔[1]受到不敬虔的逼迫。在那个故事中,凡看到妇人尸体的每个支派,都惊怒不已,而如今,你们都看到整个教会的肢体彼此分离,有些被送到你们中这些人面前,有些被送到那些人面前,诉说他们所遭受的侮辱和不义。因而我恳请你们,也当为此震怒,想想我们所受的这些冤屈,也正是行在你们头上的。请每个人都伸出他的手,就如同自己就是受害者,免得教会的教规以及教会的信仰不久便被败坏。这两者都面临着危险,除非神迅速借你们之手把所行的错误纠正过来,为教会向她的敌人报仇。我们的教规和样式都不是今天才给予教会的,而是从我们的先辈以智慧而安全的方式传递而来的。我们的信仰也不是始于现在,它乃是主借他的门徒传给我们的。因而,从古代直到今天一直保存在教会里的法规,不能在我们

---

[1] *Eusebeia*,正统教义,见《为尼西亚会议辩护》(*de Decr.*) 1,注。

今天让它们丢失，传到我们手上的信托，也不能在我们手上消失。弟兄们，你们要警醒，作神奥秘之事的管家①，看看它们现在如何被别人利用了。关于我们的境况的更多细节，你们可以从带信者那里得知；但我自己急切地写信给你们，简洁地说明一下，好叫你们明确地知道，自从我们的救主被接升天，吩咐他的门徒说："你们要去使万民作我的门徒，奉父、子和圣灵的名给他们施洗"②以来，这样的事从未临到教会头上。

2. 格列高利强行入侵，不合教规。

针对我们以及教会的暴行是这样的。当我们一如既往地平安聚会，当人们在聚会中安享喜乐，沉醉于敬虔的谈话，当我们来自埃及、底比斯（Thebais）、利比亚的同工，彼此之间以及与我们之间正以爱和平安相处，这时，埃及的行政官突然拿出一封公开信，是一个正式颁布的法令函，宣告一个卡帕多西亚的格列高利要从宫里来接任我的位置。这份宣告使每个人感到迷惑，因为这样的事情以前从未有过，现在是第一次听到。然而，人们仍然频繁地在教会聚会③，因为他们非常清楚地知道，不论是他们自己，还是主教或长老，总之任何人谁也不曾对我有过任何指控；他们看到，唯有阿里乌主义者站在他那边，还知道他本人就是一个阿里乌主义者，是优西比乌及其追随者把他派到阿里乌党派去的。弟兄们啊，你们知道，优西比乌及其追随者一直是阿里乌主义疯子的不敬异端的支持者和同谋，并借用这些人的手段实施对我的阴谋诡计，是我被流放高卢（Gaul）的始作俑者。

---

① 《哥林多前书》4：1。
② 《马太福音》28：19。
③ 在教会聚会似乎一直是一种抗议或示威的方式，有时是和平的，有时会使用一些例外的方式；——在朱斯提那（Justina）的米兰（Milan）逼迫期间，采用的是和平方式，安波罗修《书信》（Ambros. *Ep.*) i. 20 和奥古斯丁《忏悔录》（August. *Confess.*) ix. 15, 但是在以弗所，第三次普世大会之后，宗主教（the Metropolitan）关闭了教会，占领了主教座堂（Cathedral），终于把皇家军队赶了出去。教会是避难所，参看 Cod. Theodos. ix. 45. 4. 及以下；同时禁止军队入内。

因而，人们义愤填膺，大声抗议这种行为，要求其他行政官和整个城市作见证，看看这种新奇而邪恶的行为正在如何反对教会，不是因为教会里的人对我提出了什么指控，而是因为阿里乌异端分子的肆意攻击。即便有什么普遍公认的罪名指控我，也不应当挑选一个阿里乌主义者，或者认信阿里乌教义的人来取代我；而应根据教会教规和保罗的指示，在人们"聚会的时候"，由他们的心"用我们主耶稣的权能"作出决定，一切事都应当经过调查，按教规的程序进行，并当着那些平信徒和教会中要求换人的人的面进行；而不是让阿里乌主义者从遥远的地方领一个人来，似乎要非法买卖主教这个头衔，在其支持者和异教长官的强大军队的陪同下，强行要求那些既不需要他，也不希望他来，甚至根本不知道发生了什么事的人接受他。这样的做法意在破坏整个教会教规，迫使异教徒亵渎神圣，并怀疑我们的任命不是根据某种神圣法则，而是因交易和任命圣职之权来的。

3. 格列高利到来之时所发生的暴行。

这就是阿里乌主义者引发的对格列高利引人注目的任命，也是整个事件的开端。他进入亚历山大城时所实施的暴行，那一事件之后又发生了怎样的邪恶之事，你们可以从我们的信函知道，也可以问问旅居在你们中间的那些人。当时人们被这样一种非同寻常的做法激怒，因而聚集在教会里，防止阿里乌主义者将他们的不敬与教会的信仰混合起来，此时，出来了一个叫菲拉格里乌（Philagrius）的人，此人很长时间以来一直在迫害教会和她的童女，如今是埃及的行政官①，一个背

---

① 这埃及行政官被称为 [367 年之后，见 Sievers, p. 119, Prolegg. ch. 4. 附录，见 Apol. Ar. 83] 奥古斯泰利斯（Augustalis），是奥古斯都（Augustus）战胜安东尼（Antony）之后第一次任命的。他出身于骑士，不像其他行政官，出身元老院议员。他是皇家官员，对帝国行省的省长（Propraetors）负责。参看 Hotman in voc. [on Philagrius, see Apol. c. Ari. 72, Prolegg. ch. ii. 5 (1) note]。

教者,与格列高利同乡,一个品德根本谈不上可敬的人,更有甚者,得到优西比乌及其追随者的支持,因而一心一意反对教会。就是这个人,通过许诺,并后来对承诺的兑现,成功地争取到了大批异教徒,再加上犹太人和扰乱分子,激发他们的情绪,把他们编成刀剑棍棒队,派到教会攻击会众。

这之后发生的事,实在难以描述,事实上,要完全描述当时的情形是不可能的,就是只讲其中一小部分,也不可能不泪流满面,悲伤已极。古代的悲剧中是否有以类似这样的事作主题的? 以前的逼迫时期或者战争年代是否发生过与此类似的事件? 教会和圣洗礼堂被火点着,立时悲号声、尖叫声、哀哭声响彻整个城市。城里的居民被这些暴行激怒,指责政府官员,抗议对他们所实施的暴行。圣洁无瑕的童女①被剥去衣服,赤身裸体,遭受无以名状的侮辱,若有些许反抗,就有性命危险。修士被踩在脚下,以致死亡;有些被倒拖,有些被刀剑和棍棒打死,有些伤痕累累。看啊! 他们对圣桌所行的是怎样不敬而邪恶的事! 他们用鸟类和松球②作祭品,对他们的偶像唱赞美诗,就在教会里亵渎我们的主和救主耶稣基督,永生神的儿子。他们焚烧在教会里找到的圣经书卷。而犹太人,杀死我们主的罪人,与邪恶的异教徒肆无忌惮地进入(多么奇怪的胆子!)圣洁的洗礼堂,脱光衣服,说亵渎的话,行可耻的事,其情状就是回想起来都叫人羞愧难当,难以启齿。还有些不敬的人,学习那些在最严厉的逼迫中为他们树立的榜样,抓住童女和修士的手,一路狂拖,向他们大吼,要他们亵渎并否认主。当他

---

① 圣安东尼的妹妹是所知的最早的修道院住院修女,《圣安东尼传》(vit. Ant.) 2.3. 大公教会称她们为"基督的配偶"(Spouse of Christ)。《为君士坦丁辩护》(Apol. ad Const.) 33。
② 希腊人的 thuos or suffitus 祭祀一般包括散发香气的树的某些部分,参看 Potter. Antiqu. ii. 4. 有些人把这里所用的词 (strobilous) 译为"贝壳"(shell-fish)。

们拒不从命时,就狠狠地鞭打他们,把他们踏在脚下。

4. 公元339年暴行肆虐的受难节和复活节。

这真是令人瞩目、不同寻常的入城行径,这个阿里乌主义者格列高利对这一切幸灾乐祸,除此之外,似乎还想确保异教徒、犹太人,以及那些在我们头上做下这些恶事的人,因成就这些恶行而得到奖赏和报酬,于是他放任他们到教会去抢劫掳掠。一得到这种许可,他们的恶行就比战争时代还要恶劣,比强盗还要残忍。有些人碰到什么就抢什么,有些人把里面屯集的财物私自瓜分①;看到里面储存了大量的酒,他们不是喝掉,就是倒掉,或者带走;他们洗劫了油库,每个人都拿走门和高坛栏杆作为他们的战利品;看到蜡烛架,便立即扔进墙里,并在他们的偶像前点燃教会的蜡烛。总而言之,教会里弥漫着抢劫和死亡。不敬的阿里乌主义者,做这样的事丝毫不感到羞耻,还变本加厉,越发残暴和冷酷。长老和平信徒的肉体被撕裂,童女的面纱被剥去,被带到行政官的审判台上,再被投进监狱;其他人的财物被充公,身体受鞭打;牧者和童女被断食。这些事全是在复活节前夕,在圣洁的大斋节里干的②,在这个时间,弟兄们都在守斋,这个臭名昭著的格列高利却充分暴露出该亚法的秉性,与总督彼拉多一齐疯狂地攻击敬拜基督的人。在受难节③带着总督和一大帮异教徒闯进教会,当他看到人们对他强行进入感到厌恶时,就让那个极端残忍的人,那个总督,一个小时内公然鞭打了三十四位童女、妇人以及有位阶的神职人员,然后把他们都投入监狱。其中有一位童女,很喜爱学习,当他让人公然鞭打她时,

---

① 教会就如以前的异教庙宇一样,常用来屯集财物。在洗劫罗马时,阿拉里克(Alaric)使教会及其财产免遭损害,不仅如此,他本人还把圣彼得教堂的贵重器皿移到他的教会。
② 大斋节和受难周期间,发生了朱斯提那对圣安波罗修(Ambrose)的逼迫,还有指控克里索斯托的诉讼在君士坦丁堡开审。
③ *Paraskeue*,即 Good Friday。

她手中正拿着诗篇本子，结果书被官员们撕成片片，童女本人也被关进监牢。

5. 阿塔那修的退位，格列高利和菲拉格里乌的独裁。

做了这一切之后，他们并不到此为止，而是商量如何能在另一教会①里扮演同样的角色，那些天我基本上就住在那个教会里。他们迫不及待地想要把他们的暴烈也扩展到这个教会，以便把我搜出来，除掉。若没有基督的恩典，这可能就会成为我的命运，唯有借着基督的恩典，我才得以逃脱，对他们罄竹难书的罪行略述一二。看到他们丧心病狂地反对我，我不想教会再受他们伤害，教会里的童女再受他们蹂躏，为了不再有杀人事件发生，免得人们再遭暴行，我主动离开他们，记住我们救主的话，"有人在这城里逼迫你们，就逃到那城里去"。②从他们对前述教会所做的恶行，我就知道他们不可能克制自己不洗劫另一教会。事实上，他们甚至对主日③前的圣斋节也毫无敬意，就在主救众人脱离死之捆绑的时候，在那个教堂里把属于教会的人投入监牢。格列高利及其同党似乎要与我们的救主争战，仗着总督的支持，把这释放基督仆人的日子变成哀嚎悲泣的日子。异教徒乐此不疲，因为他们恨恶这日子，而格列高利这样做可能只是要完成优西比乌及其追随者的命令，强迫基督徒在捆绑的患难中悲哭。

总督用这些暴行掌控了教会，把它们交给格列高利和阿里乌主义疯子。因而，那些因其不敬被我们绝罚的人，如今令口对我们教会的掠夺；而神的百姓，大公教会的神职人员，却被迫或者与不敬的阿里乌异

---

① [关于这部分历史的难题，见 Prolegg. ch. ii. 6 (1) ad fin., ch. v. 3, c. 必须注意的是，根据下一段落，阿塔那修是在复活节前离开这个"另一教会"的。它很可能是属于"Quirinus"(*Hist. Ar.*) 10.]
② 《马太福音》10：23。
③ 即复活节。

端分子交往，或者忍受他们进入自己的团契。而且，格列高利还借着总督的力量对船长和其他经过海上的人员施加不小的暴行，折磨、鞭打一些人，把另一些人捆绑起来，投进监牢，目的就是为了迫使他们顺从他的恶行，帮他带信。①这一切并没有使他满足，为饱饮我们的血，他唆使他野蛮的同伙，那个总督，以百姓的名义在最虔敬的皇帝康士坦丢面前控告我，提出了种种可怕的罪名。根据这样的罪名，可以设想，被告绝不可能只被放逐，简直可以死上一万次。起草控告书的人是个背叛基督教、无耻地敬拜偶像的人，而签名的人全是异教徒，看管偶像庙宇的人，以及其他阿里乌主义者。为了不让我的信显得冗长乏味，简言之，一场逼迫在这里肆虐，这样的逼迫以前从来没有临到教会头上。因为在以前的逼迫中，人在逃离逼迫他的人时，至少还可以祷告，在躲藏时还可以受洗。然而如今，他们极端残忍的行为效仿了巴比伦人的不敬，正如后者诬告但以理②。同样，臭名昭著的格列高利如今在总督面前控告那些在自己家里祷告的人，伺一切机会侮辱他们的牧者。这样，由于他的暴行，许多人可能失去洗礼，许多生病、忧愁的人没有人去看望。这成为他们深为叹息的一场灾难，他们视之比自己的疾病更为不幸。当教会的牧者遭受逼迫的时候，谴责阿里乌异端分子之不敬的百姓宁愿选择生病、冒险，也不愿让阿里乌主义者的手落到他们头上。

6. 以上不法行为的实施全是为了阿里乌主义的利益。

格列高利就是个阿里乌主义者，已经被归属到阿里乌党派里；因为没有别的人命令他这样做，唯有他们。于是，他作为一个受雇者和外

---

① 即大公书信（letters of communion）。
② 《但以理书》6：13。

来者，利用总督对大公教会的百姓做下这些可怕而残忍的行为，似乎不是出于他自己。由于庇斯图——优西比乌及其追随者以前任命他指挥阿里乌主义者——刚刚因其不敬被你们，大公教会的主教绝罚、咒逐，我们将此事写信给你们，你们众人全都知道，所以现在，他们以同样的方式派了这个格列高利给他们；但恐怕我们再次写信驳斥他们，使他们再次蒙羞，所以他们就利用外来的力量迫害我。这样，他们获得教会之后，似乎可以避免别人怀疑他们是阿里乌主义者。然而在这一点上，他们又错了，因为教会里的人没有一个站在他们那边，唯有异端分子，那些因种种罪行被绝罚，因而迫于长官的压力左掩右盖的人。这就是优西比乌及其追随者的戏剧，他们已经编排、演练了很长时间，现在终于成功演出，在皇帝面前诬告我。尽管如此，他们并不就此罢休，现在甚至要想方设法置我于死地。而且，他们对我们的朋友也非常残忍，把他们全都赶走，流放，也可能置他们于死地。但是，你们不要被他们的恶行吓倒，相反，要起来复仇，要表明你们对他们这种史无前例的迫害我们的行为的愤慨。按蒙福的使徒之说法，若一个肢体受苦，所有的肢体就一同受苦，我们当与哀哭的人同哭①。既然如此，如今这么大的一个教会在受苦，每个人就当为它的冤屈抗议，就如他自己在受苦一样。因为我们有一位共同的救主，他被他们亵渎，有属于我们众人的教规，他们正在违背这样的教规。假设你们中有人坐在自己的教会里，百姓与你一同聚会，此时无缘无故地闯进来一个人，拿着一项法令宣告为你的继任，对你做出以上这样的事，你们岂能不义愤填膺？岂能不要求申冤鸣屈？既然如此，那现在就表达义愤，免得这些事不知不觉地传播，同样的恶行一点点地蔓延到每个教会，使我们敬虔的学

---

① 《哥林多前书》12：26；《罗马书》12：15。

校变成一个市场和交易所。

7. 呼吁全体教会的主教联合一致反对格列高利。

你们了解阿里乌主义疯子的历史,因为你们常常或者个别,或者集体地谴责他们的不敬虔;你们也知道优西比乌及其追随者,如我前面所说的,参与同样的异端,正是为此他们长期以来一直耍阴谋迫害我。我已经向你们陈述了现在所发生的事,包括别人为他们做的,和他们自己做的,这些行为比战争年代常常发生的事更加残忍。我还在一开始时引用了历史上的例子,目的是叫你们对他们的邪恶心怀痛恨,拒斥那些作恶于教会的人。若说罗马的弟兄们[1]在[去年]这些事还未发生之前,就因他们先前的恶行写信召集一次公会议,那样,这些恶行很可能得到纠正(因为担心这一点,优西比乌及其追随者早就开始精心设计,使教会陷入混乱,并要除掉我,好叫他们从此以后能够随心所欲、毫无畏惧地行事,没有人再让他们作出交代),那么现在你们岂不更应当对这些暴行感到愤慨,谴责他们?因为他们除了先前的不法行为之外,如今又多了这些恶行。

我恳请你们,不要忽视这样的行径,不能忍受亚历山大城的著名教会被异端分子踩在脚下。由于这些事,百姓和他们的牧者彼此分离,可以想象,行政官的暴力使他们沉默,但他们对阿里乌主义疯子的不敬虔仍然恨之入骨。因而,如果格列高利写信给你们,或者别人代表他写信给你们,不可接收他的信件。弟兄们,要把它们撕成碎片,并使带信人蒙羞,把他们看作是不敬虔和邪恶的同犯。即使他假装友好地写信给你们,也不能接收。那些为他传递信件的人只是出于对长官的恐惧,担心他随后的暴力行为才勉强为之。由于优西比乌及其追随者有

---

[1] 《辩护》(Apol. Ar.) 22, 30,《阿里乌主义的历史》(Hist. Ar.) 9。

可能会就他的事写信给你们，所以，我急切地预先告诫你们，好叫你们效仿那对人一视同仁，没有偏袒的神，把那些从他们哪儿来的人赶走。因为他们为了阿里乌主义疯子，唆使异教徒和犹太人在这样一个时节里犯下这么多恶行，逼迫、强奸童女、杀人、洗劫教会财产、放火焚烧、在教会里亵渎神圣。不敬虔而疯狂的格列高利不能否认他本人就是一个阿里乌主义者，为他起草信件的人就是明证。此人就是他的文书亚摩（Ammon），很久以前就因为许多恶行和不敬虔，被我的前任，蒙福的亚历山大逐出教会。

出于这些原因，请给我回复为盼，并谴责这些不敬虔的人。这样，就是现在，此地的牧者和百姓看到你们的正统信仰和对邪恶的憎恨，也会为你们与基督信仰的合一而喜乐，叫那些对教会犯下如此滔天罪行的人也因你们的信洗心革面，最后——虽然太迟——悔改。与我一起的众弟兄向你们致敬。最亲爱的主教大人们，请多多保重，也请记念我，愿主继续保佑你们。

反驳阿里乌主义者的辩护

前　言[*]

蒙特法考说："本辩护是4世纪上半期教会史的最真实来源。阿塔那修比这一时期的任何其他历史学家更为优秀，一是因为他对他所叙述的事实有一大部分是个人亲身见证的；二是因为他使用了大量准确而真实的文献。另一方面，对鲁菲努、苏格拉底、索宗曼、狄奥多勒这些人，使用时必须十分小心，除非他们引证文献，但那样的情形是罕见的。"本"辩护"是阿塔那修针对优西比乌的同党对他提出的控告所作的个人辩护，所以并不直接关涉教义问题。尼西亚公会议之后，优西比乌的策略一直是，因个人原因把主要对手赶下台，离开教职，从而为正式废除尼西亚信仰表述扫清道路。对阿塔那修的攻击始于331年，但没有得逞。后于334—335年的凯撒利亚和推罗（Tyre）会议上又卷土重来，结果导致阿塔那修于336年被流放到特雷维里（Treveri）。337年回来后，紧拉着又在安提阿（Antioch）召开一次主教会议，把他"罢黜"（338年末）；他被逐出，使格列高利直接受益（339年）。接着是朱利乌（Julius）的

---

[*] 此为英译本前言。——中译者注

介入（339—340）和沙尔底卡公会议的召开（343年），其结果是阿塔那修于346年秋最终返回。(详细描述见导论第二章4—6节）。这之后，到康斯坦斯（Constans）去世、瓦伦斯（Valens）和乌尔萨西乌（Ursacius）故态复萌之前，阿塔那修起草了一系列文件，以证明自己的清白，还有一个与它们相关的解释性陈述。(1) 对他的指控，其中讲述所谓发生在332年前的一些事件 [勒索钱财、援助菲鲁梅努（Philumenus）造反、伊斯奇拉斯（Ischyras）的圣餐杯、谋杀并致残主教阿尔塞尼乌（Arsenius）]，证明它们不实的主要证据包含在推罗和耶路撒冷公会议的诉讼中，以及全体主教派去马勒奥提斯的调查团的审理中。(2) 证明阿塔那修清白的司法调查首先发生在朱利乌主管的罗马，其次是在何修主管的沙尔底卡；然后皇帝康士坦丢也认识到他的清白，世界各地的主教知道他的清白，最后他的一些主要指控者也承认他是清白的。

阿塔那修采用的辩护方式是，首先表明那种认同是如何完全，为此，他提供了一系列文件，从他去罗马前夕，一直到乌尔萨西乌和瓦伦斯在他返回亚历山大城后不久的公开认错，这些文件历时八年（339—347），构成本辩护的前一部分（1—58节）。表明了他被完全接纳之后，接着他提供证据说明其所基于的根据。于是辩护的第二部分（59—90节）讨论比第一部分里的文件更早的事实和文献。因此两部分之间的时间顺序是倒叙。

关于本辩护作为最原始资料涉及的那段历史的相关观点，读者可以参照序言部分，就我们现在的目的来说，只要列出所引用的文件，最简洁地陈述它们的内容，及与本作品一般目的的关系，这就足够了。应当注意的是，第一部分的文件是按照严格的时间顺序排列的，而第二部分的文件则分成几组，按最适合论证的方式安排，不按时间顺序排列。以下是所给文件的可能或大致的时间表。

A. 第一部分的文件（一般性题目，阿塔那修在基督教世界的主教面前证明自己的清白）

一、沙尔底卡公会议之前的文件（1—35节）

1. 第3—19节（338年末或339年初）。埃及主教的通谕，引述阿塔那修的当选，迫害他的计谋和指控，马勒奥提斯使团的历史，可为他辩护的证据，请求全体主教一同证明他的清白。

2. 第20—35节（公元340年）。朱利乌致优西比乌派主教们的信（要求召开罗马公会议），表明他们无礼地回复前一封信，引证算计阿塔那修的历史，陈述他们鄙视尼西亚主教会议，拒邀参加罗马公会议，进一步证明阿塔那修（根据文件证据，也根据对他随意指控的行为）和马塞路斯（Marcellus，基于他自己的信仰陈述）的清白，最后，坚持认为应当将所涉及的问题告知全体教会，应当根据先例，在影响亚历山大城的诸问题上给予罗马教会一个明确的答复。

二、沙尔底卡公会议（36—50节）

3. 第36—40节（公元343年）公会议致亚历山大教会的信，记载迫害阿塔那修的阴谋，朱利乌宣告他无罪，这得到公会议的确认，鼓励亚历山大教会要忍耐，声称他们已经请求皇帝施行他们的决议。

4. 第41—43节（同年）。公会议致埃及和利比亚主教的信，与第3点一样，除了它没有提到一些亚历山大城的长老，提到了几个阿里乌主义领袖的名字。

5. 第44—50节（同年）。公会议的通谕，记载它的聚会情况，东方主教的行为，他们对正统主教的暴行，他们对阿塔那修的指控破灭，为马塞路斯和阿斯克勒帕（Asclepas）平反，宣告他们清白无罪，同时，阿里乌主义的领袖被罢黜、咒逐。有二百八十多位主教签名，大部分都是在后来信件传阅时签的。

三、沙尔底卡公会议形成的文件（51—58 节）

6—8. 第 51 节。康士坦丢在格列高利死前和死后致阿塔那修的信。

6. （公元 345 年）表达对他所受苦难的同情，邀请他到宫中来；他已写信给康斯坦斯，请求他允许阿塔那修回来。

7. （同年，稍后）催请。

8. （346 年冬或早春）同样的邀请，但更急迫。

9. 第 52 节（同年）。朱利乌致亚历山大教会的信，称颂阿塔那修，赞扬他们持之以恒，向他们祝贺他的回归。

10. 第 54 节（同年）。康士坦丢致全体教会的通谕，宣告阿塔那修的复位，废除一切反对他的法令，补偿他教会里的众人。

11. 第 55 节（同年）。康士坦丢致亚历山大教会的信。宣告阿塔那修复位，劝勉平安，告诫混乱。

12. 第 56 节（同年）。致埃及的行政官及其他官员。废除反对那些与阿塔那修来往密切的人的法令，恢复他们的清白名誉。

13. 第 57 节（同年秋）。巴勒斯坦主教致埃及教会的信，为阿塔那修的复位对他们表示祝贺。

14. 第 58 节（公元 347 年）。瓦伦斯和乌尔萨西乌致朱利乌的信，毫无保留地撤回他们对阿塔那修的指控，谴责阿里乌及其异端，同时答应，只要朱利乌要求，他们就承担自己罪行的后果。

15. 同上（同年）。以上两人致阿塔那修的信，问候并保证他们与他及教会相和。

B. 第二部分的文件

一、推罗公会议前君士坦丁的信（59—63 节）。

16. 第 59 节（公元 331 年）。残片，用威胁敦促阿塔那修接受与一切希望交往的阿里乌主义者交往。

17. 第61节（同年）。致亚历山大城百姓的信，向他们揭示他们的不和，指责对阿塔那修的诬告（关于菲鲁梅努事件）。

二、18. 第64节（332年）。伊斯奇拉斯的忏悔，承认他是受到某些梅勒提乌主义者（Meletians）的暴力强迫才捏造罪名诬告阿塔那修。

三、阿尔塞尼乌事件（65—70节）

19. 第67节（约332年）。插入长老庇奈（Pinnes）致约翰·阿尔卡夫（John Arcaph）的信，警告他阴谋已经暴露，请求他撤案。

20. 第68节（同年）。君士坦丁致阿塔那修的信，对关于阿尔塞尼乌和伊斯奇拉斯的指控表示愤慨，命令他把该信公开，证明他本人的清白。

21. 第66节（同年）。帖撒罗尼迦（Thessalonica）主教亚历山大的信，称颂一位老朋友的儿子塞拉皮恩，祝贺阿塔那修揭露了关于阿尔塞尼乌的阴谋。

22. 第69节（同年）。阿尔塞尼乌致阿塔那修的信，表示顺服，要求与教会恢复关系。

23. 第70节（同年）。君士坦丁致约翰·阿尔卡夫的信，接受他与阿塔那修和好，召他到法庭。

四、335年在推罗的诉讼（71—83节）

24. 第77节，埃及主教致公会议的信，指责法官的偏袒，拒绝他们的证据，质疑所谓的马勒奥提斯使团。

25. 第71节，（写于公元321年，但阿塔那修揭露关于阿尔塞尼乌阴谋之后，把它放在证明伊斯奇拉斯事件的推罗证据里。）罗列在亚历山大城的亚历山大死前不久交给他的梅勒提亚主教和教会神职人员名单，其中没有伊斯奇拉斯的名字。

26. 第78节，埃及主教写给狄奥尼修斯伯爵的抗议书，重复以上指控（第 24 点），要求他停止不法行为。

27. 第 80 节，帖撒罗尼迦的亚历山大致狄奥尼修斯的信，警告他迫害阿塔那修的阴谋，以及派到马勒奥提斯的使团的性质。

28. 第 81 节。狄奥尼修斯给公会议的信，强烈抗议他们的举动。

29. 第 79 节。埃及主教给狄奥尼修斯的信，向皇帝呼吁。

30—32. 埃及的教会神职人员抗议马勒奥提斯使团的做法。

30. 第 73 节。亚历山大城神职人员致使团，抗议把所有有主见的人都排除在诉讼程序之外。

31. 第 74、75 节。马勒奥提斯神职人员致公会议，阐述关于伊斯奇拉斯的事实，以及使团诉讼的单方面性质。

32. 第 76 节。同样的人致埃及的行政官及其他官员的信（日期是 335 年 9 月 8 日），发誓否认伊斯奇拉斯的谎言，要求把他们的陈述转给皇帝。

五、推罗公会议之后的文件（84—88 节）。

33. 第 86 节（335 年）。君士坦丁致聚集推罗的主教，号召他们对他们的诉讼作出说明。

34. 第 84 节。耶路撒冷公会议致亚历山大教会，宣告已经接受阿里乌回到教会。

35. 第 87 节（337 年 6 月 17 日）。君士坦丁二世致亚历山大教会（君士坦丁刚刚去世，君士坦丁二世宣称要实现他的遗愿），宣告阿塔那修复位。

36. 第 85 节（也许是在 337 年，但也可能是更早的 335 年）。弗拉维乌斯·赫梅里乌 (Flavius Hemerius) 下令为伊斯奇拉斯建造一座教堂。

最后两节结论是后来在康士坦丢统治下的困难时期加上去的〔约

358 年，见《阿里乌主义的历史前言》(Introd. to *Hist. Ar.*)]。他指出，许多主教，包括何修和利伯里乌（Liberius）宁愿忍受苦难，也不愿放弃他的案子，以此作为新的证据，表明他们相信他的清白。他拒不认为以上两位主教的屈服有损于这一论证的力度。

这些文献对历史学家的重要性无须再作强调。即便所争论的指控似乎过于琐碎，甚至无聊，但它们仍然能说明所涉及各方的气质，表明了这非常重要的二十年间——终于康斯坦斯的死和康士坦丢对完整帝国的统治——这次争论的性质。

正 文

第一部分 序 言

1. 我原以为，关于我的清白给出了这么多的证明之后，我的仇敌会就此止步，不再质疑，而且还会为自己诬告别人而谴责自己。然而，他们虽然被如此清楚的证据证明是错的，却似乎并不感到羞愧，仍然恬不知耻地坚持对我的诽谤和诬陷，声称应当对案件进行重新审理（不是因为他们希望别人来审判他们，那是他们极力避免的，而是为了骚扰我，为了扰乱思想单纯者的心灵）；因而我想有必要向你们作出我的辩护，好叫你们不再听信他们的胡言乱语，从而摒弃他们的邪恶和无耻诽谤。我只向你们作辩护陈述，因为你们是心灵真诚无伪之人。对于爱争论的人，我可以充满信心地求助于我用来驳斥他们的确凿证据。我的案件不需要进一步论断，论断已经作出，而且不是一次、两次，而是许多次。第一次，它是在我自己的国家，在一个由近一百名主教①组

---

① 沙尔底卡大公会议 (the Council of Sardica) 说是八十，通常的埃及会议都是这个数字 (vid. Tilemont, vol. 8. p. 74.)。埃及、底比斯、利比亚约有九十名主教。文中提到的这次大会是在338年末或者也可能是在339年初举行的。

成的大会上审理的；第二次是在罗马，由于优西比乌发来的信，他们和我们都被召集在一起，有超过五十名的主教会合①；第三次是在沙尔底卡大公会议上，这次会议是由最敬虔的皇帝康士坦丢和康斯坦斯下令召开的，当时我的仇敌被贬黜为诬告者，送到我手里的裁决得到了三百多位主教的投票赞同，他们来自埃及各省和利比亚、奔他波利斯（Pentapolis），来自巴勒斯坦、阿拉伯、伊沙瑞亚（Isauria）、塞浦路斯、庞菲利亚（Pamphylia）、吕基亚（Lycia）、加拉太（Galatia）、达契亚（Dacia）、默西亚（Moesia）、色雷斯（Thrace）、达尔达尼亚（Dardania）、马其顿、埃庇鲁斯（Epirus）、塞萨利（Thessaly）、阿哈伊亚（Achaia）、克里特（Crete）、达尔马提亚（Dalmatia）、西斯西亚（Siscia）、潘诺尼亚（Pannonia）、诺里库姆（Noricum）、意大利、比塞努姆（Picenum）、托斯卡尼（Tuscany）、坎帕尼亚（Campania）、卡拉布里亚（Calabria）、阿布里亚（Apulia）、伯鲁提亚（Bruttia）、西西里，整个非洲、撒丁地区（Sardinia）、西班牙、高卢以及不列颠的主教。

除了这些之外，还有乌尔萨西乌和瓦伦斯的见证②，他们先前曾诽谤我，但后来改变了思想，不仅同意所通过的有利于我的裁决，还承认他们自己以及我的其他仇敌都是诬告者。这两人原本与优西比乌及其追随者同流合污，如今作出这样的转变，这样的认错，自然是对优西比乌及其追随者的沉重打击。如今，问题已经得到澄清，大会基于这么多杰出主教的见证作出了清楚的论断，每个人都会承认此案无须再作进一步讨论。否则，如果这次又决定重新调查，就可能一次次地讨论、调查下去，岂不变得没完没了，令人厌烦。

---

① 这次会议于340年举行。朱利乌的信可见以下21节。
② Vid. Infr. 58节。这是在公元347年。

2. 这么多的主教共同作出的决议足以驳斥那些仍想捏造什么罪名来指控我的人。既然我的仇敌都为我作见证，自我检讨，承认反对我的种种做法全是出于阴谋，那还有谁不以怀疑为耻呢？律法要求有两三个见证人的见证①，才能作出论断，而我们这里有一大群有利于我的见证人，还有我的仇敌一方提供的证明，证据如此充分，于是，那些还想反对我的人不再依重他们自己的任意论断，转而求助于暴力，不用正当推理，而想方设法对那些揭露他们的人进行人身攻击和伤害。②因为使他们感到恼怒的最主要原因在于，他们原本是悄悄密谋，私下里要采取的措施，却被瓦伦斯和乌尔萨西乌揭露，暴露到光天化日之下。他们完全知道，这两人一认错，确实洗清了他们所伤害的人的罪名，却使他们自己受到谴责。

事实上，这使他们在沙尔底卡会议上被贬黜，如前面所提到的，而且理由充分。就如古代的法利赛人，在他们为保罗辩护时③，完全暴露了他们先前与犹太人一起反对他的阴谋；正如逼迫圣大卫者一旦承认"我有罪了！我儿大卫"④，就表明大卫受到了不公正的迫害；这些人也是这样，由于在真理面前不得不折服，他们就写信给罗马主教朱利乌，提出一项请求。他们还写信要求与我达成和解，尽管以前到处传播谣言，诬陷诽谤我。然而，看到他们曾力图毁灭的人仍然靠主的恩典活得好好的，就是现在他们也很可能会感到羞愧。与这种行为相一致的是，他们严厉谴责阿里乌及其异端；他们知道优西比乌及其追随者之所以设阴谋反对我，不是出于别的，全是因为他们自己的错误信仰，

---

① 《申命记》17：6。
② 这暗示瓦伦斯和乌尔萨西乌受到过某种迫害，这自然[是极不可能的]。他们于351年故态复萌，当时，康斯坦斯死了，康士坦丢掌握他兄弟的领地，他们承认前一次认错是迫于康斯坦斯皇帝的压力才作出的。
③ 《使徒行传》23：9。
④ 《撒母耳记上》26：21。

所以他们一旦决定承认以前对我的指控全是诽谤，就同时弃绝了敌基督的异端，他们原本就是为了那些异端才诽谤诬告我的。

以下是几次公会议上的主教为我所写的信函；第一封信出自埃及主教之手。

埃及公会议的通谕

埃及的底比斯、利比亚和奔他波利斯的主教召集的亚历山大神圣大公会议，致各地大公教会主教，主内亲爱的弟兄们，你们好。

3. 亲爱的弟兄们，我们早应为我们的弟兄阿塔那修辩护，或者在优西比乌及其追随者的阴谋刚开始之时，或者在阿塔那修刚抵达亚历山大城之时，我们就应当揭露他们对他设计的阴谋，谴责他们对他施加的痛苦，表明他们的种种报告皆是诬告。然而，你们也知道，当时的情形不允许我们这样做。后来，阿塔那修主教返回之后，我们以为他们该会对自己如此明显的不公行为感到羞愧，所以我们自己仍然保持沉默。然而，在他遭受了种种深重的苦难，最后隐退到高卢之后，在他远离自己的祖国，栖身于如此遥远的异国他乡之后，在他们的诽谤诬告中差点丢掉性命，只是由于皇帝的仁慈才幸免于难——遭受了这一切困苦，就是最残忍的仇敌也会感到心满意足了——然而，他们却仍然不以为耻，企图再次侮慢教会和阿塔那修。他们竟然还想谋划更残忍的行为反对他，预备了更无耻的控告，不惧怕圣经里说的"作假见证的，必不免受罚"①，"说谎的嘴杀死灵魂"②。我们真是对他们的邪恶

---

① 《箴言》19：5。
② 《所罗门智训》1章11节。(此节经文系中译者根据英文直译。——中译者注)

大为义愤,对他们的本性中所暴露出的对争辩的嗜好大为惊讶,因此,我们不能再保持沉默,无动于衷了。

他们不停地炮制新的反对我们的报告,扰乱皇室的视听,不停地写令人厌烦的信函,以图毁灭与他们的不敬虔为敌的主教。他们一次次地写信给皇帝诽谤阿塔那修,一次次想要谋反他,指控他参与子虚乌有的大屠杀;他们还想流他的血,诬告他犯有空穴来风的杀人之罪(若不是我们有一位仁慈的皇帝,上一次他们就很可能用诬告来置他于死地了);他们一次次地急于——至少可以说——想要放逐他,同时假装同情那些据称被他流放的人的悲惨境地。他们在我们面前哀叹从不曾有过的事,不厌其烦地污蔑他,还要变本加厉地用更残忍的手段对付他。

他们装得如此温和,如此仁慈,似乎具有如此公义的品性。然而事实上(要说真话的话),他们是如此可恶,如此恶毒。他们不是以应有的敬虔和公义,而是借着恐吓和威慑手段来谋取人的尊敬,爬上主教之位。他们胆敢在给皇帝的信中使用极其无耻的语言,就是教外人中最好争辩的人也不会使用的语言,指控阿塔那修犯有一大堆杀人罪、屠杀罪,而且不是在某个官员或者其他高级行政人员面前,而是在三位奥古斯都面前;不论走得多远,也不退回来,一心只想让所有大法庭都充满他们的指控。事实上,亲爱的弟兄们,他们所从事的事业就是控告人,控告最真诚的人,因为他们所上诉的法庭是世上最庄严的地方。他们这样一次又一次地掀起调查风波,还有什么其他目的呢,不就是为了说服皇帝动用死刑吗?

4. 因而,倒是他们自己的行为,而不是阿塔那修的行为,应该哀叹和悲号,而且为他们哀叹才是更恰当的,他们这样的行为就应当为之悲号。因为经上写着:"不要为死人哭号,不要为他悲伤,却要为离家出外的人大大哭号，因为他不得再回来。"①他们在整封信所思考的不是别的，就是死亡；他们的努力，只要能够，就是要杀死他，如若不能，也要把他驱逐流放。皇帝的最敬虔的父亲就应允了他们这一点，以平息他们的狂怒②，免得他被置于死地。须知，就是普通的基督徒也不会做这样的事，甚至异教徒中也鲜有这样的行为，更何况主教，曾宣誓要教导别人公义的人！我们相信，你们基督徒的良知必会立即认识到这一点。他们自己成为自己弟兄的指控者，并且向皇帝指控，这样的人怎么禁止别人指控自己的弟兄？他们看到我们被驱逐了还不善罢甘休，这样的人怎么教导人同情别人的不幸呢？当时有一个针对我们的公开的普遍驱逐令，所以我们全都把自己看作是被驱逐的人。而如今，我们再次把自己看作与阿塔那修一道回到我们的本地的人，不再像以前那样为他叹息、哭号，而有最大的鼓励和恩典——但愿主能一直赐给我们这样的鼓励和恩典，也不再遭受优西比乌及其追随者的破坏。

即便他们对他的指控是真实的，他们也犯了一项罪名，即违背了基督教的律例，在他被驱逐、受审判之后，他们还攻击他，控告他杀人、屠杀以及其他罪名，在皇帝的耳朵边指控众主教犯有种种罪行。然而，事实上，他们所说的每一个字都是假的，每一项指控都是诬告，他们嘴里所说、笔下所写的，没有一样是真的，可见他们的邪恶有多深重，你们又会认为他们是怎样的人！我们现在来一一着手这些事，回应他们的最后指控。这除了揭露他们迄今为止的所作所为之外，还必表明，他们在先前的公会议上③，在审判中的行为是可耻的，或者毋宁说必证明他们的话全是虚假的。

---

① 《耶利米书》22：10。
② 《阿里乌主义的历史》(Hist. Ar.) 50。
③ 即推罗公会议。见以下71节。

5. 对这样的指控，我们实在羞于反驳。但由于我们的对手不顾后果地提出任何指控，妄称阿塔那修回来后犯有种种谋杀罪和屠杀罪，那我们只有恳请你们忍受我们的回应，尽管有点冗长，因为我们受环境所限。阿塔那修没有杀过人，也没有人因他的缘故杀人，只是我们的指控者，如我们前面所说，迫使我们不得不作出这种令人羞辱的辩护。杀人和监禁与我们的教会格格不入。阿塔那修没有把谁交给死刑执行人；而监牢，就他而言，从未去麻烦过。我们的圣坛现在与以往任何时候一样，是纯洁可敬的，在这里，唯以基督的血和对他的敬虔来崇拜。无论是长老，还是执事，都没有被阿塔那修所杀的；他没有杀过人，也没有使哪个受到驱逐。真希望他们也从不曾导致他被流放，没有给他真实的流放经历！这里没有谁因他之故被驱逐流放的；没有人被流放，唯有阿塔那修自己，亚历山大主教，他被他们流放，如今他回来了，他们又开始寻找借口使他陷入同样的困境，甚至谋划比以前更残忍的阴谋，锁定他们的舌头，尽一切诽谤与诬陷之能事。

看啊，如今他们把执法官的行为都归到他头上；尽管他们在信里明确承认埃及的行政官已经判决了某些人，但他们现在毫无羞耻地把这一判决强加给阿塔那修，尽管当时他还没有来到亚历山大城，正在从流放地返回的路上。事实上，他当时正在叙利亚，我们辩护时必须说明他当时离家的路途有多遥远，免得他要为埃及的某个总督或行政官的行为负责。要是阿塔那修当时在亚历山大城，那行政官会对他采取什么措施？然而，他甚至不在这个国家。埃及行政官所做的不是基于教会方面的原因，而是出于你们可以从记载中看到的原因。我们在明白了他们所写的东西之后，就执著地追问原因，并把它转告了你们。由于他们开始叫嚣反对某些事，这些事从来不曾有过，他不曾做过，也没有人为他的缘故做过，但他们拿这些事当作真实发生的事，证明它们的罪恶，似乎他们确信这些事的存在。那就请他们告诉我们，他们从哪次公会议得知这样的事，有什么证据，根据何种司法调查？如果他们提不出这样的证明，只有他们自己的主观臆断，我们就请你们再想一想他们先前的指控，就知道是否真有其事，也知道他们为何要如此无中生有。事实上，这全是捏造、诬告，是我们仇敌的一个阴谋，也是他们的一种控制不住的脾性，阿里乌主义疯子的一种不敬虔，他们疯狂地反对真正的敬虔，妄图剔除正统教义，好叫倡导不虔不敬的人可以随心所欲地传讲任何教义，而无所畏惧。这件事的历史过程是这样的——

6. 当异端阿里乌主义疯子的创始人阿里乌因其不敬神被已故的亚历山大主教赶出教会之后，优西比乌及其追随者，这些阿里乌的门徒，与他的不敬虔同流合污的人，认为他们自己也被教会弃绝了，于是不断地写信给亚历山大主教，恳请他不要把异端分子阿里乌赶出教会。① 但是亚历山大出于对基督的敬虔，拒不接受那个不敬虔之人，于是他们就把仇恨指向当时担任执事的阿塔那修，因为他们东问西询，得知阿塔那修与主教亚历山大非常亲密，并且备受后者尊重。当他们在尼西亚会议上亲身感受到他对基督的敬虔②，因为在会上他大胆地指责阿里乌主义疯子们的不敬不虔，于是他们对他的仇恨就进一步加剧了。当神提升他成为主教（Episcopate）之后，他们长期积蓄的恶毒就像火山一样爆发，因为惧怕他的正统教义，担心他抵制他们的不敬虔，他们（尤其是优西比乌③，深知自己的恶行）谋划各种恶计来攻击他。他们使皇帝对他产生偏见；他们不断地召集公会议来威胁他，最后在推罗集会。直到今天他们还不停地写信诽谤他，甚至对他主教之职的

---

① 参看《论教会会议》(de Syn.) 17。
② 参看苏格拉底 (Socr.) i. 8。
③ 参看尼哥米底亚。

任命也挑刺找茬儿①，尽一切方式表明他们对他的敌意和仇恨，传播对他的虚假报告，只是为了借此贬损他的形象。

然而，他们现在正在炮制的虚假陈述恰恰证明他们先前的陈述都是虚假的，完全是针对他设计的一个阴谋。因为他们说："亚历山大主教死后，有几个人提到阿塔那修的名字，六七个主教就在一个秘密的地方悄悄地选举了他。"这就是他们写给皇帝的话，肆无忌惮地编出这样一个弥天大谎。而如今，大公教会的全体会众都同心合一地汇集在一起，哭着，大声叫喊着，阿塔那修当成为他们教会的主教，把这作为他们公开向基督祷告的主题，并多日多夜地请求我们同意这一点，他们自己不离开教会，也不让我们离开。关于这一切，我们就是见证人，整个城市，以及整个行省都是见证人。他们没有说一句他的坏话，不像这些人所做的那样，而是把他们所能想象得出的最高的头衔给他，说他是良善的、敬虔的基督徒，一名苦修者②，真正的主教。他是在公众面前由我们身体的大多数在所有人的欢呼中选举出来的。我们这些选择了他的人也见证了这一点，我们在场的人，比起那些根本不在现场，却来散布这些谎言的人，当然是更可靠的证人。

---

① 优西比乌主义者声称，圣亚历山大和梅勒提乌两派共有五十四位主教聚集召开选举大会，大家宣誓要按共同的意愿挑选人选，但有六七位主教为了阿塔那修而未守誓言，此前没有人想到他，他们秘密地给他授了圣礼，教会人士和平信徒对此都大为惊奇，并传为丑闻。参看苏格拉底（Socr.）ii. 17。斐洛斯托基乌（Philostorgius，公元425年）补充了具体细节，解释或者纠正了这种说法，文中的主教们似乎也不曾听到有这样的说法，即阿塔那修与他的宗派于一个晚上攻进圣狄奥尼修斯的教会，强迫在那里发现的两位主教给他行祝圣礼，结果他被其他所有主教咒逐。但为了巩固自己的位置，他就自己当选一事去面见皇帝，以此来获得认可。（H. E. ii. 16）事实上，圣阿塔那修当选之时自己根本不在场，如苏格拉底所说的，目的是为了回避，也可能如伊比芬尼所说的，是因为有事在宫里。这些理由是相互一致的。[参看Prolegg. Ch. ii. 4；Gwatkin's note, quoted there.]

② 可以争论的是，圣阿塔那修是否曾是圣安东尼修道院（S. Antony）的一名修士，他在《安东尼传》（Vit. Ant.）开头说的一段话可以解决这个问题，但对那段话的解释在不同的MSS抄本中各不相同。"苦修的"（ascetic）这个词形容前尼西亚时代奉行某种生活方式的人，这种生活方式后来延续到修道院。

但是，优西比乌对阿塔那修的任职挑刺找茬儿，——而他自己的职位也许根本没有收到什么任职令；即便收到过，他本人的行为也早已使它成为一纸空文。①因为他原本是贝里特（Berytus）的教区，却离弃那个职位来到尼哥米底亚。他违背法规离弃一个，又违背法规侵占另一个；毫无感情地抛弃他自己原有的职位，又毫无理由地占据另一个职位；他因渴望另一个，就对第一个失去了爱，甚至对他出于欲望而谋得的职位也不能保守，因为，看啊，他又从第二个职位退出来，去占据第三个职位②；一双恶眼四处张望，盯住别人的城市，以为敬虔③就在于财富，在于城市的宏大，把神的产业降低到他所担任的职位；不知道"无论在哪里，有两三个人奉'主'的名聚会，那里就有'主'在他们中间"，没有考虑使徒的话："我不仗着别人所劳碌的分外夸口"，没有认识到使徒所赋予的责任："你有妻子缠着呢，就不要求脱离。"这样的话尚且适用于妻子，岂不更适用于教会，适用于该主教；不论有谁缠着，都不应当再去谋求另一个。否则，按照圣经就要被指证为通奸者。

7. 然而，他尽管知道自己的这些恶行，却仍肆无忌惮地指责阿塔那修的任职——所有人都证明这是令人尊敬的任职；尽管他自己被罢免了，而且别人已经取代他的职位，这表明他被罢免是不可更改的事实，却还胆敢指责阿塔那修应被罢免；他或塞奥格尼乌（Theognius）④

---

① 尼西亚和沙尔底卡的教规（Canons）绝对反对主教调任，但如 Bingham 注意到的（Antiqu. vi. 4. 6）只是一条一般性的法规。所谓的使徒教规（Apostolical Canons）规定，除非有"合理的理由"并征得公会议的同意，否则不得进行主教调任。其次迦太基公会议在造成歧异的时候禁止主教调任，除非有利于教会。Vid. List of translations in Socr. Hist. vii. 36. Cassiodor. Hist. xii. 8. Niceph. Hist. xiv. 39.
② 即君士坦丁堡，保罗被逐出后。
③ 《提摩太前书》6：5；《马太福音》18：20；《哥林多后书》10：15；《哥林多前书》7：27.
④ 或者塞奥格尼斯（Theognis）。他，还有优西比乌，是卢奇安（Lucian）的学生，因与阿里乌主义者有牵连，于尼西亚会议后与其老师一同被罢黜。[他们不是教会罢黜的，而是被皇帝驱逐的，见导论 ii. 3 (1), (2) c, 6 (1) .] 君士坦丁把他们流放到高卢，两三年之后被重新召回。塞奥格尼斯死于沙尔底卡会议期间。

自己既被罢免了,怎能去罢免别人?因为别人已经取代他们担任其职,这足以证明他们被罢免的事实。事实上,你们都清楚地知道,由于他们自己的不敬虔,以及与阿里乌主义疯子——这些疯子已经在普世基督教大公会议上受到拒斥——的关联,阿姆菲翁(Amphion)和克勒斯图(Chrestus)分别被派往尼哥米底亚和尼西亚任职,以取代他们两人。但他们一方面妄图把真正的公会议弃置一旁,另一方面努力把他们自己的非法联合冠以公会议的名称①;一方面不愿让公会议的法令贯彻实施,另一方面又想强行实施他们自己的决定;他们利用公会议的名称,同时却拒不服从如此伟大的公会议。因而,他们其实并不在意公会议,只妄称其名,以便根除正统教义,取消反对阿里乌主义者的真正伟大的公会议的法规。为了支持那些疯子,他们现在及以前都一直传播这些谎言来污蔑主教阿塔那修。因为他们先前的陈述与现在杜撰的谎言差不多,说什么教众一见他回来②就召开扰乱大会,悲叹、哭泣、义愤填膺地拒绝接受他。然而,事实并非如此,恰恰相反,到处洋溢着欢欣喜乐,人们奔走相告,急切地想要见他的面。教会充满了喜乐,处处都向主献上感恩;所有的牧者和神职人员都对他充满感情,以至于他们的灵魂被快乐充满,把他的归来看作是他们生命中最快乐的时刻。我们又何必再提到我们主教中间所弥漫的难以言喻的喜乐呢?我们已经说过,我们把自己看作是与他患难与共的人。

8. 这就是公认的事实真相,与他们所说的完全不同,然而,他们所夸口的那个公会议或审判能有什么意义呢?因为他们作假证干扰一个案件,他们根本不是见证人,也没有对案件进行调查,也不曾正面接

---

① 优西比乌的推罗公会议,公元335年。
② 从高卢返回,公元337年11月23日。

触过，却好像了解真相似的，对自己所写的陈述信誓旦旦。试想，就连他们自己也说完全没有见过这些事，他们怎么能声称对它们说出可信的话呢？我们岂不是更应当相信，他们在这个案件和另一案件的所作所为完全是出于对我们的仇恨？试想，当时举行的是什么样的主教公会议？它的召开是不是真的为了说明真相？与会者岂不是大部分都是我们的敌人？优西比乌及其追随者对我们的攻击难道不正是源于他们对阿里乌主义疯子们的热情？他们难道没有怂恿别人加入他们的团伙？我们岂不常常驳斥他们宣扬阿里乌的教义？巴勒斯坦的凯撒利亚的优西比乌不是被我们的认信者指控有拜偶像的行为①？我们不是看到乔治（George）②被蒙福的亚历山大罢免了？他们岂不是被指控犯有各种罪行，有的是这些，有的是那些？

这样的人怎么能蓄意集会谋反我们呢？他们怎能厚颜无耻地将这样的集会称为公会议：它由一名伯爵（Count）主持，还有一名行刑人参加；把我们引入法庭的不是教会的执事，而是一名导座员③；会上只有伯爵一个人说话，其他人都保持沉默，或者毋宁说，都服从他的命令④，这样的会能称为公会议吗？那些应当参加的主教，因这位伯爵不愿，就不让他们参加；他一声令下，我们就被士兵们拖来拖去，或者毋宁说，优西比乌及其追随者一声令下，他就执行他们的旨意。总而言之，亲爱的弟兄们，这会议唯一的目的就是流放和杀人，哄皇帝高兴，这是什么

---

① 在推罗公会议时，一位埃及的主教和认信者波他摩（Potamo）问优西比乌，逼迫期间他在监牢里做了什么，Epiph. Har. 68，7，似乎暗示他的胆怯。显然，优西比乌曾与庞菲利乌斯（Pamphilus）在凯撒利亚同蹲监牢，不过，他自己从未提及这件事，如果这是可提的事，他不会不提的。[波他摩的暗示没有根据。见 Dic. C. Biog. ii. 311。]
② 乔治，老底嘉主教，作神父时因其放荡的习惯和阿里乌主义观点曾被亚历山大贬黜。阿塔那修在别处说到他甚至被自己的宗派所谴责。
③ Conventarius.
④ 《阿里乌主义的历史》(Hist. Ari.) 11，及以下 36、71 节。

公会议？他们的指控又是怎样的指控？——这里还有一件更令人吃惊的事。有一个名叫阿尔塞尼乌的人，他们声称他被谋杀了。他们还指控原本属于神圣奥秘的一个圣餐杯也被打碎了。

然而，阿尔塞尼乌现在还活着，请求我们接纳他加入我们的团契。他不等别的证据证明他仍然活着，只是亲自写信给我们的弟兄阿塔那修——他们肯定地断言阿尔塞尼乌就是他杀死的——自己承认自己活着。这些不敬的无耻之徒竟然指控他谋杀一个距他遥遥千里之外的人，一个无论海路还是陆路都遥不可即的人，并且当时此人的住所没有人知道。不仅如此，他们甚至胆敢把他转移，安置到没有人能看见的隐蔽之处，尽管并没有使他受到什么伤害。倘若有可能，他们肯定会把他转移到另一个世界，或者甚至真的取走他的性命，这样，无论说他被杀的话是真是假，他们都能绝对保证毁灭阿塔那修。然而，同样要感谢神意的安排，没有放任他们继续不义，而是让活生生的阿尔塞尼乌出现在众人面前，清清楚楚地证明他们的阴谋和诬告。他没有把我们当成杀人者避而远之，也没有恨我们伤害了他（其实他确实没有遭受任何不幸），而是渴望与我们合一，希望成为我们中的一员，并写信表达了这样的意愿。

9. 他们不仅设计阴谋陷害阿塔那修，控告他杀死一个好端端活着的人，而且这些人还一手造成他被驱逐流放。①事实上，使他遭流放的，不是皇帝的父亲，而是他们的诬陷。想想事实是否如此。既然找不到任何证据可以枉判与我们同工的阿塔那修，伯爵仍然以暴力威胁他，竭尽全力要迫害他，主教就逃离这种暴力，来到②最敬虔的皇帝面

---

① 公元336年被君士坦丁流放到高卢。
② 即到君士坦丁堡。

前，驳斥了伯爵的指控，以及他们所设的阴谋，要求或者召集一次合法的主教大会，或者请皇帝本人接受他关于他们对他的指控的辩护。听到这些，皇帝愤怒地写了信，传令他们来到他面前，宣布他要亲自听审，并为此下令召开一次公会议。于是优西比乌及其追随者又起来诬告阿塔那修，不是以他们在推罗所公布的罪名，而是告他有意扣押装满谷物的器皿，似乎阿塔那修曾经妄称自己能够阻止从亚历山大城出口谷物到君士坦丁堡。①

  我们的一些朋友当时与阿塔那修一同在宫里，听到皇帝威胁说要接受这一报告。阿塔那修立即大声抗议说这是诬陷，坚决声称这不是真实的，(他争辩说，他，一个穷人，一个位卑之人，怎么可能干这样的事?) 此时，优西比乌毫不犹豫地公开重复同一指控，并发誓说阿塔那修是个富人，有权之人，能做任何事，以便叫人以为他完全有可能讲过这样的话。这就是这些可敬的主教对他提出的指控。然而，神的恩典大大高于他们的邪恶，因为它使皇帝心怀仁慈，没有判处他死刑，只是判处他流放。因而，导致这一结果的，不是别的原因，就是他们的诬陷。皇帝在他先前写的信里控诉他们耍阴谋，指责他们设诡计，谴责梅勒提乌主义者无法无天，该受刑罚；总而言之，对他们表达了他最严厉的指责。因为当他听到那个被杀的人原来还活着时，不禁大为震怒；一个明明生龙活虎的人，有人却说他被谋杀，听到这样的案件，岂有不义愤之理。我们已把此信寄给你们。

  10. 然而，优西比乌及其追随者，这些不可思议的人，表示拒不接受事实真相及此信里所包含的陈述，同时提出某次公会议的名字，说它的程序是以皇帝的权威为根基的。所谓权威，就是说有一位伯

---

① 参看87节。

爵（Count）来参加他们的会议，有士兵作主教的护卫，有皇帝的信函给他们作后盾，他们想要谁参加，就可以强迫谁参加。然而这里请注意，他们使尽手段要把阿塔那修从我们这里夺走，然而他们的阴谋诡计是多么奇怪，他们无耻的举动是多么自相矛盾。倘若如他们自称的，唯有主教才能审判这个案件，那么为何还有伯爵和士兵参加？或者他们为何要得到皇帝写信准许才召集会议？既然他们要求得到皇帝的准许，想要从他那儿分得权威，那么又为何无视他的论断，当他在所写的信里说梅勒提乌主义者是诬告者，无法无天者，而阿塔那修是完全清白无辜的，并对他们假称一个活人被杀死感到大为震惊时，他们为何还断定梅勒提乌主义者说的是真话，仍然认定阿塔那修犯了杀人罪，恬不知耻地把活人说成死人？须知，此人不仅在皇帝论断之后活着，他们聚集之时活着，就是今天也仍然活在我们中间。关于阿尔塞尼乌案件就说到这里。

11. 至于属于奥秘的酒杯，那是什么样的杯，马卡里乌是在哪里打碎它的？这是他们到处散播的一件事。至于阿塔那修，倘若不是被他们教唆，就是指控他的人也不敢指责他。然而，他们把这件事的原委归到他头上，尽管就是对马卡里乌，也不应当指责，他在这件事上也是清白的。他们厚颜无耻地在慕道友面前炫耀神圣奥秘，更糟糕的是，甚至在异教徒面前抖搂①；他们应当留意经上所写的："保守国王的秘密乃是一种好事"②；主已经责备我们："不要把圣物给狗，也不要把你们的珍珠丢在猪前。"③我们不可把神圣的奥秘在刚入道的人面前炫耀，

---

① 这一阶段，基督教虽然得到国家承认，但还未被民众所接受，我们听说这正是尽可能以保守为原理的时候。因为基督教只是一个派别，不断受到迫害，所以必须有一定的纪律。当他们发展为相当于一个民族时，信仰广为传播，就没有必要保守奥秘了。我们现在要回到4世纪时的状态。
② 《多比传》12章7节。（中译者根据英文直译。——中译者注）
③ 《马太福音》7：6。

免得异教徒因无知嘲笑它们，慕道友因过分好奇冒犯它们。然而，这杯究竟是什么杯，在哪里、在谁面前打碎了？提出这一指控的人是梅勒提乌主义者，根本不值得相信的人，因为他们一直是教会的分裂者和敌人，不是最近才如此，而是从主教、殉道者圣彼得时代起就是这样。他们以前也设计阴谋反对彼得本人，诬告他的继任者阿喀拉斯（Achillas），甚至在皇帝面前指控亚历山大；因而他们对这些伎俩造诣极深，如今又把他们的仇恨转到阿塔那修身上，其所作所为与他们先前的邪恶是完全一致的。正如他们诽谤那些在他之前的人，如今他们也这样诽谤他。不过，他们的诽谤和诬告在此之前一直没有奏效，现在他们得到优西比乌及其追随者的协助和支持，由于这些人从阿里乌主义疯子那里接受了不敬不虔，所以苦心设计阴谋加害许多主教，包括阿塔那修。

事实上，他们所说的打碎杯子的地方不是教会，那里也没有长老任职；他们说马卡里乌做这件事的日子也不是主日。既然根本没有教会，也没有人担任圣职，而那日子也不需要使用杯子①，那么这属于奥秘的杯子究竟是什么杯子，是何时或何地打碎的？我们都知道，杯子到处都有，私人家里有，公共市场也有。如果有人打碎了其中一个，他并没有犯不敬之罪。然而，属于奥秘的杯子，如果是有意打碎，使行此事的人成为不敬之人，那么这样的人也只有在那些合法主持圣餐的人中间才能找到。对这样的杯子，只能作这样的描述，没有别的可说。这杯是你合法地赐给人喝的，这杯是你根据教会教规领受的②；这只能属于那些主持大公教会的人所为，因为这只与你主持领基督宝血的人有

---

① 这似乎表明埃及教会里圣餐只是在主日时领受的。
② Vid. Can. Ap. 65.

关，与别人无关。既然打碎圣杯的是不敬之人，那傲慢无礼地对待基督宝血的人该当何罪，岂不是更为不敬的吗？而"如此行"①的人这样做是违背教会法规的。(我们这样说，不是说有杯子，甚至分裂主义的杯子被马卡里乌打碎了，因为那里根本没有杯子。那该怎样呢？一个既没有主的家，也没有谁属于教会的地方，会有什么呢？更何况那时间也不是庆祝奥秘的日子。)这样的人就是臭名昭著的伊斯奇拉斯（Ischyras），教会从未任命他担当这个职位，当亚历山大接纳梅勒提乌所指定的长老时，他甚至也不是他们中的一个，因而就是从梅勒提乌那一方面，他也没有得到任何指派。

12. 那么伊斯奇拉斯是怎样成为长老的？是谁授给他这一圣职？是科鲁图（Colluthus）吗？这是所能想到的唯一猜测。然而，众所周知，没有人会怀疑，科鲁图制造一个长老，凡他所授的圣职全是无效的，他在分裂期间授予职位的人全都被降为平信徒，并以那样的身份出现在会众中。既如此，如何能相信，一个普通人，在自己家里竟会拥有一个圣杯？事实的真相是，他们当时把长老的名号给了一个普通人，用这个头衔表示支持他对我们实施恶行；如今为对他的指控表示嘉奖，还为他找到一个教会。②所以，此人当时并没有教会，只是因他恶意地指控我们，大力协助他们，他们给了他奖赏，他于是得了原先没有的东西。不仅如此，他们也许还把他的功劳与主教相提并论，为此他继续报告，大大侮辱我们。这些主教们把这样的奖赏给予指控者和诬告者，其实这合乎情理，就一名共犯来说，他们使他成为他们行动中的一个搭档，同样，他们也应使他成为他们自己主教职位中的副手。然而，这还

---

① 《哥林多前书》11：25。
② 参看85节。

不是一切。再听听他们当时是怎样诉讼的。

13. 他们虽然联合起来反对真理，却不能胜过真理，伊斯奇拉斯在推罗什么也不能证明，只能证明自己是个诬告者，而诬告毁了他们的阴谋，于是他们阻止审理程序，要求新的证据，并表示要派一些党羽去马勒奥提斯（the Mareotis）深入调查这一事件。于是他们在世俗力量的协助下，悄悄派出一些人，出于多种原因，我们曾公开驳斥这些人，因为他们是阿里乌的党羽，因而是我们的敌人。这些人就是狄奥格尼乌（Diognius）①、马里斯（Maris）、狄奥多鲁（Theodorus）、马塞多尼乌（Macedonius），还有另外两人，来自潘诺尼亚的乌尔萨西乌和瓦伦斯，年纪轻，思想也幼稚。他们为了能坐在审判台前审判自己的仇敌，经过了长途跋涉，之后又从推罗出发到达亚历山大城。他们并没有避免成为见证人，虽然是审判官，却公开采纳各种方式推行他们的计划，不惜劳苦，不怕长途跋涉，只要能使在施行中的阴谋得逞。他们把主教阿塔那修留在异国他乡，自己却进入敌人的城市，仿佛是为了尽情以反对他的教会和教众为乐。更可恶的是，他们让控告者伊斯奇拉斯与他们随行，却不允许马卡里乌，就是被告，与他们同行，而把他羁押在推罗。因为"亚历山大城的长老马卡里乌"不论远近都可以对指控作出回应。

14. 因而他们只带着指控者，他们的伙伴进入亚历山大城，同住、同吃、同饮，又带上埃及的行政官菲拉格里乌（Philagrius）前行到马勒奥提斯，在那里进行所谓的亲自调查，全按他们自己的方式，与前面提到的那人一同调查。虽然长老们不断恳求让他们在场，但他们不允许长老们在场。城市的长老和整个国家的长老都希望能参与，以便查出

---

① 狄奥格尼乌是"塞奥格尼乌"或"塞奥格尼斯"的另一形式。

是谁受到伊斯奇拉斯的教唆,出于什么目的。然而他们禁止牧者们到场,同时,他们在异教徒面前对教会、圣杯、圣餐桌和圣物进行检查。不仅如此,更糟糕的是,他们在询问关于属于奥秘的杯子时,还召来异教徒作证人。他们说那些人是阿塔那修从偏远的地方选出来的,由税官传唤来的,他们根本不知道这些人从哪里来。同样是这些人,他们只带到自己以及行政官面前,用他们作证人,毫不羞耻地断言,这些人是主教阿塔那修挑选出来的。

其实,这里他们的目的也只有一个,就是要阿塔那修死,所以他们再次假称那些其实活得好好的人死了,采取他们在阿尔塞尼乌的案件里用过的同样手段。人虽然好好地活着,住在他们自己的国家,但对你们离现场相隔十万八千里的人,他们制造了一个具有轰动效应的事件,似乎这些人已经消失了,以便借着离你们太遥远无法核实的证据,诬告我们弟兄牧者,说他利用了暴力和世俗力量。事实上,正是他们自己在一切行为上都借助于那种力量和别人的支持。他们在马勒奥提斯的诉讼与在推罗的如出一辙;在推罗,一名伯爵(Count)加上军队力量的协助,不允许人说或做任何他们不高兴的事。同样,在这里,到场的有埃及长官及其一班人马,他们恐吓所有教会成员,不许任何人说真话作证。最奇怪的是,到来的人,不论是作法官还是作证人的,或者担任其他角色的,都与控告者住在同一个地方,甚至住在控告者的家里,以便达到他们自己的目的和优西比乌的目的,调查似乎就这样照着他们的意思展开了。

15. 我们想你们不会不知道他们在亚历山大城施暴行,因为到处都在传说他们的行径。明晃晃的刀剑对着圣洁的童女和弟兄;鞭子抽在神看为尊贵的人身上,把他们的双足打瘸了,但他们的灵魂在纯洁和各种善行上还是完整而健康的。①商人被煽动反对他们，异教群众受驱使剥他们的衣服，鞭打他们，放肆地侮辱他们，拿他们的祭坛和祭祀威胁他们。有一个粗俗的家伙，似乎得到行政官的允许，以迎合这些主教，抓住一名童女，把她拖向就近的一个祭坛，效仿逼迫时代的做法，强迫祭献。这之后，童女就逃走了，于是异教徒响起了一阵嘲笑教会的大笑。当时主教们也在现场，就在那个房子里。为了博得他们的欢心，任其在那里放肆，任童女们受到刀剑攻击，面临各种各样的危险，受侮辱，被强暴。这样的暴虐发生在斋戒日②，并且是出自那些自己也与室内的主教一道大吃大喝的人手里。

16. 因为预见到可能会发生类似这样的事，也考虑到仇敌进驻一个地方绝不是一般性的灾难，所以我们抗议这种任命。帖撒罗尼迦主教亚历山大③也这样认为，于是写信给住在那里的人，揭露这一阴谋，证实这种伎俩。他们其实把他看作自己人，当作他们计划中的同伙；但是他们这样做只是表明他们对他施行了暴力。因为就是荒淫无度的伊斯奇拉斯本人也正是在恐吓和暴力威逼下才去做那样的事，因心里害怕才不得不去控告人。有一点可以证明，他自己给我们的弟兄阿塔那修写过信，承认所谓的那些事没有一件发生过，他是被教唆才作了假证。他虽然从未被阿塔那修承认为长老，也没有从他那得到这样的荣耀头衔，没有答应他要为他建立一个教会来报答他，没有得到哪个主教的贿赂，所有这些都是他通过指控别人而从他们那里得到的回报，但他

---

① 《阿里乌主义的历史》(Hist. Arian.) 12。
② [不是在大斋戒日，因为亚历山大城的圣餐在 9 月份，见保护禁止的日期，infra, 76 节。]
③ 这个亚历山大在公元 325 年曾是尼西亚教父之一，负责在马其顿和希腊等地宣布他们的教规。十年后他参加耶路撒冷公会议，会上给圣墓教会 (the Church of the Holy Sepulchre) 祝圣，后来接纳阿里乌领圣餐。从狄奥尼修斯谈到他的口气来判断，他对宫廷派 (Court party) 的影响似乎一度很大。

还是作了这样的声明。而且，他的整个家庭都与我们一同领圣餐。倘若他们受到过我们的伤害，哪怕一点点，他们也不会这样做了。

17. 要证明这些事全是事实，而不只是口头之辞，我们有马勒奥提斯①的全体长老作见证，他们在主教光临期间始终在他身边，当时也曾书面指责伊斯奇拉斯。然而，这些人中，不仅那些来到推罗的人被禁止说出真相②，那些留在马勒奥提斯的人也被禁止驳斥伊斯奇拉斯的诬告。③亚历山大、众长老以及伊斯奇拉斯本人的信函的复制件也可以证明同样的事。我们还寄出皇帝父亲的信，他在其中表达了对阿尔塞尼乌指控一个仍然活着的人被杀之事的义愤，也对他们就杯子一案的指控变来变去和前后不一感到吃惊，因为他们一会儿指控长老马卡里乌，一会儿又说是在主教阿塔那修手中打碎的。他一方面指出梅勒提乌主义者是诽谤者，另一方面也指出阿塔那修是完全清白无辜的。

难道梅勒提乌主义者不是诽谤者吗？尤其是约翰④，虽然进入教会，与我们交谈，自我谴责，不再在关于杯子的诉讼中担任任何角色，但一看到优西比乌及其追随者热烈地支持阿里乌主义疯子，虽然不敢公然与他们同流合污，却力图利用别人作他们的面具，所从事的角色，就如同异教戏剧中的一个演员。戏剧的主题就是阿里乌主义者的一次争斗，其真实意图是他们得胜，但约翰及其党羽把情节搬到台上表演，以便借着这些色彩使阿里乌主义的支持者披着法官的衣袍，把与他们的不敬为敌的人驱逐出去，巩固他们自己不敬的教义，把阿里乌主义

---

① 这个地方因附近的一个湖得名马勒奥提斯，位于亚历山大城地区和教区的西南部。它由许多拥有漂亮教堂和常驻神父的大型村庄以及什么也没有的小村庄组成，伊斯奇拉斯所住的"Irene of Secontarurus"就是属于后者。
② Infr. 79 节。
③ 72 节 fin。
④ Arcaph. Infr. 65 fin.，梅勒提乌主义者的领袖。

者引进教会。那些想要赶走真信仰的人，想方设法要让无信仰者得胜；选择了抵挡基督的不敬角色，尽心尽力要毁灭对手，似乎他们是不敬之人。于是他们指责我们打碎圣杯，目的就是要表明，阿塔那修与他们一样，犯有对基督不敬的罪行。

  试想他们屡屡提到一个属于奥秘的杯子是什么意思？那些主张对基督不敬的人为何对这杯子有如此敬虔的关心？这些不认基督的人为何认识基督的杯子？他们既承认敬这杯子，又为何不敬这杯子所属的神？他们既为这杯子叹息，怎能又想方设法谋杀主持这奥秘的主教？他们若是力所能及，可能早已把他置于死地了。他们既哀叹主教之位的丧失，又怎能想方设法毁灭坐在这位上的主教，致使人们失去敬虔的教义？这样说来，诱使他们这样做的，不是杯子，不是杀人，不是他们所谈论的那些包含凶兆的奇异之事，而是前面提到的阿里乌主义的异端，正是因此之故，他们要谋害阿塔那修和其他主教，还要继续与教会争战。

  真正导致杀人案和流放事件的是谁？岂不就是这些人吗？是谁为谋求外在的支持，阴谋反对主教？岂不就是优西比乌及其同伙，而非如他们在信里所说的，是阿塔那修？无论是他还是别的主教，都受他们迫害，遭受痛苦。就在我们说到的时间，有四位亚历山大城的长老，尽管他们不曾到推罗，仍然被他们设法流放。究竟是谁的行为需要为之痛哭、哀叹？岂不就是他们，犯了一次逼迫之罪后，还不甘心，肆无忌惮地再行第二次迫害，重复一切虚假手段，只是为了要把一位绝不会对他们的不敬异端让步的主教置于死地？正因为他毫不妥协，优西比乌及其同伙才会心生恨恶，才会在推罗提起诉讼，才会有他们假装的审理，才会有他们所写的这些信，即便根本没有审理，却对自己的陈述信誓旦旦；才会在皇帝的父亲面前，在最敬虔的皇帝们自己面前诬告诽谤他。

18. 你们必须知道为使人对我们的同工阿塔那修产生偏见，他们报告了什么，好叫你们由此谴责他们的邪恶，知道他们的意图就是要把他置于死地。皇帝的父亲赐了大量谷物，以帮助一些寡妇，有些是利比亚的，有些是埃及之外的。到现在为止，他们已经全部收讫，阿塔那修没有从中得到任何东西，唯有协助他们的麻烦。然而，尽管接收者自己毫无怨言，只承认他们已经收到谷物，阿塔那修却被指控贩卖了所有谷物，挪取所卖之款为自己所用。皇帝因此写到这件事，指责他的罪行，这全是对他的诬告造成的。那么是谁提出这些诬告？岂不就是那些实施了一次迫害之罪，又无所顾忌地施行第二次的人吗？是谁写了那些据说是出于皇帝的信件？岂不就是阿里乌主义者，这些彻头彻尾反对阿塔那修，为此可以说任何话，行任何事的人吗？像他们这样的所作所为，没有人会放过他们而去怀疑别人。不仅如此，证明他们诬告的证据也是一清二楚的，因为他们急于掩盖事实真相，把谷物从教会转移出去，把它送给阿里乌主义者。就这种情形，无须其他原因，活生生地揭示了这一计划的主谋和他们的领袖，既毫无顾忌地控告阿塔那修杀人，以此卑鄙手段使皇帝对他产生偏见，又不顾一切地从教会神职人员那里夺走穷人的口粮，只是为了让异端分子得利。

19. 我们还寄出在利比亚、奔他波利斯和埃及的同工的见证，你们同样可以从中了解到对阿塔那修的指控纯属诬告。他们这样做，是为了让有真正敬虔的认信者心生畏惧，保持沉默，好叫不敬虔的阿里乌主义者的异端进入教会，取而代之。但感谢你们的敬虔，亲爱的弟兄们，你们在信里不断地严厉谴责阿里乌主义者，从不曾接受他们进入教会。要揭露优西比乌及其同伙也是易如反掌的事。看啊，在写了先前关于阿里乌主义者的信（我们已把副本寄发给你们）之后，他们如今又公开煽动阿里乌主义疯子起来反对教会。当然，全体大公教会已经咒逐他们。他们任命了一名主教①，用威胁和恐吓来扰乱各个教会，以期在各个部分找到支持他们之不敬虔的人。另外，他们还派遣执事到阿里乌主义疯子那里，公开参加他们的聚会；他们写信给他们，并从他们得回信，由此分裂教会，与他们团契；他们还派人到各个地方，宣扬他们的异端，否定教会，你们可以从他们写给罗马主教的信里看到这一切。因而，亲爱的弟兄们，你们须知道，这些事不是不值得回击的小事，它们实在是极其可怕之事，是与基督的教义格格不入之事。

因而我们聚集在一起，写信给你们，请求你们以基督徒的智慧接受我们的声明，同情我们的弟兄阿塔那修，表明你们对优西比乌及其同伙做出这些不齿之事的义愤，免得如此恶毒的罪行继续在教会里盛行。我们呼吁你们要回击这样的不义，提醒你们要记住使徒的命令："你们应当把那恶人从你们中间赶出去。"②他们的行为实在是可恶之极，不配你们认同。因而不要再理睬他们，尽管他们会再次写信给你们污蔑主教阿塔那修（因为他们所说的一切都是假的），即便他们的信里签署了埃及主教的名字③，也不要相信。因为显然，签名的不会是我们，只能是梅勒提乌主义者，他们一直是分裂主义者，直到今天还在教会兴风作浪，结党纷争。他们任命的全是不当的人，全是异教徒；他们犯下的这些事，我们羞于把它们记下来，但你们可以从我们派给你们的那些人得知这一切，他们也会把我们的信交给你们。

20. 谨此，埃及主教写信给全体主教和罗马主教朱利乌。

第二部分　朱利乌致安提阿的优西比乌主义者书

优西比乌及其同伙也写信给朱利乌，企图威吓我，要求他召开一

---

① 庇斯图（Pistus）。
② 《哥林多前书》5：13。
③ 优西比乌主义者利用了梅勒提乌主义者的签名。

次公会议，并请他本人担任审判官，如果他愿意的话。① 因此，当我上到罗马时，朱利乌写信给优西比乌及其同伙，措辞恰当，还派了他自己的两名长老② 埃尔庇底乌（Elpidius）和斐洛克塞努（Philoxenus）。③ 但他们一听到我的名字就感到困惑，没想到我会到那里，于是他们拒斥所提议的会议，认为这样做的理由不够充分。事实上，他们是担心事情最后对他们不利，这一点后来瓦伦斯和乌尔萨西乌都承认了。④ 然而，有五十多位主教聚集起来了，就在长老维托（Vito）聚会的地方。他们承认我的辩护，并使我相信他们的团结和爱。另一方面，他们对优西比乌及其同伙表示了极大的愤慨，要求朱利乌写一封大意如下的信，回应那些给他写了信的人。他就这样写了，借伯爵迦比亚努（Gabianus）之手送出。

朱利乌的信

朱利乌致他亲爱的弟兄达尼乌（Danius）⑤、弗拉西鲁（Flacil-

---

① 公元339年。Vid. *Hist. Arian.* 11节。[苏格拉底（iii. 5）和索宗曼把安提阿主教会议与公元341年举行的"奉献"主教会议搞混了，前者发出所提到的信，后者则是在收到朱利乌的信之后开的。]
② 长老维托和维森提乌（Vincentius）曾代表西尔维斯特（Silvester）到尼西亚。利伯里乌（Liberius）曾派维森提乌主教和马塞路斯（Marcellus）主教去见康士坦丢，还有主教鲁西弗（Lucifer）和主教优西比乌也做过类似之事。[这种做法是所有主教都奉行的，并非独有罗马主教为之。] 圣巴西尔认为，达马苏应当派使者到东部，书信（Ep.）69。沙尔底卡公会议，教规第五条承认教宗有权力派使节到外省垂听某些诉求，*ut de Latere suo Presbyterum mittat.* [教规第三条赐权力（1）给朱利乌；（2）没有任何主动权；教规第五条只是规定实施所赐的权力。这些教规的真实性一直受到争议；在罗马，5世纪时它们被当作"尼西亚的"引用。] vid. Thomassin. *De Eccl. Disc.* Part I. ii. 117.
③ [日子不详，见导论第二章6（1）*sub fin.* 及注。] （英文导论没有译出。——中译者注）
④ Infr. 58节。
⑤ 达尼乌，一直被认为就是卡帕多西亚的凯撒利亚主教狄亚尼乌（Dianius），但蒙特法考认为应是臭名昭著的尼西亚阿里乌主义者主教，他有多个名字，狄奥格尼乌、塞奥格尼乌、塞奥格尼斯、塞奥哥尼乌。蒙特法考对自己的设想提出了一些巧妙而可能的理由。["达尼乌"是卡帕多西亚的凯撒利亚主教，他还在菲利波波利斯签名于狄亚尼乌和巴西尔之下。] 弗拉西鲁、安提阿主教、阿里乌主义者及阿塔那修称他帕拉西鲁（Placillus, in S. Jerome's Chronicon, p. 785.）、帕拉西图（Placitus, Soz. iii. 5.）、弗拉西图（Flacitus, Theod. *Hist.* i. 21.）。狄奥多鲁是赫拉克勒亚（Heraclea）主教，阿里乌主义者，他的《〈诗篇〉注释》被认为就是在Corderius's Catena里注有他名字的那些篇章。[他不是个彻底的阿里乌主义者。]

lus)、那喀索斯（Narcissus）、优西比乌、马里斯、马塞多尼乌、狄奥多鲁，以及他们的朋友，从安提阿写信给我的人，问主内健康。

21. 你们让我的长老埃尔庇底乌和斐洛克塞努带给我的信，我已经拜读了[①]，令我吃惊的是，虽然我写给你们的信是出于爱，怀着真诚的心，但你们回复我时却带着不雅和好斗的情绪。从信里可以明明白白看出作者的骄傲和蛮横。然而，这样的情绪是与基督徒的信仰不相吻合的。对于出于爱人之心而写的东西，回复时理应同样报以爱人之心，而不是好斗之心。派长老去安抚处在患难中的人，期望那些写信给我的人来到这里，以便所涉及的问题能够得到迅速解决，一切事都各归其道，好叫我们的弟兄们不再遭受痛苦，你们也不再继续诬告，这难道不是爱心的表示吗？然而有些东西似乎表明你们的情绪不正常，以至于我们不得不认为，就是从你们表明对我们尊敬的措辞中，也可以看出你们带着讥讽的口气。我派到你们那里去的长老，理应高高兴兴地回来，事实却相反，他们见证了你们的诉讼之后，忧忧愁愁地回来。而我，当我读了你们的信，经过诸多考虑之后，按下不动，以为最后你们会有人来，那样就没有必要把它拿出来，免得公之于众，使我们这里的许多弟兄忧愁。然而，最后没有人来，我只好把信公开。我告诉你们，他们全都惊呆了，几乎不能相信这样的信竟然是出自你们之手，因为信中的语词充满了争斗，而不是爱。

如果作者写这信是要炫耀他的语言能力，那么应该去讨论其他话题，在教会问题上，所需要的不是展示文笔修辞，而是谨守使徒教

[①] 优西比乌在信中提出的话题，有一些朱利乌的回信已经给予详尽答复。此外，回信承认罗马教会的高贵和尊严，"一开始就是使徒传承（phrontisterion）和正统派的大都市"，又补充说："基督教博士们从东部来到这里；他们不应当位居第二，因为他们在美德上高人一等，虽然不是在自己的教会中。"但他们说，朱利乌若是同意罢免并取代他们在东部的主教之职，他们就与他建立联合。

规（Apostolic Canons），真诚关心弟兄，不可冒犯教会的哪个小子。按教会的话来说，若是冒犯信主的一个小子，倒不如把大磨石拴在这人的颈项上，沉在深海里。① 但如果写这样的信是因为某些人由于他们心灵卑琐彼此恶待而感到恼怒（我不会把它归到所有人头上），那么最好不要怀有这种恼怒的情绪，至少不可含怒到日落，所以自然不应在书信中流露出这种恼怒。

22. 然而，究竟是什么事导致这种恼怒呢？或者我给你们的信有哪一方面引起这种恼怒？是我邀请你们来出席会议吗？但收到这样的提议，你们岂不应当高兴才对。那些对自己的诉讼，或者如他们自己所称呼的，对自己的判决充满信心的人，通常是不会发怒的，即便这样的判决受到别人的质疑。相反，他们会表现出莫大的勇气，知道只要他们作出一个公正的判决，就绝不可能证明事实与此相反。在尼西亚大公会议上聚集的主教们同意——这并非没有神的旨意——一次公会议作出的决议应当在另一次公会议上得到检查②，目的在于，法官们看到相随的另一审判之后，会以十二分的谨慎调查事件，叫他们审判中所涉及的双方确信，他们所得到的判决是公正的，并不受他们前任法官的敌意所左右。这是古已有之的做法，受到伟大的公会议的重视和赞赏，倘若你们不愿意将这样的做法用在你们自己的案子上，那你们的拒绝是不合时宜的；因为一种习俗既已在教会里实施，已由公会议确立，却被少数人弃置一旁，这显然是不合理的。

---

① 《马太福音》18：6。
② 因为现在所接受的公会议教规中找不到这一决议，所以文中的这一段话在讨论现存的希腊语二十条教规（虽然只是那些在尼西亚通过的教规的一部分）中具有举足轻重的意义。（Vid. Alber. Dissert. In Hist. Eccles. vii.）Abraham Ecchellensis 提出了同样的看法（apud Colet.Concil.t.ii.p.399. Ed. Ven. 1728），巴罗尼乌斯虽然没有这么强烈主张，但也持类似看法，Ann. 325. nn. 157 及以下。蒙特法考等也如此。[不过，更大的可能是，朱利乌只是随意使用了尼西亚教规第五条；以上的注释里显然指的是阿拉伯教规，现在没有人捍卫它们。]

出于另一原因,他们不能在这一点上生气发火而不陷入不义。当你们,优西比乌和他的同伙派来的人,即长老马卡里乌、执事马尔提里乌(Martyrius)和赫西基奥斯(Hesychius)带着你们的信来到这里,发现他们无法顶住从阿塔那修那边来的长老的论述,反而被驳得体无完肤,四面楚歌,于是他们就请求我召开一次公会议,写信给亚历山大城的阿塔那修主教,也写给优西比乌及其同伙,以便在各方面前作出公正的判决。那样,他们就着手举证以前对阿塔那修所提出的种种指控。其时,马尔提里乌和赫西基奥斯已经被我们公开拒斥,阿塔那修主教的长老们早已满怀信心地反驳了他们。事实上,如果要说真话,马尔提里乌及其同伙已经完全被推翻了;而正因为这样,他们才想到要召开一次公会议。假设不是他们想召开公会议,而是我提议的,以便挫败那些写信给我的人,也为了那些控诉遭受不义的我们的弟兄的缘故。就算是那样,这样的提议也应当是合法而公正的,因为这符合教会的惯例,也是神所悦纳的。但是你认为可信赖的优西比乌及其同伙,当他们也希望我把弟兄们召集起来的时候,被邀请的各方不应当感到恼怒,相反,他们应当表现出乐于参加的态度。这些考虑表明,对他人表现出恼怒是莽撞无礼的,拒不参加会议有失体面,表现出的是怀疑和不信。如果看到别人做这样的事,你自己也会做这样的事,那么你还能找茬挑刺吗?诚如你们所写的,每个公会议都有一种不可改变的力量,但是如果法官作出的判决要让别人来审查,那他对某个案子的审判就没有权威可言。亲爱的弟兄们,请想一想,究竟是谁使公会议名誉扫地?是谁把前任法官的判决弃置一旁?现在不必去调查每个个案,免得我对某些派别施压太大,只要提到最近发生的一个例子,凡听到的人必会惊颤不已,就足以窥一斑而知全豹了。

23. 阿里乌主义者因其不敬虔,被亚历山大城新任主教,已故的亚历山大绝罚,他们不只是受到几个城市的弟兄们的谴责,还受到尼西亚大公会议全体成员的咒逐。因为他们所犯的不是普通的罪,不是对人所犯的罪,而是对我们的主耶稣基督,就是永生神的儿子所犯的罪。然而,这些被全世界所谴责的人,在各个教会都贴上标签的人,据说现在又被接纳到教会里来了。那么究竟是谁的宗派在羞辱公会议?岂不就是他们这些把三百人①的选票视为粪土,选择不敬虔,舍弃敬虔的人吗?阿里乌主义疯子的异端在各地都受到全体主教的谴责和禁止,而主教阿塔那修和马塞路斯则有许多支持者替他们说话,帮他们写信。我们收到有利于马塞路斯的证据,他在尼西亚会议上抵制阿里乌主义教义的拥护者;也收到有利于阿塔那修的证据,在推罗,没有任何东西能证明他有罪。在马里奥提斯,据说他没有到场,反对他的报告就已经拟好。亲爱的弟兄们,你们知道,单方面的诉讼是无意义的,只能给人可疑的外表。这些事就是这样,不过,为了准确起见,我们邀请那些写信给我们的人到这里来,既不能表现出对你们的偏爱,也不能偏袒代表另一方写信的人。也就是说,有许多人替他们写信,要求把一切事都拿到公会议上来调查清楚,既不让无辜的人受到定罪,也不把受审的人算为清白。所以,我们不是羞辱公会的人,他们这些草率鲁莽地接待受到所有人谴责的阿里乌主义者,违背法官之判决的人才是。那些法官现在大部分已经去世,与基督同在。但有些仍然在这多灾多难的世上苟延残喘,得知某些人把他们的判决弃置一旁,大为义愤。

24. 我们还从那些当时在亚历山大城的人那里得到以下情况。有个卡尔波涅(Carpones),因信奉阿里乌主义早已被亚历山大绝罚,此人

---

① 尼西亚会议的教父人数一般都认为是 318 人,也是亚伯拉罕仆从的人数,《创世记》14:14。阿塔那修 (*Hodeg.* 3. fin.) 提到前三次普世大公会议,说是 318 人的信仰,150 人的信仰,200 人的信仰。

受某个格列高利派遣,与其他几个因同样的异端也被绝罚的人一起来到这里。然而,我还从长老马卡里乌,执事马尔提里乌和赫西基奥斯得知这件事。因为在阿塔那修的长老还未到之前,他们就敦促我发信给亚历山大城的一个庇斯图,尽管阿塔那修主教此时就在那里。当主教阿塔那修的长老到了之后,他们告诉我这个庇斯图是个阿里乌主义者,早已被亚历山大主教和尼西亚会议绝罚。后来,另一个叫塞昆都(Secundus)的,也是被大公会议绝罚的阿里乌主义者,给庇斯图授了圣职礼。马尔提里乌及其同伙没有否认这一陈述,也没有否认庇斯图已经从塞昆都接受圣职礼。那就请想一想吧,究竟是谁最应该受谴责?是我,不可能被说服写信给阿里乌主义者庇斯图的人,还是那些劝我羞辱伟大的公会议,对待不敬虔者好像敬虔者一样的人?此外,长老马卡里乌受优西比乌派遣与马尔提里乌及其他人来到这里,但当他听说了阿塔那修的长老们提出的反对意见,尽管我们正在盼望他与马尔提里乌及赫西基奥斯一同出现,他却不顾身体不适,连夜离开了。这使我们不禁猜测,他的离开是因为关于庇斯图的事暴露而感到羞愧,因为阿里乌主义者塞昆都的授圣职礼不可能在大公教会中被承认有效。如果主教们当着神的面所拟就的规章,怀着如此真诚和关爱所制定的教规,要被视若粪土,弃置一边,那才真正是对大公会议的羞辱,对组织会议的全体主教的羞辱。

25. 若是如你们所写的,所有大公会议的规定全都应当有强制力,符合诺瓦图①(Novatus)和撒摩撒他的保罗(Paul of Samosata)案子的先例,那么三百人共同作出的判决就更不该被撤回,普世的大公会议

---

① 诺瓦提安(Novatian)案可以用来驳斥优西比乌主义者,因为诺瓦提安在西部受到谴责之后,有一段时间东部就放弃了他的案子。Tillemont, *Mem*. t. 7. p. 277.

当然更不应该让少数个人毁于一旦。阿里乌主义者与他们同是异端分子，对一个的判决，也就是对另一个的判决。既提出如此无耻的诉讼，还用问究竟是谁燃起了不和之火？在信中你们却指责我们制造不和。是我们这些同情弟兄们的苦难，所作所为无不符合教规的人，还是他们这些争强好辩、违背教规，把三百人的判决弃置一旁，在各方面羞辱大公会议的人？阿里乌主义者不仅被接纳到教会中，那些主教还形成一个惯例，不断地从一个地方搬到另一个地方。如果你们真的相信所有的主教都有同等的权威，而不是如你们所论断的那样，根据各主教所辖城市的大小来评价他们的重要性；即便委以小城市，也应当住在交给他的那个地方，而不是鄙弃给他的信任，转到一个从未曾交到他手上的地方，鄙视神赐给他的，却多多谋取人毫无意义的掌声。那么亲爱的弟兄们，你们应当到这里来，而不是拒绝不来，以便问题得到了结，这原本就是理性的要求。

然而，也许你们是因定下的大会时间而作难，因为你们在信中抱怨我们指定的时间间隔太短。但亲爱的，这只是一个借口罢了。假若有人上路了，这日子到达不了，那可以说所预留的时间太短了。然而当人根本不想来的时候，就是让我的长老们耽搁到一月份[①]，也无济于事，所以这只是那些对自己的案件毫无信心的人的借口罢了。否则，如我前面所说的，他们早就来了，不在乎行程的漫长，不考虑时间的短促，只想让他们的案件得到公正合理的审理。当然，也许他们没有来是因为时势方面的原因[②]，因为你们还在信里说，我们应当考虑东部目前的境况，不该催促你们前来。如果真如你们所说的，你们没有到来是因为

[①] 公元340年。
[②] 波斯战争。《阿里乌主义的历史》(Hist. Arian.) 11节。

时势如此,那你们应当预先就有考虑,不应当成为分裂的主谋,在教会里哀叹哭泣。然而,事实上,造成这些事的人表明,该负责的不是时势,而是那些不愿与会的人的决定。

26. 我还感到奇怪,你们信里的一部分内容,你们怎么会写得出来。你们说,我的信没有写给你们所有人,只写给优西比乌及其同伙。从这种抱怨,我们可以看出你们更多的是想找茬儿,而不是关心事实真相。我收到的反对阿塔那修的信就是出自马尔提里乌、赫西基奥斯以及他们的同伙,我当然必须回信给写这种反对信的人。这样说来,要么优西比乌及其同伙不应当撇开你们众人,光自己写了信,要么你们不应当因为我只回信给写信给我的人,而没有给你们而生气。如果我应当把信寄给你们所有人,你们也应当与他们一同写信,我给他们回信,是因为他们给我写了信,并告诉我信息。如果你们因我只写给他们就不高兴,那么合乎逻辑的是,你们也应当因为他们只写信给我而生气。不过,亲爱的,这里也有一个合情并非不合理的原因。我必须告诉你们,虽然写信的人是我,但所表达的观点不是我个人的,而是整个意大利和这些地方的全体主教的。我实在不愿意让他们所有人都写信,免得对方被他们的人数所吓倒。然而,主教们在指定的时间聚集在一起,一致同意这些看法,我又写信告知你们。所以,亲爱的弟兄们,虽然只是由我来执笔写给你们,但你们要相信这是全体主教的意见。因此,你们一些人为自己的行为所找的理由更多的是借口,不是合理的,而是不公正的,可疑的。

27. 上面所说的虽然足以表明我们的团契接纳我们的弟兄阿塔那修和马塞路斯,既不是随随便便,也不是不公正的,不过,简单地把事实摆在你们面前会更显公平。优西比乌及其同伙先前写信反对阿塔那修及其同工,如你们现在所写的;但是埃及及外省有许多主教写信支持他。首先，你们反对他的信彼此不一致，前一封信与后一封信说法不一，许多时候都是这样，前者提出来的，被后者驳回了，后者提出来的，受到前者的质疑。既然信中都这样自相矛盾，它们所包含的陈述又有什么可信性可言。其次，如果你们要求我们相信你们所写的内容，那么同样，我们也不该拒不相信那些写信为他辩护的人，尤其是考虑到你们置身于事外，而他们则正好在场，认识这个人，知道发生在那里的事件，在信中证实了他的生活方式，坚定地认为他是一场彻头彻尾的阴谋的受害者。

另外，据说有位阿尔塞尼乌主教被阿塔那修除掉了，然而我们得知，他好好地活着，不仅如此，还与阿塔那修关系友好。他肯定地认为在马勒奥提斯所拟的报告完全是单方面的，因为既没有被告方长老马卡里乌到场，他的主教阿塔那修本人也不在。这一点，我们不仅从他本人的口中听到，也从马尔提里乌、赫塞奇乌及其同伴带给我们的报告中看到。我们在阅读的时候发现，指控者伊斯奇拉斯当时在场，但马卡里乌和主教阿塔那修都不在场；阿塔那修的长老们想要参加，却不被允许。亲爱的弟兄，如果审理是本着诚信原则进行的，那么不仅控告方要参加，被告方也应当到场。因为被告方马卡里乌和控告方伊斯奇拉斯一样参加了推罗会议，那次什么也没有证明，同样，不仅控告方应当去马勒奥提斯，被告方也应当去，这样才可能公正地证明他本人或者有罪，表明指控属实，或者无罪，表明指控是虚假的。然而现在，事实并非如此，只有控告方连同那些阿塔那修所反对的人一同到了那里，所以整个诉讼就显得异常可疑。

28. 他（阿尔塞尼乌）还控诉，去马勒奥提斯的人是违背他的愿望去的，因为塞奥格尼乌、马里斯、狄奥多鲁、乌尔萨西乌、瓦伦斯以及马塞多尼乌，这些他们派出去的人，全是可疑的人。这一点不只是他自己肯定的,而且也可以从当时的帖撒罗尼迦主教亚历山大的信中得知。阿尔塞尼乌叫他写了一封信给狄奥尼修斯,就是主持大会的伯爵,信中他非常清楚地指出有一个阴谋要迫害阿塔那修。他还提供了一份真实的文件,全是控告者伊斯奇拉斯亲笔所写。在这份文件里,他求全能的神作证,没有圣杯打碎,也没有桌子被翻,他是受某些人的教唆才捏造出这些指控的。此外,当马勒奥提斯的长老到达之后,他们肯定地指出,伊斯奇拉斯不是大公教会的长老,马卡里乌不曾犯有前者指控他的任何罪行。来到我们面前的长老和执事们也都提供了有利于主教阿塔那修的充分证明,完全肯定指控他的那些事没有一件是真的,他乃是某个阴谋的受害者。

埃及和利比亚的所有主教都写信抗议说,他的任职是合法、严格按照教会规范的,你们提出的对他的指控全是虚假的,因为根本没有杀人案,没有人因他被驱逐,也没有圣杯打碎,这一切全是假的。不仅如此,阿塔那修主教也就马勒奥提斯所拟的单方面报告指出,有个慕道友受到调查,说他当时,就是他们说阿塔那修的长老马卡里乌闯进那个地方的时候,就与伊斯奇拉斯一同在里面。其他受到调查的人,一个说当马卡里乌到那里的时候,伊斯奇拉斯正待在一个小房间里;另一个说,他躺在门后面,正生着病。从他的这些陈述我们很自然地提出一个问题,一个躺在门后生着病的人,怎么可能爬起来去服侍和献祭?当有慕道友在里面的时候,怎么可能行圣餐仪式呢?若有慕道友在,就不是举行圣餐的时间。这些陈述,如我所说的,是主教阿塔那修所作。他还就报告指出——也肯定是那些与他同在的人所主张的——即伊斯奇拉斯从来不曾做过大公教会里的长老,也不曾作为长老在教会会议上出现过。就是当亚历山大因伟大的公会议的特赦而接纳那些梅勒提乌分裂主义者时,梅勒提乌也没有把他的名字列在他的长老名单之中，如他们所证实的。这就充分表明他甚至不是梅勒提乌的长老，否则，他自然应当与其他人同列。另外，阿塔那修还根据那份报告指出，伊斯奇拉斯在其他事件上也说了谎，因为他提出焚书的控告，并称马卡里乌恰巧撞见，就像他们假称的那样，但他自己提出的证据却证明这是诬告。

29. 现在，所有这些事都真实无伪地呈现在我们面前，这么多证据都有利于他，他自己的辩护就如此充分地证明他是正当的，那么我们该做什么呢？教会规定要求我们做的，不就是要求我们一如既往地接受他，像对待主教一样对待他，而不是谴责他吗？而且，除了这一切之外，他还一直在这里待了一年零六个月①，指望你们自己或者所选派的什么人到来，在他面前，叫每一个人蒙羞，他若不是对自己的案件充满信心，就不会执著地留在这里。而且他当初来也不是出于自己的意愿，乃是我们发信邀请他来的，就如我们发信邀请你们一样。然而你们仍然指控我们违背了教规。请想一想，究竟是谁违背教规？是我们这些接受此人及证明其清白的大量证据的人，还是他们那些远在三十六站②外的安提阿任命一个外人做主教，并借用军队力量送他到亚历山大城的人？这样的事，就是阿塔那修被流放到高卢时也没有做过，他若是真的犯有那样的罪行，就完全可能在那里做那样的事。当然，他一回来，就发现他的教会主教位置仍然空着，等候着他。

30. 另外，我也不知道这些行为是在什么借口之下进行的。首先，

---

① 339年春到340年秋。
② 小站，"*monai*"，——数列在安东尼努（Antoninus）的旅行日记里，刻写在蒙特法考的餐具上。路线经过德尔他（Delta）到佩鲁修姆（Pelusium），最后迂回到安提阿。这些"*monai*"有一天或半天的行程；站与站之间的间距不等。吉本（Gibbon）说乘官方的马车"在罗马道上日行百里是很轻松的事"。Mone 或 mansio 很可能是指建筑物，士兵或其他官员晚上可以在里面休息（由此这个词也指修道院 "monastic houses"）。

说实话，既然我们已经写了信要召集一次公会议，就不应该有人事先可以预见它的判决；其次，接纳这样奇异的反对教会的举动也是不适当的。教会的教规，或者使徒传统，有哪一条能允许这样的事：在教会和平时期，这么多主教都站在亚历山大城主教阿塔那修一边，与他看法一致的时候，派格列高利，一个外人到这城市，此人不是在那里受洗，不是普遍的肢体所知道的，不是长老、主教、平信徒所希望的——他在安提阿被任命，然后派往亚历山大城，所护送的不是城里的长老，不是执事，不是埃及的主教，而是士兵。到了这里的人都控诉这是事实。

即便假设阿塔那修在大公会议后被置于罪犯的位置，也不应当出现如此违背律法、违背教会教规的任命，而应由省里的主教从那个教会的神职人员、祭司中挑选一位，授予圣职；源于使徒的教规不应当这样被弃置一旁。假若这种恶行是针对你们中的哪个人做的，你们能不大叫着反对它，要求公义，定它违背教规吗？亲爱的弟兄们，我们在神的面前宣称说诚实话，这种行为既是不敬虔的，也是不合法、不符合教会法规的。而且，关于格列高利进城行为的描述，清楚地表明了他的任命的本质。按那些从亚历山大城来的人所叙述的，也如主教们在信中所表达的，在这样和平的时代，教会被置于战火中；童女被剥去衣服，修士被踩在脚下；长老和许多教众受到鞭打，遭遇暴行；主教被投入监牢；民众被从一地赶到另一地；圣体①，他们曾就此指控长老马卡里乌，被异教徒抓起来扔在地上；这一切全是为了强迫某些人承认格列高利的任职。这样的行为清楚地表明他们这些违背教规的人究竟是什

---

① 阿塔那修只是暗示这一点 (supr. Encyc.)。圣希拉利说到阿里乌主义者在托路斯 (Toulouse) 的同样行为，"神职人员 (Clerks) 受到棒打，执事被皮带打得青一块紫一块；不仅如此，就是'基督本人'（圣徒们明白我的意思），也受了鞭打。"(Contr. Constant. 11.)

么人。假若任命是合法的,他就不会求助于非法的举动来强迫那些按照合法途径抵制他的人顺服。尽管发生了这些事,你们却写道,亚历山大城和埃及平安无事。肯定不是平安无事,除非平安之工完全改变,你们把这些行为叫做平安。

31. 另外,我觉得应当向你们指明以下这种情况,即阿塔那修坚决认为,马卡里乌在一队士兵的看守下被羁押在推罗,唯有控告他的人随那些到马勒奥提斯的人同行。长老们想要参加调查,却不得允许,而所谓的关于圣杯和圣餐桌的调查就在行政官及其随从面前进行,还有异教徒和犹太人也在场。这乍听起来似乎是不可思议的,但从报告来看确实如此。这使我们大为震惊,如我所设想的,亲爱的弟兄们,想必对你们来说也是如此。长老是圣体的主领者,却不允许他们参加,有关基督宝血和基督身体的调查却在一个外来法官面前、在慕道友面前进行,更糟糕的是,在有名的敌基督教的异教徒和犹太人面前进行。就算真有人犯了罪,也应当在教会里由神职人员根据合法程序调查取证,而不是由恨恶道、不知何为真理的异教徒来调查。我相信你们以及其他所有人必然意识到这种罪的本质和深重。关于阿塔那修就谈到这里。

32. 关于马塞路斯①,你们既然也指控他对基督不敬虔,我就要急切地告诉你们,当他在这里的时候,曾肯定地说,你们所写关于他的事是假的;不过,我们还是要求他对自己的信心作出说明,他亲自坦然无惧地作出了回答,因而我们认识到,他所说的全然属实。他还就有关我们的主和救主耶稣基督的神圣教义作了与大公教会一样的认信。他断

---

① 朱利乌这里宣告马塞路斯无罪,但圣伊比芬尼、巴西尔、圣克里索斯托、狄奥多勒仍然认为他是异端,布尔更是强烈谴责他。蒙特法考则为他辩护。

言他持有这些观点已经很长时间,并非只是新近才接受它们。事实上,我们的长老,就是前一次出席尼西亚会议的长老,也证实了他的正统信仰;他那时就坚持,现在也同样坚持反对阿里乌主义(在此应当告诫你们当心阿里乌主义观点,免得你们中有人接受这样的异端,而不是把它当作敌正道的事①抛弃)。既然他认信正统观点,也证实了他的正统信仰,我就他的例子再问一遍,我们应当怎样做?岂不应当像我们一贯所做的那样,接受他为主教,而不是把他从我们的团契中赶出去?我写到这些事,与其说是为了替他们辩护,不如说是为了使你们相信,我们接纳这些人是公义的,符合教会教规的,而你们是在无理取闹。可你们的义务是尽一切努力,想一切办法,纠正违背教规的不法行为,保证教会的和平;好叫我们的主赐给我们的平安②得以存留,免得教会分裂,你们背上分裂者的罪名。我得承认,你们以前的行为是出于分裂的企图,而不是出于和平的需要。

33. 不仅主教阿塔那修和马塞路斯及其同工来到这里,控诉对他们所行的不公正,还有很多其他主教③,色雷斯的,库勒—叙利亚(Coele-Syria)的,腓尼基(Phoenicia)的、巴勒斯坦的,以及许多长老,和其他来自亚历山大城及别的地区的人都出席了这里的大公会议,除了陈述其他事之外,还在所有与会的主教面前哀叹众教会所遭受的不公正和暴力,并断言类似临到亚历山大城的暴行也在他们自己的教会和其他地方出现。另外,最近还有长老从埃及和亚历山大城带着书信来,控诉许多主教和长老想要来参加公会议却被拦阻。他们说,自从阿塔

---

① 《提摩太前书》1:10。
② 《约翰福音》14:27。
③ 只知道极少数人的名字,也许有马塞路斯、阿斯克勒帕、君士坦丁堡的保罗、阿德里阿诺坡的卢修斯(Lucius of Adrianople)。

那修离开至今①，凡认信的主教②都被鞭打，其他人被投入监牢，年近古稀、在主教职位上任职时间极长的人，也被迫放弃公职，几乎所有大公教会里的神职人员和教众都成为阴谋和逼迫的对象。此外，他们还说，某些主教和其他弟兄被流放，不为别的原因，就是强迫他们违背自己的意愿与格列高利和他的阿里乌主义同伙来往。我们还从别人那里听说，主教马塞路斯也证实，在安西拉和加拉太也发生了大量类似亚历山大城发生的那些暴行。③除了这些之外，那些来参加大公会议的人还指控你们中一些人（我不想提他们的名字）犯了某些性质极其恶劣可怕的罪行，我都不愿把它们记载下来，也许你们也从别人那里听说了。正是——尤其是——因为这样的原因，我写信希望你们能来，叫你们到现场来听听他们的诉说，以便纠正一切违规行为，弥合彼此的分歧。那些为这些目的受邀请的人，不应当拒绝，而应当欣然前来，否则就会使人怀疑对他们的指控是真实的，使人以为他们无法证明自己所写的是真实的。

34. 根据这些陈述，各教会确实遭受了这些磨难，受到了恶毒攻击，如我们的信使所证实的，那么究竟是谁点燃了不和之火？是我们这些为这样的情形忧愁、同情弟兄们的苦难的人，还是他们这些造成这些事的人？正因为这种极端的混乱存在于每个教会，那些人才会来到这里拜访我们，我奇怪你们怎么能说教会一片和睦。这些事无助于教会的教化，而是毁灭她的；那些以此为乐的人不是和平之子，而是混

---

① 这些暴行是在教宗的使节埃尔庇底乌和斐洛克塞努离开安提阿的同时发生的。阿塔那修《阿里乌主义的历史》(Athan. *Hist. Ar.*) 12。
② 即萨拉帕蒙（Sarapammon）和波他摩，都是认信者，属于尼西亚教父之列，在推罗为阿塔那修辩护，前者被流放，后者被打死。vid. infr. *Hist. Ar.* 12。
③ 伪沙尔底卡公会议，即菲利波波利斯会议驳回了马塞路斯一方的这个指控。

乱之子。但我们的神不是叫人混乱，乃是叫人安静。① 因而，正如神，我们的主耶稣基督的父所知道的，我正是考虑到你们的美名，并且祈祷教会不要陷入混乱，而要继续像使徒治理时那样，所以，我想有必要写这样的信给你们，目的是叫你们最终胜过那些借着彼此的仇恨把教会引到这种境况的人。因为我听说，造成所有这一切的只是一小撮人。

你们既有怜悯之心，就要如我前面所说的，纠正一切违背教规的不法行为，这样，即便有不幸已经降临，也会因你们的热诚而得以消除。我写信不是表示我更愿意与马塞路斯和阿塔那修联合，而不愿与你们联合，因为诸如此类的指控丝毫不表明和平，只能挑起弟兄们的争辩和恨恶；我写下以上的话，乃是为了叫你们明白，我们接纳他们与我们联合不是不公正的，而是停止这一争战。如果你们也来到这里，使他们受到谴责，无法提出合理的证据支持他们的诉讼，那么你们写这样的信就完全是好事。但是如我前面所说的，我们行事是根据教规，与他们合一并非不公正的行为，所以我恳请你们为了基督，不要容忍基督的肢体支离破碎，也不要受偏见辖制，而要寻求主的和平。为了满足一些人狭隘的情感，拒斥那些从未曾受过谴责的人，从而叫圣灵担忧②。这既是不圣洁的，也是不公正的。但你们若是认为你们能够证明反对他们的一切，能够面对面地驳斥他们，那就请你们中那些愿意的人来到这里；因为他们还允诺，他们将乐于证明他们向我们报告的那些事完全是真实的。

35. 那么，亲爱的弟兄们，请告知我们，我们就可以写信给他们，也给主教们，他们将再次聚集，好叫被告在众人面前受审定罪，让混乱

---

① 《哥林多前书》14：33。
② 《以弗所书》4：30。

不再在教会里盛行。所发生的一切已经够了,主教已经在主教面前被判流放,对此我不能详细叙述,免得给那些当时在场的人太重的压力。但我们若是必须说实话,我得说,事情不应当发展到这一步;对他们的私欲不应当忍受到目前这个地步。假设我们同意你们所写的,让阿塔那修和马塞路斯从他们自己的地方"离开",那么其他主教和长老的案子呢?如我前面所说的,他们从不同的地方来到这里,控诉他们也被强制离开本地,也遭受了同样的伤害,那该怎么说呢?亲爱的弟兄啊,教会的判决不再遵循福音的原理,而只是一味地流放和治死。假设那些人真的如你们所认为的犯了某种罪,应该受到审判,那也不应当用这种方式,而应按教会的教规来审判。案件的判词应当是我们众人写的①,如此,才能从众人产生公正的判决。因为受害的全是主教,教会也不是名不见经传的,而是那些使徒们曾亲自治理过的教会。②

尤其是关于亚历山大教会,为何什么也没有对我们说?你们难道不知道惯例,讼词首先要送达给我们,然后从这里通过一个公正的判决③?如果那里的主教真有什么嫌疑,就应当把通告送到这个地方的教会。然而,他们根本没有告知我们,完全是随心所欲地按他们自己的权威进行诉讼,现在又想得到我们对他们作出的判决的认同,尽管我们

---

① 康斯坦特(in loc.)十分强调"众人"这个词,表明圣朱利乌这里没有主张自己有审判众主教的特权,也表明后面只是指亚历山大教会。

② 圣彼得(Greg. M. Epist. vii. Ind. 15. 40)或圣马可(Leo Ep. 9.)在亚历山大城。圣保罗在加拉太的安西拉(Tertull. contr. Marcion. iv. 5. vid. Coustant. in loc.)。

③ 苏格拉底说的有点不一样,"朱利乌回复……他们违背了教规,因为他们没有请他去出席一次公会议,教会教规要求教会不得违背罗马主教的意志制定教规。"《教会史》(Hist.) ii. 17. 索宗曼(Sozomen)也说,"这是一条司铎法(sacerdotal law),凡是在罗马主教的意志之外作出的决定,都可以宣告它无效"(Hist. iii. 10. vid. Pope Damasus ap. Theod. Hist. v. 10. Leon. Epist. 14. 及以下)。从本文的段落来看,如康斯坦特所注意到的,罗马主教的特权只限于亚历山大城的案子。我们确实发现3世纪有一个案子控诉它的主教狄奥尼修斯和教宗。

从未定过他的罪。保罗建立的教会①里没有这样的规定，教父们的传统里没有这样的做法。这是另一种程序，一种新奇的做法。我恳请你们耐心听我讲，我所写的全都是为了共同的利益。因为我所指示给你们的，是我们从圣使徒彼得所领受的②；若不是这些诉讼如此烦扰我们，我本不该给你们写这样的信，因为相信这些事是所有人都明了的。主教们被迫离开自己的教区，被流放，而从别的地方来的人则被任命取代他们的位置；还有人受到恶毒攻击，使教众不得不为那些被迫离开他们的人悲泣，而因为那些派来的人占据了这些位置，他们又不得不放弃寻找自己所希望的人，接受他们所不愿的人。

我恳求你们不要让这样的事再发生，若有人企图施行，你们就要写信谴责他们，好叫众教会不再遭受这些苦难，主教或长老不再受到侮辱，任何人不会被迫违背自己的判断行事，如他们向我们陈述的那样，免得我们成为异教的笑柄，更重要的是，免得我们惹动神对我们的怒火。因为我们每个人在此生所做的事，到了审判的日子，必要件件供出来。③但愿我们都合乎神的心意！好叫众教会复得它们自己的主教，永远在耶稣基督我们的主里喜乐；借着他，荣耀归于父，直到永永远远。阿们。

亲爱的弟兄们，我切切地想念你们，为你们在主内的健康祷告。

---

① *diataxeis.* 圣保罗说 "*outos en tais ekklesiais diatassomai*"（《哥林多前书》7：17），"*ta de loipa diataxomai*"（同上，11：34，vid. Pearson, Vind. Ignat. p. 298）。因此阿塔那修（Coustant in col. Athan.）认为朱利乌指的是《哥林多前书》5：4，就是阿塔那修实际引用的经句（*Ep. Encycl.* 2. supr. p. 93. Pearson, *loc. Cit*）。他认为使徒的 "*diataxeis*" 就是一系列规范和惯例的集合，这多少表达了所谓的圣保罗 "规则"，或圣彼得 "规则" 等等的意思。Cotelier 认为 "*diataxeis*" 就是 "*didachai*"，即使徒的 "教义" 或 "教训"。

② [Petri] *in Sede sua vivit potestas et excellit auctoritas.* Leon. Serm. iii. 3. vid. contra Barrow on the Supremacy, p. 116. ed. 1836. "不是一位主教，而是全体主教，借着整个教会继承圣彼得，或者其他使徒。"

③ 《马太福音》12：36。（和合本此节经文译为："凡人所说的闲话，当审判的日子，必要句句供出来。"——中译者注）

36. 罗马主教朱利乌写于罗马公会议。

第三部分　沙尔底卡公会议致埃及、亚历山大教会并全体教会的信

然而，尽管优西比乌及其同伙恬不知耻地一意孤行，扰乱教会，阴谋毁灭许多人，最敬虔的皇帝康士坦丢和康斯坦斯得知这一切之后，就命令东西方的主教在沙尔底卡城聚会。就在这时，优西比乌死了①，但各方都有大批主教汇集，我们要求优西比乌的同党接受审判。然而，他们看到自己的所作所为铁证如山，知道指控他们的人都来到了会上，就担心害怕，不敢接受审判。尽管众人汇集都是出于真诚的动机，他们还是带着伯爵缪索尼阿努（Musonianus）②、赫西基奥斯、卡斯特莱西安（Castrensian）③随同前来，按他们的惯例，想借这些人的权威影响自己的目标。但是大公会议拒绝伯爵参加，也不允许士兵出现，于是他们就不知所措，裹足不前了，因为他们再也不可能得到想要的判决，而这正是理性和真理所唯一要求的。不过，我们不断地重复我们的提议，主教会议也召他们前来，说："你们既已为审判的目的来了，现在自己为何退缩了？或者你们原本就不应当来，但既然来了，你们自己就不能再躲藏。你们这样的行为只能表明你们罪不可赦。看啊，阿塔那修和他的同工都在这里，他们不在的时候，你们就指控了他们。因此如果你们认为你们有什么事要指控他们，就可以面对面地证明他们有罪。但你们若是假装不愿意这样做，事实上是没有能力这样做，那么你们就

---

① 死于尼哥底米亚（Nicodemia）。
② 缪索尼阿努原本是安提阿人，他原来的名字叫斯特拉特基乌（Strategius）。君士坦丁提拔他、嘉奖他，赐给他一个新名字，因为他为前者收集关于摩尼教徒（Manichees）的消息。354 年，成为东方帕莱托尼亚的行政官（Praetorian Prefect）。利巴尼乌（Libanius）赞颂他。
③ 卡斯特莱西安是宫里的大臣，这次担当帝国的法官。

清楚地表明自己是诬告者，这就是本次公会议要给你们的判决。"他们听到这话，就自我谴责（因为他们意识到自己对我们的阴谋诡计和捏造诬告），羞于出席，因此证明自己犯有许多卑鄙的诬告罪。

于是圣公会议宣告他们的临阵脱逃是不当的、可疑的，同意我们可以自我辩护。当我们陈述他们对我们的所作所为，用证人和其他证据表明我们的陈述属实时，众人感到大为震惊，大家都承认我们的对手有充分理由害怕出席这次公会议，免得他们的罪行暴露在众目睽睽之下。他们还说，这些人很可能是从东部来，以为阿塔那修和他的同工不会出席，但当他们看到后者对自己的案子充满自信，要求审判时，他们就逃走了。于是他们承认我们是受害者，受到了诬告，进一步坚定了他们对我们的友谊和爱。同时他们罢黜了优西比乌的同党，这些人已经变得甚至比优西比乌本人还要无耻可恶，这些人是赫拉克勒亚的狄奥多鲁、奈若尼亚的那喀索斯（Narcissus of Neronias）、凯撒利亚的阿卡西乌（Acacius）、安提阿的斯特法努（Stephanus of Antioch）、乌尔萨西乌、潘诺尼亚的瓦伦斯、以弗所的梅诺凡图（Menophantus of Ephesus）、老底嘉的乔治（George of Laodicaea）。他们写信给世界各地的主教，写给每一个受害者的教区。书信如下。

沙尔底卡大公会议致亚历山大教会的信

借着神的恩典，来自罗马、西班牙、高卢、意大利、坎帕尼亚、卡拉布里亚、阿布里亚、非洲、撒」地区、潘诺尼亚、默西亚、达契亚、诺里库姆、西斯西亚、达尔达尼亚、另一个达西亚、马其顿、塞萨利、阿哈伊亚、埃庇鲁斯、色雷斯、罗多坡（Rhodope）、巴勒斯坦、阿拉伯、克里特和埃及的主教汇集在沙尔底卡召开圣公会议，向亲爱的弟兄们、长老们、执事们，向亚历山大神的圣教会祝主内健康。

37. 我们并非不知道，即便在没有收到你们敬虔的信函之前，我们其实已经非常清楚地知道事实真相，支持阿里乌主义者邪恶异端的人实施了许多危险的阴谋诡计，与其说伤害了教会，还不如说毁灭了他们自己的灵魂。他们之所以如此肆无忌惮地设计阴谋，三番五次地出笼恶毒计划，目的只有一个，就是尽可能把凡是能找到的坚持正统观点、维护大公教义——这是从教父传承下来的——的人全都从其位置上赶走，迫害他们。对有些人，他们进行诬告；对有些人，使其流放；还有些人，则用刑罚折磨他们。无论如何，他们想尽办法用暴力和专制出其不意地攻击我们的弟兄和主教同工阿塔那修的清白，调查他的案子时毫无爱心，毫无信仰，也没有任何公正可言。这样，由于他们对自己在那个场合所担当的角色毫无信心，对他们所传播的反对他的报告也没有信心，知道来到沙尔底卡城时他们不可能提出关于此案的有力证据，所以就不想来出席全体圣主教大会。由此可以清楚地看出，我们的弟兄和主教同工朱利乌所作的判决是公正的；他经过仔细考虑，再三斟酌，决定我们应当毫不犹豫地与我们的弟兄阿塔那修合一。因为他有八十位主教的可信证明，还可以把这份公正论证作为对他的支持，也就是说，只凭他自己的长老，我们亲爱的弟兄，以及通信，就可以挫败优西比乌及其同伙的阴谋，他们依赖暴力，而不是司法调查。

因而，来自各地的全体主教都决定与阿塔那修相交，原因就是他是清白的。当他来到沙尔底卡大会时，你们，东方的主教，也要遵守爱的诫命，因为如我们前面所说的，你们从书信和口传命令，都了解了情况，受我们邀请到场。而他们却受自己的良心谴责，找出一些不体面的借口，临阵脱逃，免得自己被调查。他们原本要求我们把一个清白无辜的人当作罪犯从我们的团契里赶出去，却不想想这样的做法有多么不合适，或者毋宁说如何地不可能。至于某些极其邪恶、完全寡廉鲜耻的年轻人——这些人，就是最低级的教牧之职也不能交在他们之手——在马勒奥提斯炮制的那些报告，可以肯定，它们全是单方面的陈述。既没有我们的弟兄阿塔那修主教到场，他们所控告的长老马卡里乌也不在。此外，他们的调查，或者准确地说，他们的捏造事实，是在最可耻的情形中进行的。有时讯问异教徒，有时讯问慕道友，不是因为这些人能够作证说明所知道的真相，而是因为他们能够妄言别人授教于他们的谎言假话。当你们这些主教不在时担当责任的长老们想要出席调查现场，以便阐述真情，驳斥假言时，没有人理睬你们；他们不允许你们到场，反而无礼地将你们赶走。

如今，虽然从这些情形看，他们的诬告已经非常清楚地暴露在众人面前，但在读报告时，我们还发现，那个极其邪恶的伊斯奇拉斯从他们得了主教的空头衔，作为对他诬告的奖赏，只不过，他已经自我证明犯了诬告罪。他在报告里说，马卡里乌进入他的小屋时，他正生病卧床；而优西比乌及其同伙厚颜无耻地写道，当马卡里乌进来的时候，伊斯奇拉斯正站在那里献祭呢。

38. 他们接下来对他的卑鄙诬告已是众所周知的事。他们大声叫喊，一口咬定阿塔那修犯了杀人罪，杀了梅勒提亚的一位主教阿尔塞尼乌，他们假装对失去他悲痛万分，发出虚假的叹息，流出虚假的眼泪，要求把一个活人的身体，似乎它是死人的尸体，交给他们。然而他们的骗局并非未被察觉；所有人都知道那人还活着，是一个活生生的人。当这些伺机而动的人发现他们的谎言被揭穿了（因为阿尔塞尼乌亲自表明自己活着，从而证明他根本不曾被人杀害，不曾死过），他们并没有就此止步，而是在先前的诬告上再加上一项诬告，想出新的对策来诋毁人。不过，亲爱的弟兄们，我们的弟兄阿塔那修并没有惊慌失措，而是在这种情况下再次大无畏地挑战他们，要求他们拿出证据，我们也祷告并奉劝他们到这里来参加审判,如果他们能够,就证实他们的指控是真的。多大的傲慢啊!多可怕的骄傲啊!或者毋宁说——说实话——多么邪恶而可诅咒的心啊!这是所有人一致公认的看法。

因而,亲爱的弟兄们,我们告诫并奉劝你们,首先要持守大公教会的正确信仰。你们经历了许多严厉而悲哀的审判,大公教会受到了许多侮辱和伤害,但是"唯有忍耐到底的必然得救"①。因而,尽管他们仍然无法无天地攻击你们,就让你们的患难为你们铺好喜乐之路吧。因为这样的患难如同一种殉道,像你们这样的认信和磨难不会没有回报,你们必要从神得着奖赏。所以首先要努力维护正统信仰,坚持你们的主教我们的同工阿塔那修是清白的。我们也没有保持沉默,没有忽视安慰你们,而是反复商讨,想尽办法,按照爱的要求尽力而为。我们同情我们受苦的弟兄,把他们的苦难看作我们自己的苦难。

39. 于是,我们写信恳请我们最敬虔的皇帝,请他发仁慈下令释放那些仍在遭受折磨和压迫的人,命令执政官不要审断教会神职人员,他们的职责只是处理民事案件。从此之后,无论如何也不可假借帮助教会之名,而行反对我们弟兄之实,好叫每个人如他们所祷告、所渴望的那样,远离逼迫,没有暴力和欺诈,宁静而平安地跟从大公教会和使徒的信仰。至于格列高利,据说是由异端分子非法任命的,也是他们派他来到你们的城市的,我们希望你们一致明白,他已经被神圣公会集体作出的判决罢黜了,尽管他事实上根本没有被承认为主教。那么就高高兴兴地迎接你们的主教阿塔那修吧,当时我们让他平安地离开也是为了这个目的。所有那些或者出于畏惧,或者因被某些人诱惑,而与格列高利联合的人,现在我们要告诫、奉劝并说服他们,要他们脱离

---

① 《马太福音》10:22。

与他可恶的团契,立即与大公教会联合为一。

40. 但是我们得知,阿夫索尼乌(Aphthonius)、卡庇托(Capito)的儿子阿塔那修、保罗、普鲁提奥(Plutio),我们这些长老同工,还遭受了优西比乌及其同伙的阴谋诡计,有些人被流放,有些人在性命关口逃走了,所以我们认为有必要让你们知道这一点,好叫你们明白我们也接纳了他们,知道优西比乌及其同伙不论做了什么反正统教义的事,被他们攻击的人都得到了荣耀和赞美。让你们的主教我们的弟兄阿塔那修告诉你们关于他们的事,让他把自己的事告诉自己教会中的人,这当然很好。不过,他希望圣公会议也写信给你们,以求更充分的证明。于是我们没有耽搁,就急忙把此事告知你们,希望你们也像我们一样接待他们,他们也配得称赞,因为本着他们对基督的敬虔,可以认为他们在异端分子手上忍受残暴是值得的。

从所附的文件中,你们可以了解,圣公会议颁布了什么规定驳斥那些位于阿里乌异端之首,对你们以及其他人犯下罪行的人。我们已经把文件送发给你们,好叫你们从中知道大公教会不会对那些冒犯她的人视而不见。

沙尔底卡公会议致埃及和利比亚主教的信

借着神的恩典,沙尔底卡圣公会议致埃及和利比亚主教,他们的同工,并亲爱的弟兄,祝主内健康。

41. 我们并非不知道[①],即便在没有收到你们敬虔的信函之前,我们其实已经非常清楚地知道事实真相,支持阿里乌主义者邪恶异端的人实施了许多危险的阴谋诡计,与其说伤害了教会,还不如说毁灭了

[①] 读者必会注意到,这封信几乎就是前封信的翻版。它最先以本尼迪克版印刷发行。

他们自己的灵魂。他们之所以如此肆无忌惮地设计阴谋，三番五次地出笼恶毒计划，目的只有一个，就是尽可能把凡是能找到的坚持正统观点、维护大公教义——这是从教父传承下来的——的人全都从其位置上赶走，迫害他们。对有些人，他们进行诬告，对有些人，使其流放，还有些人，则用刑罚折磨他们。无论如何，他们想尽办法用暴力和专制出其不意地攻击我们的弟兄和主教同工阿塔那修的清白，调查他的案子时毫无爱心，毫无信仰，也毫无公正可言。这样，由于因为他们对自己在那个场合所担当的角色毫无信心，对他们所传播的反对他的报告也没有信心，知道来到沙尔底卡城时他们不可能提出关于此案的有力证据，所以就不想来出席全体圣主教大会。由此可以清楚地看出，我们的弟兄和主教同工朱利乌所作的判决是公正的；他经过仔细考虑，再三斟酌，决定我们应当毫不犹豫地与我们的弟兄阿塔那修联合。因为他有八十位主教的可信证明，还可以把这份公正论证作为对他的支持，也就是说，他只凭自己的长老，我们亲爱的弟兄以及通信，就可以挫败优西比乌及其同伙的阴谋，他们依赖暴力，而不是司法调查。

因而，来自各地的全体主教都决定与阿塔那修相交，原因就是他是清白的。当他来到沙尔底卡大会时，你们东方的主教，也要遵守爱的诫命，因为如我们前面所说的，你们从书信和口传命令，都了解了情况，受我们邀请到场。而他们却受自己的良心谴责，找出一些不体面的借口，临阵脱逃，免得自己被调查。他们原本要求我们把一个清白无辜的人当作罪犯从我们的团契里赶出去，却不想想这样的做法多么不合适，或者毋宁说如何地不可能。至于某些极其邪恶、完全寡廉鲜耻的年轻人——这些人，就是最低级的教牧之职也不能放在他们手中——在马勒奥提斯炮制的那些报告，可以肯定，它们全是单方面的陈述。既没有我们的弟兄阿塔那修主教到场，他们所控告的长老马卡里乌也不在。此外，他们的调查，或者准确地说，他们的捏造事实，是在最可耻的情形中进行的。有时讯问异教徒，有时讯问慕道友，不是因为这些人能够作证说明所知道的真相，而是因为他们能够妄言别人授教于他们的谎言假话。当你们这些主教不在时担负责任的长老们想要出席调查现场，以便阐述真情，驳斥假言时，没有人理睬你们；他们不允许你们到场，反而无礼地将你们赶走。

如今，虽然从这些情形看，他们的诬告已经非常清楚地暴露在众人面前，但在读报告时，我们还发现，那个极其邪恶的伊斯奇拉斯从他们得了主教的空头衔，作为对他诬告的奖赏，不过，他却自我证明了犯有诬告罪。他在报告里说，当马卡里乌进入他的小屋时，他正生病卧床。而优西比乌及其追随者却厚颜无耻地写道，当马卡里乌进来的时候，伊斯奇拉斯正站在那里献祭呢。

42. 他们接下来对他的卑鄙诬告已是众所周知的事。他们大声叫喊，一口咬定阿塔那修犯了杀人罪，杀了梅勒提亚的一位主教阿尔塞尼乌，他们假装对失去他悲痛万分，发出虚假的叹息，流出虚假的眼泪，要求把一个活人的身体，似乎它是死人的尸体，交给他们。然而他们的骗局并非未被察觉，所有人都知道那人还活着，是一个活生生的人。当这些伺机而动的人发现他们的谎言揭穿了（因为阿尔塞尼乌亲自表明自己活着，从而证明他根本不曾被人杀害，不曾死过），他们并没有就此止步，而是在先前的诬告上再加上一项诬告，想出新的对策来诋毁人。不过，亲爱的弟兄们，我们的弟兄阿塔那修并没有惊慌失措，而是在这种情况下再次坦然无惧地挑战他们，要求他们拿出证据，我们也祷告并奉劝他们到这里来参加审判，如果他们能够，就证实他们的指控是真的。多大的傲慢啊！多可怕的骄傲啊！或者毋宁说——要说实话的话——多么邪恶而可诅咒的心啊！这是所有人一致公认的看法。

因而，亲爱的弟兄们，我们告诫并奉劝你们，首先要持守大公教会的正确信仰。你们经历了许多严厉而悲哀的审判，大公教会也受到了许多侮辱和伤害，但是"唯有忍耐到底的必然得救"①。因而，尽管他们仍然无法无天地攻击你们，就让你们的患难为你们铺好喜乐之路吧。因为这样的患难如同一种殉道，像你们这样的认信和磨难不会没有回报，你们必要从神得着奖赏。所以首先要努力维护正统信仰，坚持你们的主教我们的同工阿塔那修是清白的。我们也没有保持沉默，没有忽视安慰你们，而是反复商讨，想尽办法，按照爱的要求尽力而为。我们同情我们受苦的弟兄，把他们的苦难看作我们自己的苦难，与你们同泣同悲。弟兄们啊，不只是你们受了苦，还有我们许多其他在教牧中的弟兄也来到了这里，深深地哀叹这些事。

43. 于是，我们写信恳请我们最敬虔的皇帝，请他们发仁慈下令释放那些仍在遭受折磨和压迫的人，命令执政官不要审断教会神职人员，他们的职责只是处理民事案件，从此之后，无论如何也不可假借帮助教会之名，而行反对我们弟兄之实，好叫每个人如他们所祷告、所渴望的那样，远离逼迫，没有暴力和欺诈，宁静而平安地跟从大公教会和使徒的信仰。至于格列高利，据说是由异端分子非法任命的，也是他们派他来到你们的城市的，我们希望你们一致明白，他已经被神圣公会集体作出的判决罢黜了，尽管他事实上根本没有被承认为主教。那么就高高兴兴地迎接你们的主教阿塔那修吧，当时我们让他平安地离开也是为了这个目的。所有那些或者出于畏惧，或者因被某些人诱惑，而与格列高利联合的人，现在我们要告诫、奉劝并说服他们，要他们脱离

---

① 《马太福音》10:22。

与他可恶的团契，立即与大公教会联合为一。

从所附的文件中，你们可以了解，圣公会议颁布了什么规定来驳斥阿里乌主义异端的那些领袖，就是狄奥多鲁、那喀索斯、斯特法努、阿卡西乌、梅诺凡图、乌尔萨西乌、瓦伦斯以及乔治[①]，对你们以及其他教会犯下罪行的人。我们已经把文件送发给你们，好叫你们从中知道大公教会不会对那些冒犯她的人视而不见。

沙尔底卡大公会议的通谕

借着神的恩典，沙尔底卡的圣公会议致亲爱的弟兄们，各地大公教会的主教及同工，祝主内健康。

44. 阿里乌主义疯子们胆敢不断地攻击持守正统信仰的神的仆人；他们妄图挤走正统教义，代之以虚假教义；最后他们对信仰发起了极其猛烈的攻击，我们最敬虔的皇帝也知道了。于是，在神的恩典协助下，我们最敬虔的皇帝亲自把我们从各个省、各个城召集起来，同意这次圣公会议在沙尔底卡举行。目的在于消除一切争端，清理一切假教义，所有人可以单单持守基督教的敬虔。东方的主教们也参加了，最敬虔的皇帝劝他们也这么做，主要是因为有报告说，他们频频散布关于我们至爱的弟兄和同工的阿塔那修、亚历山大主教、马塞路斯，安西若—加拉太（Ancyro-Galatia）主教的事。他们的诬告你们很可能已经知道，也许他们企图扰乱你们的视听，引诱你们相信他们对清白无辜者的控告，好叫你们去除心里对他们自己的邪恶异端的怀疑。然而他们的这一企图并未得逞，因为主乃是他众教会的护卫者，他为了他们及我们众人的缘故受了死，借着他自己为我们众人开了通往天国的

---

① 参见36节。

路。因而，当优西比乌及其同伙很久前写信给我们的弟兄罗马教会的主教朱利乌，诬告我们前述的弟兄们，也就是阿塔那修、马塞路斯、阿斯克勒帕①时，从其他地方来的主教也写信证明我们的同工阿塔那修的清白，声称优西比乌及其同伙的陈述不是别的，纯粹是捏造和诬告。

他们的诬告实在是一清二楚的事，因为当我们至为敬爱的同工朱利乌邀请他们参加一次大公会议时，他们没有来。另外，从朱利乌本人写给他们的信也可以看出这一点。试想，他们若是对自己反对我们的弟兄们的措施和行为有信心的话，就肯定会来。此外，他们在本次伟大而神圣的大公会议上的行为更为清楚地暴露了他们的阴谋。当他们抵达沙尔底卡城时，看到我们的弟兄阿塔那修、马塞路斯、阿斯克勒帕以及其他人，就心生畏惧，不敢参加审判，尽管我们三番五次邀请他们出席，他们却充耳不闻。我们所有的主教都会聚在一起，还有那位快乐的老人何修，因为他的高龄，他的认信，他所经历的许多辛劳，配得最大的尊敬。我们全都等着他们，催促他们来参加审判，以便当着我们同工的面，确立他们那些在当事人不在场的时候散布、写信控告的罪名是属实的。然而受到这样的邀请，他们还是没有来，由此证明他们的控告必是诬告。他们既这样拒绝，无异于向全世界宣告，他们所搞的全是阴谋和诡计。凡是对自己的主张之真实性有自信的人，就能与对手面对面地辩驳。然而，他们既然不愿面对我们，我们想，现在，不论他们诉诸什么恶劣的惯常做法，都不会有人怀疑，他们显然没有任何证据指

---

① 加沙（Gaza）的阿斯克勒帕或阿斯克勒普，[伊比芬尼《异端的药柜》(Epiph. *Haer.*) 69.4.] 是尼西亚教父之一，根据狄奥多勒《教会史》(Theod. *Hist.*) 1.27 记载出席了推罗公会议，阿塔那修也参加了，不过只是出于迫不得已。根据菲利波波利斯的优西比乌主义者，他们早已罢黜他[早在 17 年前，但这数字必有错误，或者这种说法不对]。然而，同时他们又说，他受到阿塔那修和马塞路斯的谴责，参看 Hilar. *Fragm.* Iii. 13. 索宗伦《教会史》(*Hist.*) 3.8 说，他们罢黜他是指控他推翻了一座圣坛；根据阿塔那修 *Infr.* 47，他在沙尔底卡被宣告无罪，因为凯撒利亚的优西比乌和其他人使他在他的教区恢复原职（339 年前）。加沙有一座他修建的教堂。

控我们的同工，完全是趁他们不在的时候诽谤他们，同时避免与他们当面对质。

45. 亲爱的弟兄们，他们逃走了，不仅因为他们所说的全是诽谤，而且因为他们看到那些到来的人要对他们提出各种各样的指控。他们曾用过的锁链和铁条呈上前来。流放回来的人出现了，那些还在流放中的人的亲人，我们的弟兄，已经被他们迫害至死的人的朋友也来了。最举足轻重的控告基础是，主教们都来了，其中有一位①还把他们强迫他戴的铁锁链也带来了，其他人则提请大家注意他们的诬告所引发的死亡事件。他们的疯狂发展到这样的地步，甚至想毁灭主教。主教们若不是想法逃脱了他们的魔掌，可能已经被他们杀害了。我们的同工，已故的塞奥都鲁（Theodulus）②，他们诬告他，下令将他处死。他在躲避期间死去，还有的受刀剑之伤，有的控诉遭受饥饿之苦。证实这些事的不是普通的人，而是全体教会，代表它们的使者③站出来，告诉我们士兵荷枪实弹，众人手拿棍棒，法官诱胁威逼，炮制假信。会上还读了一些假信，是塞奥格尼乌及其同伙为诬告我们的同工阿塔那修、马塞路斯、阿斯克勒帕而捏造的，意在激怒皇帝反对他们。那些曾是塞奥格尼乌的执事的人证明这是事实。我们从这些人听说，童女被脱光衣服，教堂被焚烧，牧者被投入监牢，这一切不为别的目的，只为了可咒诅的阿

---

① 也许是哈德里阿诺坡的卢修斯（Lucius of Hadrianople），蒙特法考说，参看 Apol. *De Fug.* 3.；《阿里乌主义的历史》(*Hist. Arian.*) 19。
② 塞奥都鲁，色雷斯的特拉简诺波利斯（Trajanopolis）主教，这里说他死了，他似乎在优西比乌主义者从沙尔底卡回去时遭受这次迫害，参看阿塔那修《阿里乌主义的历史》(Athan. *Hist. Arian.*) 19。那么我们必须与蒙特法考一同认为，发出这封信的那次大公会议在他们回去之后休会了相当长的时间，文中所说到的举动就发生在这期间。不过，苏格拉底指出塞奥都鲁活得比康斯坦斯长，后者死于350年。
③ 阿里乌主义者通常的做法是，对他们提出的指控诉求于大公教会，supr. 33，注 4。所以，他们在菲利波波利斯发出的通偷里说，"一大群邪恶无耻的人，从君士坦丁堡和亚历山大城聚集在沙尔底卡；他们受各种指控，杀人、流血、屠杀、抢劫、掠夺、腐败，以及种种说不出名称的渎神行为和罪行；他们破坏祭坛，焚烧教堂，洗劫民宅，"等等。(Hil. *Fragm.* iii. 19.)

里乌主义疯子们的异端,凡是拒绝与他们联合的人,就被逼迫遭受这些恶待。

当他们意识到事态的发展,就发现陷入了死胡同,无路可走。他们羞于承认自己的所作所为,但又无法再掩盖下去。因而他们来到沙尔底卡城,原本以为来了就可以消除人们对他们的怀疑,然而,当他们看到被他们诬告过的那些人,受他们迫害的那些人都来了。当他们要面对自己的控告者以及证明他们罪行的证据时,他们再也不敢向前,尽管我们的同工阿塔那修、马塞路斯、阿斯克勒帕一再邀请。这三位完全有权利指控他们的行为,所以敦促并激发他们来参与审判,发誓不仅要驳倒他们的诬告,还要拿出证据证明他们对众教会所犯的罪行。但是他们的良心大为惊恐,落荒而逃了。他们这样做,只能暴露他们自己的诬告,逃跑本身就是承认了他们所犯的罪行确凿无疑。

46. 但是尽管他们的恶意和诽谤在这次以及前几次会上都是昭然若揭,他们不可能因逃走再耍什么把戏行更多的恶事,我们还是认为应当根据真理原则检查他们所扮演的角色,这一直是我们的目标。我们发现他们捏造事件诬告,制造阴谋陷害我们做牧养工作的弟兄。试看,他们说阿塔那修杀了阿尔塞尼乌,但后者好端端地活着,是个大活人。由此我们可以推断,他们广为传播的报告在其他事情上也是捏造虚构的。他们传播一个关于圣杯的谣言,说阿塔那修的长老马卡里乌打碎了圣杯,然而那些从亚历山大城、马勒奥提斯和其他地方来的人都证明不曾发生过这样的事。埃及众主教写信给我们的同工朱利乌,证实他们中谁也不曾产生这样怀疑,认为发生过这样的事。

此外,他们指控他罪状的报告全是单方面的陈述,臭名昭著。就是在形成这些报告的过程中,异教徒和慕道友都受到调查。其中有个慕道友,他在接受调查时说,当马卡里乌闯进屋来时,他就在里面;另一个说,他们频频提到的那个伊斯奇拉斯当时生病躺卧在自己的小房间里。由此可见,当时根本没有圣餐仪式,因为有慕道友在,更何况伊斯奇拉斯根本不在场,正生病躺在床上。此外,这个极其无耻的伊斯奇拉斯诬告——这一点已被证实——说,阿塔那修烧了一些圣书,然而他本人也承认当时生着病,马卡里乌进来时他正躺在床上。由此可见,他是一个诽谤者。然而,他们赐给这个伊斯奇拉斯主教的头衔,尽管他连长老也不是,以作为对他作出这些诬告的奖赏。因为有两位长老,曾与梅勒提乌联合,但后来被亚历山大主教尊敬的亚历山大接纳,如今他们与阿塔那修一起出现在公会议上,证实他甚至不是梅勒提乌的长老,梅勒提乌从未有教会或同工在马勒奥提斯。然而,这个人,从未做过长老,他们却让他当主教,借着这名称企图压倒那些能听到他的诬告的人。

47. 我们的同工马塞路斯写的书也读了,从中可以清楚地看出优西比乌及其同伙的骗局。因为马塞路斯提出的疑问,他们故意把它们当作他声称的意见来陈述;但读到后面的部分,以及疑问本身的前面部分,就可以看到他的信仰是正确的。他从未像他们所断定的那样妄称,神的道始于圣马利亚,神的国有终结。相反,他早就写过,神的国既没有开端也没有终结。我们的同工阿斯克勒帕也提出报告,那是在安提阿面对指控他的人和凯撒利亚的优西比乌起草的,表明根据审理他这案件的主教的宣判,他是清白的。所以,亲爱的弟兄们,他们有充分的理由不听我们的传召,不参加这次公会议。他们是受自己的良知驱使来到这里,而他们的逃跑恰恰证明他们的报告全是诬告,使人相信他们所做的那些恶事一点不假,就如他们的指控者到场指控并证实的那样。除了这一切之外,他们不仅接纳了先前因阿里乌的异端被罢免、拒斥的人,而且还把他们提升到更高位置上,从执事升为长老,长老升为主教，不为别的，只为能散播他们的不敬虔，败坏正统信仰。

48. 继优西比乌及其同伙之后，他们现在的领袖有赫拉克勒亚的狄奥多鲁、西里西亚（Cilicia）的奈若尼亚的那喀索斯、安提阿的斯特法努、老底嘉的乔治、巴勒斯坦的凯撒利亚的阿卡西乌、亚细亚的以弗所的梅诺凡图、默西亚的辛基都努（Singidunum）的乌尔萨西乌、潘诺尼亚的缪尔萨（Mursa）的瓦伦斯。这些人不允许那些与他们一同从东方来的人参加圣公会议，甚至不让他们靠近神的教会。然而当他们要来沙尔底卡时，他们自己却在各地举行会议，并在胁迫下签订一条协议：他们来到沙尔底卡之后，不出席审判会，也不参加圣公会议，而只是来一下，叫人知道他们的到来不过是走走形式过过场，然后迅速离开。这一点我们已经从我们的同工巴勒斯坦的马卡里乌和阿拉伯的阿斯特里乌（Asterius）①得到确认，他们原是跟随那些人一同来的，但最终与他们的不信分道扬镳。这两位来到圣公会议，控诉他们所遭受的暴力，说他们的所作所为没有一件是正当的；又说他们中间其实有许多人是信奉正统教义的，只是被那些人阻挡，无法到这里来，他们对想要离开的人威逼加应许，软硬兼施。他们切望所有人都住同一间房子，不许他们自由行动，哪怕只是片刻。

49. 他们的诬告、囚禁、杀人、伤人、写假信耍阴谋、暴行、脱掉童女衣服、流放、毁坏教堂、焚烧、从小城市转到大教区，尤其是想方设法弘扬臭名昭著的阿里乌异端，诋毁正统信仰，所有这一切，我们不能再保持沉默，视而不见，所以我们宣告，我们至爱的弟兄和同工阿塔那修、马塞路斯、阿斯克勒帕，以及那些与他们一同侍奉主的人，是清

---

① 这两位主教在公会议后不久被优西比乌势力流放到上利比亚（upper Libya），在那里遭受了极端的虐待。参看《阿里乌主义的历史》(*Hist. Arian.*) 18。

白无辜的，并写信给各个教区，叫各教会的人都知道他们自己的主教是清白的，要敬他为自己的主教，期待他回来。

至于那些像豺狼①一样侵犯教会的人，亚历山大城的格列高利、安西拉的巴西尔、加沙的奎提阿努（Quintianus），既不能让他们给这些人主教的头衔，也不能与他们有什么交往，不要收他们信件，也不要写信给他们。至于狄奥多鲁、那喀索斯、阿卡西乌、斯特法努、乌尔萨西乌、瓦伦斯、梅诺凡图以及乔治，虽然最后这个人因害怕没有从东方来，但因为他被圣亚历山大罢黜了，因为他与其他人都与阿里乌主义疯子们有联系，也因为指控他们的罪状，圣公会议一致通过罢免他们的主教职位，我们已经决定，他们不仅不是主教，也不配与信主的人相交。

凡把子与父分开，使道疏远父的，他们自己就应当被隔离在大公教会之外，与基督徒之名无份。因此，你们当把他们看作可憎之人，因为他们"混乱神的道"②。这是一条使徒诫命："若有人传福音给你们，与你们所领受的不同，他就应当被咒诅。"③告诫你们的教众，谁也不可与他们相交，因为光明与黑暗没有任何相通；要远离所有这些人，因为基督和彼列没有什么相和。④亲爱的弟兄们啊，要注意，既不可写信给他们，也不可接收他们的来信。弟兄们，同工们，你们人虽然不在这里，心⑤却在我们的公会议上，签名认同我们的判决⑥，目的在于保守

---

① 参看《使徒行传》20：29。
② 《哥林多后书》2：17。
③ 《加拉太书》1：9。
④ 《哥林多后书》6：14，15。
⑤ 《哥林多前书》5：3。
⑥ 以同样的方式，卡尔西顿公会议由多达 470 位主教签名确认，这里依据的是士缪斯的以法莲（Ephraim of Thmuis）（Phot. Bibl. p. 801.）；而据优罗基乌（Cor. p. 877）则有 1600 位主教，Archimandrites，&c.。

我们各地所有同工的和睦。亲爱的弟兄们，愿神保守你们，使你们成圣和喜乐。

我，何修主教，已经签了名，所有其他人也同样。

这封信是沙尔底亚公会议发给那些不能参加，但表示同意这判决的人的。以下名单包括在公会议上签名的主教和其他人。

50. 西班牙的何修①、罗马的朱利乌 [由他的长老阿奇达摩（Archidamus）和斐洛克塞努（Philoxenus）代]、沙尔底卡的普罗托格尼（Protogenes）、高顿提乌（Gaudentius）、马塞多尼乌、塞维鲁斯（Severus）、普来泰克斯他图（Praetextatus）、乌尔西西乌（Ursicius）、鲁西鲁斯（Lucillus）、优格尼乌（Eugenius）、维他利乌（Vitalius）、卡勒波底乌（Calepodius）、弗罗仁提乌（Florentius）、巴修斯（Bassus）、维森提乌、斯蒂尔考里乌（Stercorius）、帕拉迪乌（Palladius）、多米提亚努（Domitianus）、迦尔比斯（Chalbis）、格荣提乌（Gerontius）、普罗他修（Protasius）、优罗古斯（Eulogus）、波菲里乌（Porphyrius）、狄奥斯科若、佐西缪斯、詹努亚里乌（Januarius）、佐西缪斯、亚历山大、欧迪切（Eutychius）、苏格拉底、狄奥多鲁、马尔提里乌（Martyrius）、优塞里乌（Eutherius）、优卡尔普斯（Eucarpus）、阿泰诺多鲁（Athenodorus）、伊利奈乌、朱利亚努（Julianus）、艾力比斯（Alypius）、约那斯（Jonas）、埃提乌（Aetius）、来斯提图图（Restitutus）、马尔塞利努（Marcellinus）、阿普瑞亚努（Aprianus）、维他利乌、瓦伦斯、赫莫杰尼斯（Hermogenes）、卡斯图（Cas-

---

① 何修被阿塔那修称为公会议之父与主席。《阿里乌主义的历史》（Hist. Arian.）15. 16。罗马争辩者这里解释了为何何修没有作为教宗的使者签名（De Marc. Concord. V. 4.）Alber. Dissert. Ix. 及 Protestants 解释了为何他的使者位于所有其他主教之前，甚至在当地主教普罗托格尼之前。（Basnage, Ann. 347. 5.）Febronius 认为何修这里及在尼西亚的签名表示一种礼貌，也表示教会使者的高贵。（de Stat. Eccl. vi. 3.）教宗从未亲自参加东方公会议。圣利奥（St. Leo）借口避免使此行成为惯例，为自己辩护。[西尔维斯特没有出席尼西亚会议完全是因为年事已高。但沙尔底卡是一次西方会议。]

tus)、多米提亚努、弗图那提乌（Fortunatius）、马库斯（Marcus）、安尼亚努（Annianus）、赫利奥多鲁（Heliodorus）、缪萨乌（Musaeus）、阿斯特里乌（Asterius）、帕勒哥里乌（Paregorius）、普鲁他库斯（Plutarchus）、黑梅那乌（Hymenaeus）、阿塔那修、卢修斯、阿曼提乌（Amantius）、阿里乌、阿斯克勒普、狄奥尼西乌、马克西姆（Maximus）、特里风（Tryphon）、亚历山大、安提古（Antigonus）、阿伊利亚努（Aelianus）、佩特鲁（Petrus）、西姆弗鲁斯（Symphorus）、缪索尼乌（Musonius）、优提库（Eutychus）、斐洛罗基乌（Philologius）、斯普达修（Spudasius）、佐西姆斯、帕特里西乌（Patricius）、阿多利乌（Adolius）、萨普里西乌（Sapricius）。①

从高卢来的有：马克西米亚努（Maximianus）②、维里西姆（Verissimus）③、维克图鲁（Victurus）、瓦伦提努（Valentinus）④、德西德里乌（Desiderius）、优罗基乌（Eulogius）、沙尔巴提乌（Sarbatius）、底斯科里乌（Dyscolius）⑤、苏佩里奥尔（Superior）、梅尔库里乌（Mercurius）、得克罗佩图（Declopetus）、优西比乌、塞维里努（Severinus）⑥、萨提鲁斯（Satyrus）、马尔提努（Martinus）、保鲁斯（Paulus）、奥坡他提亚努（Optatianus）、尼卡西乌（Nicasius）、维克托（Victor）⑦、塞姆坡若尼乌（Sempronius）、瓦勒里努（Valerinus）、帕卡图（Pacatus）、耶西（Jesses）、阿里斯通（Ariston）、西姆坡利西乌（Simplicius）、梅提亚

---

① 以上名字，除少数外，全是出席公会议的。见本辩护末附加的注，按字母排序列出了所有出席会议的主教及其辖区。
② 特雷维里的（Of Treveri）。
③ 里昂的（Of Lyons）。
④ 埃勒斯的（Of Arles）。
⑤ 莱姆斯的（Of Rheims）。
⑥ 塞尼斯的（Of Sens）。
⑦ 沃尔姆斯的（Of Worms）。

努(Metianus)、阿曼图(Amantus)①、阿米利亚努(Amillianus)、朱斯提尼亚努(Justinianus)、维克托里(Victorinus)②、萨托尼鲁斯(Satornilus)、阿布旦提乌(Abundantius)、多那提亚努(Donatianus)、马克西姆。

从非洲来的有：涅苏斯(Nessus)、格拉图(Gratus)③、梅加修(Megasius)、科尔达乌(Coldaeus)、罗加提亚努(Rogatianus)、康索提乌(Consortius)、鲁菲努(Rufinus)、马尼乌(Manninus)、塞西利亚努(Cessilianus)、赫勒尼亚努(Herennianus)、马瑞亚努(Marianus)、瓦勒里乌(Valerius)、底那米乌(Dynamius)、米佐尼乌(Mizonius)、朱斯图(Justus)、塞勒斯提努(Celestinus)、西普里阿努(Cyprianus)、维克托、荷诺拉图(Honoratus)、马里努(Marinus)、潘他加图(Pantagathus)、弗利克斯(Felix)、保狄乌(Paudius)、利伯尔(Liber)、卡庇托(Capito)、米涅瓦利斯(Minervalis)、科斯缪斯(Cosmus)、维克托、赫斯佩里奥(Hesperio)、弗利克斯、塞维里阿努(Severianus)、奥坡坦提乌(Optantius)、赫斯佩鲁(Hesperus)、菲顿提乌(Fidentius)、萨鲁斯提乌(Salustius)、帕斯卡修(Paschasius)。

从埃及来的有：利布尔尼乌(Liburnius)、阿曼提乌、弗利克斯、伊斯奇拉蒙(Ischyrammon)、罗缪鲁斯(Romulus)、提伯里努(Tiberinus)、康索提乌、赫拉克利德(Heraclides)、弗图那提乌(Fortunatius)、狄奥斯科若、弗图那提亚努(Fortunatianus)、巴斯他蒙(Bastamon)、达提鲁斯(Datyllus)、安德烈、塞勒努、阿里乌、狄奥多鲁、伊瓦哥拉斯(Evagoras)、赫利阿(Helias)、提摩泰乌(Timotheus)、奥里翁、安德若尼库(Andronicus)、帕夫努提乌斯(Paphnutius)、赫尔米阿(Her-

---

① 斯特拉斯博格的(Of Strassburg)。
② 巴黎的(Of Paris)。
③ 迦太基的(Of Carthage)。

mias)、阿拉比翁(Arabion)、普森诺西里斯(Psenosiris)、阿波罗纽(Apollonius)、缪伊斯(Muis)、萨拉帕姆蓬(Sarapampon)、斐洛(Philo)、菲利普(Philippus)、阿波罗纽、帕夫努提乌斯、保鲁斯、狄奥斯科若、尼拉蒙(Nilammon)、塞勒努、阿奎拉(Aquila)、奥塔斯(Aotas)、哈尔波克拉提翁(Harpocration)、伊萨克(Isac)、狄奥多鲁、阿波罗、阿摩尼阿努(Ammonianus)、尼鲁斯(Nilus)、赫拉克利乌(Heraclius)、阿里翁、阿他斯(Athas)、阿尔塞尼乌、阿加他蒙(Agathammon)、塞翁、阿波罗纽、赫利阿、帕尼努提乌(Paninuthius)、安德拉加提乌(Andragathius)、涅梅西翁(Nemesion)、萨拉比翁、阿摩尼乌、阿摩尼乌、色诺(Xenon)、格荣提乌(Gerontius)、昆图斯(Quintus)、利奥尼德(Leonides)、塞姆普若尼阿努(Sempronianus)、斐洛、赫拉克利德、黑拉西斯(Hieracys)、鲁孚(Rufus)、帕索菲乌(Pasophius)、马塞多尼乌、阿波罗多鲁(Apollodorus)、弗拉维阿努(Flavianus)、普沙伊斯(Psaes)、西鲁斯(Syrus)、阿普福(Apphus)、萨拉比翁、以赛亚、帕夫努提乌斯、提摩泰乌、以鲁里翁(Elurion)、该犹、缪萨乌、庇斯图、赫拉克来蒙(Heraclammon)、赫荣(Heron)、赫利阿、阿那加姆福(Anagamphus)、阿波罗纽、该犹、斐洛塔斯(Philotas)、保鲁斯、提托伊斯(Tithoes)、优达蒙、朱利乌。

从意大利来的有：普若巴提乌(Probatius)、维阿托(Viator)、法昆底努(Facundinus)、约瑟夫(Joseph)、努梅底乌(Numedius)、斯佩兰提乌(Sperantius)、塞维鲁斯、赫拉克利阿努(IIcraclianus)、法斯提努(Faustinus)、安东尼努(Antoninus)、赫拉克利乌、维他利乌、弗利克斯、克里斯庇努(Crispinus)、保利亚努(Paulianus)。

从塞浦路斯来的有：奥克西比乌(Auxibius)、弗提乌(Photius)、格拉西乌(Gerasius)、阿佛洛狄修斯(Aphrodisius)、伊里尼库(Irenicus)、努涅奇乌（Nunechius）、阿塔那修、马塞多尼乌、特里菲利乌（Triphyllius）、斯比里顿（Spyridon）、诺尔巴努（Norbanus）、索西克拉特（Sosicrates）。

从巴勒斯坦来的有：马克西姆、埃提乌、阿里乌、狄奥多西乌、格尔马努（Germanus）、西尔瓦努、保鲁斯、克劳狄乌（Claudius）、帕特里西乌、埃尔庇狄乌、格尔马努、优西比乌、芝诺比乌（Zenobius）、保鲁斯、彼特鲁斯。

这些就是签名同意公会议决议的人的名字。此外，还有很多人，亚细亚的、腓尼基的、伊沙瑞亚的，早在本次公会议举行之前就代表我写了信，他们的名字有 63 位之多，可以在他们自己的信中看到。这样，总人数加起来就有 344 人。①

第四部分　沙尔底卡公会议决议之后帝国和教会的法案

51. 当最敬虔的皇帝康士坦丢听到这些事后，就派人来召我；他给他已故的兄弟康斯坦斯写了密信，也分不同时间给我写了以下三封信。

康士坦丢·维克多·奥古斯都致阿塔那修。②

第一封信

我们的本性仁慈宽厚，不会再让你忍受海浪的颠簸。我们的敬虔永不消退，当你被剥夺了家园，失去了财产，流浪在荒山野林的时候，

---

① 阿塔那修（supr. 1）说，公会议的信由超过 300 人的全体与会者签名。应当注意到，阿塔那修在文中的数字实际上前后并不一致。所列举的签名人是 284 位，再加上 63 人，总数应是 347，而不是 344 人。
② 写于公元 345 年。

我们没有视而不见。虽然我耽搁了很长时间，没有写信表达我内心对你的关切，主要是因为我原本指望你会自愿来到我们面前，寻求对你所受苦难的解脱。然而，也许是由于恐惧，你没有达成你的心愿，因而我们不得不写这些饱含我们的慷慨赠予的书信，以增强你的决心，目的在于使你迅速而无惧地来到我们面前，从而实现你的愿望，同时，等你感受到我们的仁慈之后，就可以回到你自己的本土本地。为此我恳求我的主和兄弟康斯坦斯·维克多·奥古斯都，为了你，请他允许你过来，这样，你就可以得到我们两人的同意，拿这信作为我们赐恩的凭据，回到自己的国家。

第二封信

虽然我们在上封信里已经非常清楚地告诉你，你可以毫无顾虑地来到我们的宫里，因为我们非常希望送你回家，不过，我们再发出这封信给坚韧不拔的你，劝告你不要有任何担心和忧虑，只管坦然说出心里的想法。请赶快来到我们面前，以便成全你的愿望，使你如愿以偿。

第三封信

令我们高兴的是，当我们在埃得萨（Edessa）停留的时候，你的长老也在那里，其中一位是你所派遣的。你当速速到我们的宫里来，以便见我们的面，随即就可前去亚历山大城。你收到我们的信已经很长一段时间了，却仍然没有来，因而我们赶快再次提醒你，就是现在你仍可以速速来到我们面前，以便返回你的祖国，成就你的祷告。我们已经把你的详细消息告知执事阿奇忒（Achitas），你必能从他那里了解我们心里的想法，叫你的祷告现在便得以成就。

以上是皇帝书信的要义；一收到这些信，我就出发去罗马向教会和主教告别；因为他写以上书信时我正在阿奎列亚（Aquileia）。教会充满了喜乐，我返回并写信给教会，朱利乌主教与我一同喜乐①；我们路经众教会，各地的主教都祝我们平安。朱利乌的信如下。

52. 朱利乌致亚历山大城长老、执事和教众。②

祝贺你们，亲爱的弟兄们，你们如今亲眼看见了你们信心所结的果子；因为任何人都可以看到，我的弟兄和主教同工阿塔那修确实就是这样的，因他一生清白，也因你们的不断祷告，神要把他重新交还给你们。由此我们完全可以想象得到，你们是如何一直向神献上纯洁的祷告和满心的爱。你们全心渴念的是天上的应许，想着引向这些应许的谈话（交往），从上述这位我的弟兄那里学到的教义，就是从你们心里的正统信仰明确地知道并明白，神不会让他，你们始终在最敬虔的心里想念着的人，与你们永远分离。所以，我没有必要给你们说很多话，你们的信心已经预见了我所能给你们说的话，并且借着神的恩典已经成就了你们众人的共同祷告。因而，我再说一遍，祝贺你们，因为你们一直保守自己的心灵，没有失去信仰；我也同样祝贺我的弟兄阿塔那修，因为他虽然忍受了许多苦难，但没有一刻忘记你们对他的爱和热切之心。虽然有一段时间他的身体似乎不在你们那里，但他的心始终与你们在一起。③

---

① "他们把自己的案件通报给罗马主教朱利乌；而他按照罗马教会的特权，写信表达了他的思想，坚定他们的立场，送他们返回东方，使每个人都回到自己的本地，谴责那些强制罢黜他们的人。然后，他们从罗马出发，在朱利乌主教书信的大力支持下，执掌自己的教会。"（Socr. ii. 15.）必须注意的是，在前面的句子里苏格拉底谈到"（帝国）罗马"。索宗曼说："众人都非常重视他，因为他的主教之职（see）非常高贵，他使每个人回到自己的教会。"（iii. 8.）"我认为，"巴尔娄（Barrow）说，"教宗恢复他们的职位并没有通过司法程序，而只是宣告而已，也就是说，表明他的赞同，他们确实是正当的，清白的，要接纳他们回到团契。……此外，教宗的做法也受到批评，遭到抗议，认为这不合常规，……最后，阿塔那修和其他主教的复职并没有完全实现，直到得到了帝国权威支持下的沙尔底卡主教会议的确认才得以实施。"（Suprem. p. 369. ed. 1836.）

② 写于公元346年初。

③ 阿塔那修这里似乎删略了一段赞美他的话。参看苏格拉底（Socr.）ii. 23。

53. 因而，他如今回到你们身边，比他当初离开你们时更为荣耀。真金不怕火炼，火所试炼和洁净的只能是宝物，是金银。然而，对于这样一个人，经历了这么多的磨难危险之后终于得胜，如今要回到你们身边，被宣告是清白的，不只是我们自己的声音这样宣告，而且是整个公会议的宣告，对于这样一个人的价值，我们怎能描述得尽呢？所以，亲爱的弟兄们，唯有以属天的尊敬和喜乐迎接你们的主教阿塔那修，以及那些一直与他同甘共苦的伙伴。喜乐吧！因你们的祷告已成就。你们那封致敬的信使你们的牧者得到满足。可以说，他一直以来所渴求的就是你们的敬虔。当他漂泊异乡时，你们是他的安慰，当他受到迫害时，你们以最忠实的心和灵给他力量。如今，想到在他归来之时，你们每个人如何喜乐，彼此如何敬虔地问候，那些跑来见他的人如何欢欣鼓舞，我就高兴不已。那对你们是何等不同寻常的一天，我们的弟兄又回来了，你们先前的苦难就此结束，他众望所归的回来将激发你们众人何等的狂喜！我们也感到同样的喜乐，因为神允许我们得以认识这样一个杰出的人。所以，我以祷告来结束我的信应是适当的。愿全能的神并他的儿子我们的主和救主耶稣基督，一如既往地赐给你们恩典，因你们可敬的信心，这是你们为了你们的主教所显出的高贵认信，赐予你们奖赏；愿神赐予你们，也赐予与你们联合的人那些美好的事，不论现在，还是从今往后，那是"神为爱他的人所预备的，是眼睛未曾看见，耳朵未曾听见，人心也未曾想到的"①，借着我们的主耶稣基督赐给你们，借着他荣耀归于神，直到永永远远。阿们。亲爱的弟兄们，我为你们在主内的健康和强壮祷告。

---

① 《哥林多前书》2：9。

54. 当我带着这些书信来到皇帝那里①,他友好地接待了我,把我送回到我自己的祖国和教会,并写了以下的书信致主教、长老和教众。

第一封信

康士坦丢、维克多、马克西姆、奥古斯都,致大公教会的主教和长老。

德高望重的阿塔那修不曾被神的恩典所弃,虽然有一小段时间遭受了折磨,那是人性难免的,但他已经从审视一切的神那里得到了对他祷告的回应,如愿以偿,按着至高者的旨意,也按着我们的判决,立即返回祖国、返回教会,就是他因神允许所主持的教会。与此相一致,我们应当仁慈地作出以下决定,即凡是此前为反对那些与他相交的人而定的规则,现在全部废除,此前对他们的一切怀疑全都平息,而与他相交的教会神职人员先前享有的豁免权,应当适当地得到确认。除了我们颁布的其他有利于他的条例之外,我们想最好再加上这条,神圣名录簿里的所有人都要明白,对一切支持他的人,不论是主教,还是其他神职人员,都要给予安全的保障。对任何人来说,与他相交就足以充分地证明自己有正直的动机。任何人,只要按照更好的判断、更正确的一方行事,都会选择与他相交,所以,我们要效法先前已经实行过的神意,所有这样的人都应得益于这借着至高者的旨意由我们给予他们的恩典。愿神保佑你们。

第二封信

康士坦丢、维克多、马克西姆、奥古斯都,致亚历山大城大公教会

---

① 346 年 9 月 (?) 在安提阿。

的教众。

55. 考虑到你们在各方面的福祉，知道你们有很长一段时间没有主教的监护，我们想最好把你们的主教阿塔那修送回到你们身边，所有人都知道他身上的正直，也知道他个人优秀的品格。你们要以适当的方式接待他，就如你们以往接待每个人一样，将他的支持作为你们向神祷告时的帮助，竭力照着教会的秩序保守永久的合一与和平，这在你们是合宜的，对我们是最有益的。因为你们中间若是有任何分歧与不和，那是不合宜的，与我们时代的昌盛相悖。我们希望你们全然不沾染这种过犯，我们劝告你们要继续你们惯常的祷告，如我们前面所说的，使他成为你们向着神的支持者和帮助者。如是，亲爱的弟兄，当你们的这种决定影响了所有人的祷告，甚至那些仍然被诱骗去崇拜虚假的偶像的异教徒也热切地渴望了解认识我们神圣的宗教。因而我们再次劝勉你们要在这些事上一如既往，高高兴兴地接待你们的主教，他是至高者下令送回给你们的，也是我们众人的决定，所以一定要以全心全意的热情迎接他。这既是你们的合宜做法，也与我们的仁慈相一致。为了防止有人蓄意谋反，我们已写信命令你们中间的执政官，凡发现有分裂的，都要交予法律惩办。因而，想想这两方面的事，一方面，我们的判决与至高者的旨意一致，我们关心你们及你们中间的和睦；另一方面，扰乱秩序者，必有法律严惩不贷，所以要遵行这些事，它们是与我们神圣的宗教秩序相匹配的，满怀尊敬地接待上述这位主教，切记你们要与他一同向神，向万有之父祷告，这是为你们自己，也为你们终生的福祉。

56. 写了这些信之后，他还下令，先前他因为优西比乌及其同伙的诬告而发出的制裁我的法令全都废除，从埃及君主（Duke）和行政官的法令中删除；德库里翁的优西比乌①被派去把它们从令册中撤去。他的这一封信如下。

康士坦丢、维克托、奥古斯都致聂斯脱利（Nestorius）②。（同样的信也转给奥古斯他姆尼卡、底比斯和利比亚总督。）

此前通过的一切命令，凡是发现有伤害和羞辱那些与主教阿塔那修相交的人的，我们希望一律销毁。我们希望他的神职人员们以前拥有什么样的豁免权，现在也应当同样拥有。我们希望这一命令得以遵守，当主教阿塔那修回到自己的教会时，那些与他相交的人重新享有他们一直享有，其他神职人员也享有的豁免权；好叫他们满心欢喜地与其他人站在平等的基点上。

57. 我在旅途中经过叙利亚时，遇到巴勒斯坦的主教，他们当年在耶路撒冷召集公会议时，热心接待过我，这次在叙利亚相遇，又亲自送我平安上路，还给教会和主教写了如下的信。

耶路撒冷圣公会议致埃及、利比亚的同工，亚历山大城的长老、执事和教众，深为想念的亲爱的弟兄们，问主内健康。

亲爱的弟兄们，万物之神总是成就奇妙之事，我们对他的感恩实在不够，尤其是这一次为你们的教会所成就的事，把你们的牧者和主，我们的同工阿塔那修归还给你们。有谁曾指望能亲眼看见你们现在真实所得的东西？说实在的，你们的祷告，万物之神听到了，他看顾自己的教会，看到了你们的眼泪和悲号，因而垂听了你们的祈求。因为你们困苦流离，如同羊没有牧人一般。③因而，真正的大牧人，因爱自己的羊，就从天上来到你们中间，让你们所渴望的人回到你们身边。看啊，

---

① 库里阿（Curia）或公会议的会员。
② 埃及的行政官。
③ 《马太福音》9：36。

我们也愿意为教会的和平肝脑涂地，我们也被激发你们的情感所激发，在你们面前向他致敬。借着他与你们交通，把这些问候送给你们，把感恩带给你们，好叫你们知道，那把你们与他联结起来的爱，也把我们联结在一起。你们也得为神所爱的我们的皇帝的敬虔祷告，他们一旦了解到你们对他的热切渴念，知道了他的清白之后，就决定恢复他的一切名誉，把他交还给你们。因而，举起双手迎接他吧，但要充分注意，要为他感谢神，是神将这些恩福赐给你们的；好叫你们始终与神同乐，荣耀我们的主，在基督耶稣我们的主里面，借着他将荣耀归于父，直到永远。阿们。

这里我记下在这封信上签名的人，尽管我以前已经提到他们。① 他们是：马克西姆、埃提乌、阿里乌、狄奥多鲁②、格尔马努、西尔瓦努、保鲁斯、帕特里西乌、埃尔庇底乌、格尔马努、优西比乌、芝诺庇乌、保鲁斯、马克里努、佩特鲁、克劳底乌。

58. 当乌尔萨西乌和瓦伦斯看到这一切，就开始为自己先前的所作所为责备自己，并来到罗马，承认自己的罪行，表示要悔过自新，祈求宽恕，给古老罗马的主教朱利乌和我们分别写了以下书信。特雷维里（Treveri）主教保利努把它们的复制件送来给我。

乌尔萨西乌和瓦伦斯的公开认错信③，**致朱利乌，译自拉丁文。**④

乌尔萨西乌和瓦伦斯致尊敬的大人，教宗朱利乌。

---

① 参看 50 节。
② 狄奥多西（Theodosius），supr.。
③ Gibbon, ch. xxi. Note 108，怀疑这种认罪的真实性，因为前后两封信的口气不同。纽曼解释说，他们把朱利乌看作是"上级"，而阿塔那修是"同级"；但可以肯定，他不只是同级的。由于害怕康斯坦斯，希望自己免受攻击，所以他们无论如何都要得到西方第一主教的赞同，这对他们来说至关重要。为此他们不得不与阿塔那修和睦相处。但在这样做时，他们显得非常勉强。
④ 《阿里乌主义的历史》（Hist. Arian.）25. 26。

众所周知，此前我们在信函里捏造了许多可恶的指控反对主教阿塔那修，当我们得到您的回信和善意的纠正之后，我们无法对自己所作的陈述给出一个解释。我们现在真心在您面前，在所有长老、我们的弟兄们面前承认，此前你们耳闻的关于阿塔那修的案子的所有报告都是虚假捏造的，与他的品格是完全不相吻合的。因而我们真诚地希望与上述这位阿塔那修相交，尤其因为您的敬虔以及特有的宽厚仁慈饶恕了我们的过犯。然而我们还声明，无论任何时候，若有东方主教，或者就是阿塔那修本人，不愿宽恕我们，想要因此事把我们送去审判，我们必不会不顺从您的审断。至于异端分子阿里乌及其支持者，说子曾经不存在，子是从无中被造的，否认基督在创世之前就是神和神子，我们现在和将来都要永远咒诅他们，就如我们先前在米兰的声明里所提出来的。①我们亲手写下这些，并且再次声明，如前面所说的，我们已经永远抛弃阿里乌异端及异端的倡导者。

　　我，乌尔萨西乌，本人签名这份忏悔书；我，瓦伦斯，也一样。

　　主教乌尔萨西乌和瓦伦斯，致他们的主教大人（lord）和弟兄，主教阿塔那修。

　　我们的弟兄和长老缪萨乌要到阁下您那里去，我们借此机会借着他从阿奎列亚向您，亲爱的弟兄，表示真挚的敬意，并祈求您读一读我们的信，相信您身体健康。倘若能给我们一个回复，那就是给我们信心了。您知道我们现在与您和平相处，与教会联合为一，从信开头的称呼就可以看出来。愿神保佑您，我的大人，我们亲爱的弟兄！

　　以上就是他们的信函，主教们的判决和审断，全是有利于我的。为了证明他们这样做并非迎合于谁，或者迫于哪方的压力，我希望能

---

① 公元347年。

允许我从头复述整个事件，好叫你们知道，主教们这样写完全是出于正直而公正之心，乌尔萨西乌和瓦伦斯虽然开始没有，最后还是承认了真理。

第五部分　梅勒提乌主义者指控圣阿塔那修的有关文件

59. 逼迫之前彼得是我们中间的主教，在逼迫期间，他殉了道。梅勒提乌原本的头衔是埃及主教，但当他被证实犯有多种罪行，其中之一便是向偶像献祭，于是彼得在一次普世主教公会议上罢黜了他。对此，梅勒提乌既没有上诉另一次公会议，也没有努力在那些听证的人面前为自己辩护，而是大搞分裂，所以拥护他的事业的人甚至不叫基督徒，而称为梅勒提乌主义者。他旋即开始辱骂主教，制造诬告，首先就把矛头指向彼得本人，然后诬告他的继任者阿喀拉斯；阿喀拉斯之后，又诬告亚历山大。他还学押沙龙（Absalom），耍弄计谋，目的在于，他既蒙罢黜的耻辱，就要以诬告来误导单纯的人。梅勒提乌沉醉于这样的事，阿里乌异端也起来了。在尼西亚会议上，异端虽被绝罚，阿里乌主义者被赶了出去，但梅勒提乌却因某些原因（现在已经没有必要再提具体的原因了）被接受。然而，圣亚历山大逝世还不到五个月，梅勒提乌主义者应当继续保持安静，应当感激自己无论如何被接纳了，但他们却像狗不能忘怀自己所吐出的东西，再次开始扰乱教会。

得知这一切，领导阿里乌异端的优西比乌就开出多多的应许，收买梅勒提乌主义者，成为他们的秘密朋友，任何场合，只要他愿意，就与他们一同谋划，协助他们。首先他派人到我这里，敦促我与阿里乌及其同党相交，又写信威胁我，尽管信里只提出了一个要求。我断然拒绝，声称那些人违背真道，炮制出异端，已经被主教大公会议绝罚，若还与他们相交,那是完全错误的;他见我不屈从,就怂恿已故的君士坦丁皇帝写信给我,威胁我若不接受阿里乌及其同党,就要遭受种种患难,这些患难我以前就受过,现在仍然在承受。以下是此信的一部分。送信者是宫廷大臣辛克勒提乌(Syncletius)和高顿提乌。

君士坦丁皇帝的一封信的一部分

既知道了我的意旨,就该同意接纳一切想要进入教会的人。我若是得知你阻挠或者排挤任何表明要加入教会的人,就会立刻派人来,命令他罢黜你,将你赶离你的职位。

60. 一收到此信,我就回复,努力说服皇帝相信,敌基督的异端与大公教会没有任何一致之处,此时,优西比乌利用他早与梅勒提乌主义者合谋好的机会,立即写信劝说他们找出某种借口,就如他们以前诬告彼得和阿喀拉斯一样,现在也要捏造并传播诬告我们的报告。他们找了很长时间,却什么也没找着,于是最后一致同意,在优西比乌及其同伙的建议下,他们借用伊西翁、优达蒙和卡利尼库捏造出关于亚麻法衣的第一个指控,大意是说我把一项法律强加给埃及人,要求他们率先遵守。然而,我的几位长老[是埃皮斯(Apis)和马卡里乌]当时就在场,当皇帝得知事情的真相后就谴责他们。皇帝又写了一封信,谴责伊西翁,吩咐我前来觐见。他的信如下。①

优西比乌得知此事后,就劝他们等一等;我到了之后,他们接着就控告马卡里乌打碎圣杯,并把所能想到的最恶毒的罪名加到我头上,即说我是皇帝的仇敌,把一笔金子送给了一个叫菲鲁梅努的人。皇帝于是

---

① 这些信都遗失了。

又在普萨马西亚(Psammathia)①聆听我们辩论这一指控,他们一如既往地受到谴责,被赶出现场。我回来之后,他就向教众写了以下这封信。

君士坦丁、马克西姆、奥古斯都致亚历山大大公教会全体教众。

61. 亲爱的弟兄们,你们好,我求告神,他是我心意的大见证人,求告独生子,我们律法的创造者,他统治一切人的生命,痛恨分裂。我要对你们说什么呢?说我身体很健康吗?不仅如此,我应当能够变得更健康、更强壮,只要你们彼此相爱,除去恨恶,这恨恶是好斗的人引发的风暴产生的。有了这恨恶,我们就失去了弟兄之爱这个庇护所。唉,这是怎样的悖逆!你们中间煽动起来出于嫉妒的骚乱每日都在生产怎样的恶啊!因此才会有那些可恶的报告临到属神的人头上。公义的信心到哪里去了?我们都卷入了黑暗的迷雾之中,不仅由于自己的种种过错,还由于忘恩负义之人的罪恶,以至于为那些支持恶行的人作见证。我们虽然认识他们,却根本没有注意那些把良善和真理弃置一旁的人。这是多么奇怪的矛盾啊!我们不审判我们的仇敌有罪,他们对我们实施抢劫,我们还效仿他们的样子,由此导致最深重的错误:他们发现行恶的路上没有任何东西阻挡,就——如果我可以这样说——长驱直入了。鉴于我们共同的本性,我们却对律法诫命如此疏忽,我们难道真的没有一点理解力吗?

有人会说,爱是与生俱来的东西。但是我说,我们既有神的律法作我们的向导,又有本性上的优势,却为何要如此遭受我们的仇敌所兴起的不安和混乱?他们似乎是被火点燃了一样。我们有眼,却为何看不见,有律法的智慧环绕,却为何不明白?我们的生活陷入了怎样的昏迷,对自己也无知无觉,尽管神在告诫我们!这不是一种无法忍受的恶吗?这样的人我们不应当看作是我们的敌人,而不是家人,神的

---

① 尼哥米底亚郊区。

子民吗？他们疯狂地反对我们，寡廉鲜耻到无以复加的地步，把严重的罪状扣到我们头上，像敌人一样攻击我们。

62. 我愿意让你们自己想一想，他们这样做是怀着怎样匪夷所思的疯狂。愚蠢的人在嘴边逞恶。他们随身携带一种沉重的怒气，所以彼此之间相互攻击，把我们也卷进去，增添他们自己的罪过。优秀的老师被说成是敌人，而披上嫉妒之衣的人自己却违背一切公义，骗取温顺的人信任；他劫掠、破坏、装扮自己，用虚假的赞辞美化自己；他推翻真理，败坏信仰，直到为自己的良心找到一个洞，一个藏匿之处。因而，就是他们的悖逆使他们邪恶，又放肆地选择尊贵之位，尽管根本不配。啊，这是怎样的一种无法无天！他们说："这个人太老了，这个人只是个孩子，这职位属于我；这个人既被夺了位，它就应当归我。我必使所有人都站在我这一边，然后我就要尽我所能毁灭他。"这实在是清清楚楚地向全世界宣告了他们的疯狂；看看他们的可恶阴谋有怎样的团伙、集会、俯首帖耳的帮凶？唉，我若说得出来，我们的行为也太不像话了！他们岂不是在神的教会里炫耀他们的愚蠢？他们岂不是恬不知耻？他们可有自我责备？他们岂不是良心发现，如今终于表明他们对自己的欺骗和争吵有正当认识？他们的行为完全出于嫉妒，得到邪恶势力的支持，因为他们本质上是一丘之貉。但是那些恶人没有力量反对你们的主教。相信我，弟兄们，他们的努力不会有别的结果，只能是：在他们销蚀了我们的日子之后，使自己在此生连忏悔的地方也没有。因而，我恳请你们要自助。请欣然接受我们的爱，用你们全部的力量把那些企图毁灭我们中间的合一恩典的人赶出去；仰望神，彼此相爱。我高兴地接待了你们的主教阿塔那修，与他交谈，相信他是属神的人。这些事你们应该很明白，用不着我来论断。我知道德高望重的阿塔那修关心爱护你们，所以我想由他本人把我的问候带给你们，这是合宜的，他的关爱与那种我本人也认信的使人平安的信仰相一致，始终不断地渗透于显明救人知识的良善工作中，必能恰如其分地劝勉你们，愿神保佑你们，亲爱的弟兄们。

这就是君士坦丁的信。

63. 这些事情发生之后，梅勒提乌主义者安静了一小段时间。但没过多久，他们的敌意又爆发了，设计了以下这出戏，目的在于取悦于那些雇用他们的人。马勒奥提斯是亚历山大城的一个乡村，在这里，梅勒提乌无法制造分裂。然而，当众教会仍然在各自的权限范围内存在，众长老在教会里聚会，会众们过着平安生活的时候，有一个名叫伊斯奇拉斯的人，此人并非教会人士，只不过是个卑琐小人，却自称为神职人员，企图把自己村里的人引入歧途。一得知这事，当地的长老就来告知我，因为我当时正视察教会途经那里，我便派长老马卡里乌随他一道去召伊斯奇拉斯。他们发现他病了，躺在一个小屋里，就责成他父亲警告他儿子不可再做报告中所说的这种大逆不道之事。当他身体恢复之后，由于他的朋友和父亲都阻止他图谋同样的事，于是他就逃到梅勒提乌主义者那里。他们与优西比乌及其同伙联系，最后就捏造出那样一个诬告，说马卡里乌打碎了一个圣杯，某个名叫阿尔塞尼乌的主教被我谋杀了。他们把阿尔塞尼乌藏起来，不让他露面，就可以误导人以为他真的被杀了；他们还随身带来一只手臂，假称他已经被碎尸了。至于伊斯奇拉斯，他们甚至不认识的一个人，他们开始散播说他是长老，企图利用他关于圣杯所说的故事来误导人。然而，伊斯奇拉斯在朋友们的指责下，来到我面前哭泣，说马卡里乌根本没有做过他们所报告的事，他自己是受梅勒提乌主义者的诱惑才捏造出这样的诬告的。他写了以下这封信。

伊斯奇拉斯致尊敬的主教阿塔那修，问主内健康。

64. 我的主教大人，上次我到您这里来，希望教会接纳我，您因我先前所说的事而责备我，似乎我走得那么远是出于自己的自由选择，所以我写下这封辩护信交给您，好叫您明白，伊萨克和赫拉克利德、列托波利斯（Letopolis）的伊萨克及他们的那些同党对我施加了怎样的暴力，我受了怎样的拳打脚踢的折磨。我声明，并以神作我的见证，他们所说的那些事，我知道没有一件是您可能做的。事实上，根本没有发生过打碎圣杯，翻倒圣餐桌的事，但他们用暴力强迫我这样说。我写下这一切交给您，为自己作辩护，渴望自己能够成为你会众中的一员。愿您在主内享有健康。

我把自己的这篇手迹交给您，主教阿塔那修，在场的长老有：底塞拉的阿摩那（Ammonas of Dicella）、法斯科的赫拉克利乌（Heraclius of Phascos）、车讷伯里的波科（Boccon of Chenebri）、米尔西纳（Myrsine）的阿喀拉斯、泰弗西里斯的狄迪莫斯（Didymus of Taphosiris）、波摩泰乌的朱斯图（Justus from Bomotheus）；执事有：保罗、彼得、奥林匹乌，这是亚历山大城的，还有马勒奥提斯的阿摩尼乌、庇斯图、德谟特里乌（Demetrius）和该犹。

65. 尽管伊斯奇拉斯作了这样的陈述，他们还是到处传播对我同样的诬告，还把它们报告给皇帝君士坦丁。他在普萨马西亚时也听说了圣杯事件，当时我也在那里，他当时已经查清这是我的敌人的诬告。但如今他写信到安提阿给达尔马提乌（Dalmatius）①监察官（Censor），要求他对谋杀案组织一次司法调查。于是监察官通知我准备对这一指控为自己辩护。我收到他的信，一开始没有把此事放在心上，因为我知道他

---

① 达尔马提乌是君士坦丁的父亲、儿子、弟兄和侄子的名字。苏格拉底《历史》(*Hist.*) i. 27 认为监察官的头衔是给儿子的，但 *Chron. Pasch.* p. 531 则把它给了父亲。瓦勒西乌（Valesius）和提勒蒙特（Tillemont）显然认为苏格拉底是错的 (*Empereurs*, vol. 4. p. 657.)。小达尔马提乌由君士坦丁死前几年册封为恺撒（Caesar）；君士坦丁一死，他的兄弟汉尼拔利安（Hannibalian）以及一大批亲属被军队处死。参看《阿里乌主义的历史》(*Hist. Ar.*) 69。

们所说的事没有一点真实性，但既然皇帝都被说动了，我就写信给我的同工去埃及，再派一位执事，希望了解阿尔塞尼乌的情况，因为我已经有五六年没见过他了。对事件的经过不必详细叙述，阿尔塞尼乌在隐藏之地被找到，先是在埃及，后来我的朋友又发现他藏在推罗。最令人吃惊的是，就是被发现之后，他也不承认自己就是阿尔塞尼乌，直到保罗——当时是推罗主教——的法庭证明他是，最后才羞愧难当，无法抵赖。

他这样做是为了遵守与优西比乌及其同伙的协议，否则，他若是暴露了，他们所玩的把戏就被揭穿了；事实上此事已经真相大白。我写信告诉皇帝这一消息，说阿尔塞尼乌被找到了，并提醒他在普萨马提亚听到的关于长老马卡里乌的事，他立即中止了监察官法庭的诉讼，写信谴责这些诉讼是对我的诬告，命令优西比乌及其同伙返回，他们当时正要去东方控告我。要揭露他们控告我谋杀阿尔塞尼乌的真相，不必拿出许多人谈及此事的信函，只要展示帖撒罗尼迦主教亚历山大的信就足够了，从这封信就可以推断出其他信的要义。他当时了解到阿尔加夫（Archaph）——此人也叫约翰——传播的关于我杀人的报告，又听到阿尔塞尼乌还活着，故写信如下。

亚历山大的信

亚历山大主教致他至爱的孩子，同心合意的同工，主教阿塔那修，问主内健康。

66. 祝贺出类拔萃的萨拉庇翁（Sarapion），他是如此敬虔地追求用圣洁的习惯来装点自己，因而把对他父亲的纪念推向更高的赞美。如圣经在某处所说，"虽然父亲死了，但他当他没死，就像还活着一样"[①]，因

[①] 《便西拉智训》30 章 4 节。(经文系中译者根据英文直译。——中译者注)

为他留下了可纪念的一生。我对永远配得纪念的索宗（Sozon）的情感，我的主教大人，你不会不知道，因为你知道对他的纪念多么神圣，也知道这年轻人是多么良善。我从阁下那里只收到一封信，就是这位年轻人交给我的。我向你提到这点，是为了叫你知道。我们至爱的弟兄和执事马卡里乌从君士坦丁堡写信给我，使我大为开心，他说诬告的阿尔加夫已经蒙受羞辱，因为已经当着众人之面宣布，被杀死的那个人至今还活着。他必从公义的法官得到应有的惩罚，还有他的所有同党也不例外，无误的圣经使我们相信这一点。愿万物之主在一切事上永远保佑你，我的主教大人。

67. 与阿尔塞尼乌一同生活的人见证，他之所以一直隐藏，目的是使他们可以假称他死了；我们在搜寻他的时候发现了这样做的人，他后来写了以下这封信给约翰，后者在这次诬告中扮演了主要角色。

致亲爱的弟兄约翰，安特奥波利斯（Anteopolis）省普泰蒙西尔西斯（Ptemencyrcis）的修道院（Monastery）①长老庇奈（Pinnes），你好。

我希望你知道，阿塔那修派了他的执事到底比斯，到处搜寻阿尔塞尼乌，长老佩西修（Pecysius）、赫利亚的兄弟西尔瓦努、泰坡那塞拉美乌（Tapenacerameus）以及黑坡塞勒（Hypsele）的修士保罗，这些他最先遇到的人都承认阿尔塞尼乌与我们在一起。一得知这一消息，我们就把他放在船上的一个器皿中，与修士赫利亚一起驶到下游的地区。后来那位执事突然与另一些人再度返回，进入我们的修道院，搜查该阿尔塞尼乌，虽然没有找到他，因为我前面说过，我们已经把他送走，去了下游的地区。但他们将我和赫利亚，就是把他送走的那位修士

---

① "Mone" 这里不是指现代意义上的修道院，而是指村庄或一排小屋。这封插入的信证明"梅勒提乌"修士（Meletian monk）的存在。

带到亚历山大城，带到君主（Duke）面前①；我既无法否认，就只有承认他还活着，不曾被杀；把他送走的修士也承认了同样的事。因而，父啊，我把这些事告知你，免得你定意指控阿塔那修；因为我已承认阿尔塞尼乌还活着，隐藏在我们这里，所有这一切在整个埃及已经昭然若揭，不可能再保密了。

我，帕夫努提乌斯，该修道院修士，写了这封信，衷心问候你。为你的健康祷告。

皇帝得知我们发现阿尔塞尼乌还活着，也写了以下这封信。

君士坦丁、维克托、马克西姆、奥古斯都致阿塔那修主教。

68. 读了你充满智慧的信之后，就想写信回应你的坚毅，劝勉你要尽力使属神的百姓恢复平静，恢复仁慈之心。在我自己心里，我所看为至关重要的事乃是，我们当培植真理，始终在我们心里保守公义，看到那些行在正道上的人就特别高兴。但是那些该遭万人咒骂、千人唾弃的人，我指的是极其悖逆而邪恶的梅勒提乌主义者，他们的伎俩已经因自己的愚蠢变为一场虚枉，如今却以嫉妒、哄闹和扰乱在引发不合情理的骚乱，这只能表明他们自己不敬不虔的本性，对于这些人我要多说几句。你看到，那些他们妄称已经被刀剑杀死的人，如今仍然好好地活在我们中间，享受着生活。既然他们宣称已经被杀死的人，仍然好好地享受着生命，因而必能表明他们的看法，那么请问，还有比这更强有力的证据驳倒他们，更能清楚地表明他们的罪行吗？

但是，还是这些梅勒提乌主义者又提出了一项新的指控，他们肯

---

① 根据戴克理先（Diocletian）和君士坦丁引入的政府体制，军事执政官（Magistri militum）手下有三十五个军队指挥官，全都带有公爵（duces/dukes）之名；另有议会议员或伯爵（comites or counts）十多个，他们不同于皇帝的随从。参看 Gibbon, ch. 17。这些君主中有三位驻扎在埃及［即在整个埃及地区，狭义的埃及省则只有一位］。

定地说，你肆无忌惮地猛然冲进去，抓起一个杯子打碎了，这杯子原是放在最神圣的地方。这样的事若是真的做了，自然没有比之更严重的指控，也没有比之更重大的罪行了。但这是一种什么样的指控？情势使他们的指控发生了改变，这意味着什么？因为他们又把这同样的指控转向另一人，这就更加清楚地表明，可以说，比光本身更清楚，他们设计了一个阴谋来对付你的智慧。这事之后，还会有谁再来跟从他们？既然看到这些人竟然捏造这样的指控来加害别人，杜撰虚假的罪名扣到你头上，同时加速自己毁灭的步伐，那么如我所说的，有谁会跟从他们，一头扎进毁灭之路？似乎唯有他们才会认为在那样的路上可以得到安全和帮助。如果他们愿意按照清洁的良心行事，受最卓越的智慧引导，走正常理智的道路，就会轻而易举地知道，只要他们沉迷于这样的行为，就不可能从神那里得到任何帮助，只能滑向自我毁灭。我不能称之为对他们的严厉审判，它只不过是简单的事实而已。

最后再说一点，我希望你能在公众面前以你的智慧不断诵读这封信，好叫众人都知道，尤其是要让那些有如此行为的人听到，让他们感到不安。因为我根据公平法则作出的判断也得到真实事件的确证。既然这样的行为是如此大的一种罪行，他们就当明白我为何作出这样的判决。并且我已经下定决心，如果他们还想引起此类混乱，我将亲自审理这样的事，不是根据教会法，而是根据民法，所以将来我必能把他们找出来，因为他们显然就是强盗，不仅与人类作对，还与神圣教义本身作对。亲爱的弟兄，愿神永远保佑你！

69. 阿尔塞尼乌在他隐藏之处被发现之后，也给我写了一封信，看看这信，它更清楚地显示了诬告者的邪恶；正如伊斯奇拉斯写信承认他们的诬告一样，这里阿尔塞尼乌更加完全地证明他们的恶毒。

阿尔塞尼乌、黑普塞利特（Hypselites）此前受制于梅勒提乌的那些人的主教，携全体长老和执事，致尊敬的主教阿塔那修，祝主内健康。

因为真诚地想与您借神的恩典所主持的大公教会和睦、合一，希望照着古代法规，把我们自己交给教会教规，所以我们写信给您，亲爱的主教大人，并以主的名声明，将来我们必不与那些继续搞分裂、与大公教会作对的人来往，无论是主教、长老或执事。如果他们想要在公会议上确立什么，我们不会支持他们；我们不会写平安的信给他们，也不从他们接收这样的信；没有您这位宗主教的同意，我们也不会发布任何关于主教或者关于其他一般性的教会问题的决议。我们必遵守服从此前所制定的一切教规，学习阿摩尼安（Ammonian）、提拉努、普鲁西安（Plusian）及其他主教①的榜样。因而我们恳求您尽快给我回信，也给关心我们的同工写封信，告知他们我们从今往后必遵守上述决定，必与大公教会和睦相处，与我们各地的同工合一。我们相信您的祷告必为神所悦纳，必从他得应验，叫这平安照着万物之主，神的旨意，借着耶稣基督我们的主永远坚固，坚不可摧，直到末了。

我们及那些与我们一起的人向您及您手下的同工致敬。如果神允许，我们将很快来拜访您。我，阿尔塞尼乌，为您，尊敬的主教在主内的健康经年祷告。

70. 然而，关于诬告更为有力也更为清楚的证据莫过于约翰的公开认错，对此，神最爱的皇帝、已故的君士坦丁就是一个见证人，因为知道约翰本人如何控告，又从他收到了表示悔改的信，于是就写回信如下。

君士坦丁、马克西姆、奥古斯都致约翰。

收到你审慎的信，令我极为高兴，因为我从它们得知非常渴望听

---

① 即已经服从的梅勒提亚主教们；或者，由于他们不在 71 节的名单里，因此是确认方非常熟悉的大公教主教（Catholic Bishops），或者是梅勒提乌回来之后的梅勒提乌主义者。

到的事，你已经把个人的情感放在一边，加入了教会的团契，并且已经与德高望重的主教阿塔那修完全修好。请相信，到目前为止我完全赞同你的行为；因为你放弃了一切争论冲突，行了神所喜悦的事，拥护他的教会的合一。为了使你能够实现你的愿望，我想应当允许你使用公共交通工具①，来到我仁慈的宫廷。那么就请当心，不要延误；此信赐你有权使用公共交通工具，请马上到我这里来，好叫你实现自己的愿望，出现在我面前得享你应得的快乐。亲爱的弟兄，愿神继续保佑你。

第六部分　与推罗会议相关的文件

71. 阴谋就此结束。梅勒提乌主义者被驱逐，蒙羞辱，但这个优西比乌及其同伙仍然不善罢甘休，因为他们所关心的不是梅勒提乌主义者，而是阿里乌及其同伙。他们担心，如果先前的那些诉讼中断了，他们就再也找不到人来扮演角色，有了这些角色的帮助，他们才能把异端引进来。于是他们再次煽动梅勒提乌主义者，并说服皇帝下令在推罗重新召开一次大公会议，伯爵狄奥尼修斯被派到那里，一大队士兵

---

① 在 "cursus publicus"，参 Gothofred. *in Cod. Theod.* viii. tit. 5。供皇帝、皇帝所召的人、执政官、大使以及皇帝宠信的个人使用，是免费的。君士坦丁允许受邀来尼西亚的主教使用，直到会议结束，此外，还有其他的旅行工具（Euseb. *u. Const.* iii. 6）。公共交通工具把主教带到推罗的公会议。同上，4.43。在利伯里乌和康士坦丢之间的会议上（Theod. *Hist.* ii. 13）。有人提出，把主教送到利伯里乌所提议的公会议上，公共交通工具不够，他回答说，教会有足够的钱，就是把它们的主教送到海边也没有问题。因此圣希拉利（S. Hilary）被迫参加塞琉西（Seleucia）会议，就如阿塔那修不得不参加推罗会议一样。朱利安（Julian）抱怨滥用公共交通工具，也许就是暗指康士坦丢的这些会议。参看 *Cod. Theod.* Viii. tit. 5. l. 12。参看众所周知的阿米阿努（Ammianus）段落，论及这些公会议是对公共交通的破坏（*Hist.* xxi. 16）。菲利波波利斯的优西比乌也说过同样的话。Hilar. *Frag.* iii. 25。皇帝为阿里米努的主教们提供伙食，也许还有住宿；除了三位不列颠来的，阿奎泰（Aquitaine）、高卢和不列颠的其他主教都拒绝了（Sulp. *Hist.* ii. 56）非洲的胡涅里克（Hunneric）466 年把主教们召到迦太基之后，又把他们驱散，没有提供任何交通工具，也没有供给或行囊。（Victor Utic. *Hist.* iii. init.）在公元 678 年第六次主教大会召开之前，皇帝在信里说，他已经下令为与会者备好交通工具和生活必需品。教宗约翰八世提醒威尼斯公爵（Duke of Venice）乌尔苏斯（Ursus）不要忘记为公会议成员预备供给的职责 [Colet. *Concil.* (Ven. 1730,) t. xi. p. 14.]。

被送给优西比乌及其同伙。马卡里乌作为囚徒也在卫兵看守下押往推罗。皇帝写信给我,并给我下了一道紧急命令,这样,无论我如何不愿意,也只能出发。整个阴谋可以从埃及主教所写的信函里看明白。但有必要说一说这个阴谋刚开始是怎么策划出来的,好叫人知道施予我的是怎样的恶毒和邪恶。在埃及、利比亚和奔他波利斯有将近一百名主教,没有一位指控我什么,也没有哪位长老挑我什么刺,更没有哪个会众说我什么坏话;唯有被彼得所拒斥的梅勒提乌主义者和阿里乌主义者,分工协作,一方声称自己有权指控我,另一方则坐在台前审判案件。我反对优西比乌及其同伙,视之为敌人是因为他们的异端;然后我用以下的方式表明,被称为控方的那个人根本不是长老。当梅勒提乌被接纳进教会时,(但愿他从未被接纳过!)知道其诡计的亚历山大要求他列出他所说的在埃及的主教名单,在亚历山大城的长老和执事,如果他在乡村教区有这些人的话。亚历山大主教这样做是防止梅勒提乌得了教会的自由之后,蒙骗许多人,使他们对教会产生错误印象,并继续用虚假的程序随心所欲地嫁祸于我们。于是他写出如下埃及主教名单。

梅勒提乌给亚历山大主教的名单

我,吕科波利斯(Lycopolis)的梅勒提乌,安提诺波利斯的鲁西乌、赫尔摩波利斯的法西列乌(Phasileus of Hermopolis)、库萨的阿喀琉斯(Achilles of Cusae)、狄奥斯波里(Diospolis)的阿摩尼乌。

普托勒马伊斯(Ptolemais):坦提拉的帕奇梅斯(Pachymes of Tentyrae)。

马克西米阿诺波利斯(Maximianopolis):科普图(Coptus)的狄奥多鲁。

底比斯：赫尔梅特斯的卡勒（Cales of Hermethes）、上西诺波利斯的科鲁图（Colluthus of Upper Cynopolis）、奥克西林库的帕拉纠（Pelagius of Oxyrynchus）、赫拉克勒奥波利斯（Heracleopolis）的彼得、尼西奥波利斯（Niciopolis）的塞翁、列托波利斯的伊萨克、尼西奥波利斯的赫拉克利德、克来奥帕特里斯（Cleopatris）的伊萨克、阿尔塞诺伊提斯的梅拉斯（Melas of Arsenoitis）。

赫奥波利斯（Heliopolis）：列翁托波利斯（Leontopolis）的亚摩、阿斯里庇斯（Athribis）的伊西翁。

法尔百图斯（Pharbethus）：布巴斯图斯（Bubastus）的哈尔波克拉提翁、法库萨的摩西（Moses of Phacusae）、佩鲁西乌姆的卡利尼库（Callinicus of Pelusium）、塔尼斯（Tanis）的优达蒙、士缪斯的以法莲（Ephraim of Thmuis）。

萨伊斯（Sais）：西诺波利斯及布西里斯的赫尔马翁（Hermaeon of Cynopolis and Busiris）、塞奔尼图斯的苏特里库（Soterichus of Sebennytus）、弗特尼基斯的庇尼努忒（Pininuthes of Phthenegys）、梅特利斯的克若尼乌（Cronius of Metelis）、亚历山大城区的阿加他蒙（Agathammon）。

孟斐斯（Memphis）：约翰，皇帝命令他跟随大主教（Archbiship）①。这些就是埃及的主教。

在亚历山大城的神职人员有：长老阿波罗纽、伊利奈乌、狄奥斯科若、提拉努；执事有：提摩太乌、安提诺斯、赫法斯提翁（Hephaestion），以及帕莱坡勒（Parembole）②的长老马卡里乌。

72. 这名单实际上是梅勒提乌私下里交给主教亚历山大的，他根

---

① 这"宗主教"是梅勒提乌，这是此词第一次出现；它显然没有现代的固定意义。历史上的含义很模糊。
② 马勒奥提斯湖（Mareotic lake）边的一个村庄。参看苏格拉底（Socr.）iv. 23。

本没有提到那个名叫伊斯奇拉斯的人，也根本没有说明他在马勒奥提斯有什么神职人员。尽管我们的敌人并没有因此放弃图谋，这个根本不是长老的人，他们仍然假称他是长老，因为有伯爵准备对我们使用强制手段，还有士兵催逼着我们，然而就是在那个时候，神的恩典也得胜了。他们无法证明马卡里乌在圣杯事件上有罪；阿尔塞尼乌，他们报告说已经被我杀死了，他本人却活生生地站在他们面前，证明他们的控告是诬告。因而他们无法给马卡里乌定罪，优西比乌及其同伙非常恼怒，他们一直追捕的猎物眼睁睁地失去了，于是说服伯爵狄奥尼修斯——此人也是他们中的一员——派人到马勒奥提斯，以便看看是否能在那里找到什么不利于长老的证据，或者毋宁说，是想到遥远的地方去拼凑他们的阴谋，我们不在，他们就可以随心所欲，这就是他们的目的。然而，我们指出，去马勒奥提斯纯粹是多此一举（因为他们不应当假称他们已经用了那么长时间的陈述还有什么不足，不应当在这个时候阻拦案子的审理；他们早就说过，无论他们想到什么，都可以说，但如今他们不知道如何对付，就想寻找借口）；即便他们真的必须去马勒奥提斯，那么至少嫌疑方也得带去，伯爵被我关于嫌疑人这一点推理说服了；但他们并没有按我所提议的做，因为我因其主张阿里乌主义异端而反对的那些人，迅速出发了，这些人是：狄奥格尼乌、马里斯、狄奥多鲁、马塞多尼乌、乌尔萨西乌、瓦伦斯。同样，信件写到埃及的行政官那里，派来了一队卫兵。最令人瞩目也最可疑的是，他们把被告马卡里乌留在原地，由一队士兵看管，而把控告方携同随行。通过这一切，谁还看不出其中的阴谋？谁还不清楚地认识到优西比乌及其同伙的邪恶？即便真的需要在马勒奥提斯进行一次司法调查，也应当把被告方一同送到那里。如果他们不是为了这样的一次调查而去的，那又为何要带上控告方？他根本不可能证明事实，这是完全清楚的。

他们这样做是为了实施对不在场的长老的阴谋,当着他的面,他们无法证明他有罪,那就到背后去耍阴谋。当亚历山大城及整个地区的长老挑他们的毛病,因长老们亲自在场,并要求在审理他们的诉讼案时本人应当在场(因为他们说,他们知道案件的情形,也知道那个叫伊斯奇拉斯的人的历史),但他们不允许。那些人虽然带了埃及的行政官菲拉格里乌,一个叛教者,带了非基督徒的士兵——要进行这样的调查,就是让慕道友作证也很不当,他们竟然带了这样的人随行——却不允许神职人员参加,唯恐在那里和推罗会有人揭露他们的本质。

73. 然而,就算采取这些措施,他们仍然不可能隐匿他们的用心。城里和马勒奥提斯的长老们认识到他们的恶计,写信发出如下抗议。

收信人:塞奥格尼乌、马里斯、马塞多尼乌、狄奥多鲁、乌萨西乌和瓦伦斯,从推罗来的主教,写信人:德高望重的阿塔那修主教管辖的亚历山大城大公教会的长老和执事。

既然你们来到这里,并带上控方与你们同来,就当同样带上长老马卡里乌,因为圣经规定审理案件控告方与被告方要同时到场。然而,你们既没有带马卡里乌,我们最尊敬的主教阿塔那修也没有与你们一起到这里来,所以我们主张有权利出席调查,以便见证调查是公正无私的,使我们能够相信事实真相。然而你们拒绝我们的这一要求,只带着埃及的行政官和控告方同行,企图为所欲为,由此我们认为我们看见了这一事件中包含可疑的恶计,认识到你们的到来只不过是小集团的一个阴谋举动。因此我们发给你们这封信,作为在真正公会议上的一个证据,叫所有人都知道,你们实施的是单方面的诉讼,只为你们自己的目的服务,不希望别的结果,只想策划阴谋迫害我们。此信的副本我们已经交给帕拉迪乌(Palladius),奥古斯都的审计官,恐怕你们把信压住。你们的所作所为使我们对你们心存怀疑,说不准此后还会作出类似的行为。

我，狄奥尼修斯长老呈送此信。各位长老：亚历山大、尼拉拉斯、朗古（Longus）、阿夫索尼乌、阿塔那修、阿闵提乌（Amyntius）、庞斯图、普鲁提翁、狄奥斯科若、阿波罗纽、萨拉庇翁、阿摩尼乌、该犹、里努（Rhinus）、阿伊泰勒（Aethales）。

执事：马尔塞利努、阿庇亚努（Appianus）、塞翁、提摩太乌，还有另一位提摩太乌执事。

74. 这就是那封信，这些就是该城神职人员的名字。以下是马勒奥提斯教会神职人员写的信，他们知道控告方的人品，在我访问期间与我同行。

致大公教会圣主教大会，马勒奥提斯全体长老和执事问主内健康。

我们知道经上有话写着："亲眼所见才能说"，"作假见证的，必不免受罚"①，所以我们要证实已经看见的事，尤其是迫害我们主教阿塔那修的阴谋已经形成，我们必须作出见证。我们疑惑的是，伊斯奇拉斯是如何被列在教会同工的名单之中的，这是我们认为必须首先要提出的问题。伊斯奇拉斯从来没有做过教会的同工。先前当他自称是科鲁图的长老时，发现除了他自己的亲戚之外，没有人相信他。因为他从未有过教会，那些住得离他的村庄很近的人没有人认为他是神职人员，只有如我们前面所说的，他自己的亲戚例外。然而，尽管他假冒这样的称号，却在亚历山大公会议②上，被我们的何修教父罢免了，只被作为一名平信徒接纳入团契，可是他失去了虚假的长老之名后，却仍然妄称长老。关于他的人品，我们认为没必要多说，因为所有人都能够

---

① 《箴言》25：7，七十士译本，19：5。
② 公元324年。

自己了解到。但他既然诬告我们的主教阿塔那修打碎圣杯，翻倒桌子，我们就不得不向你们讲讲这个问题。我们已经说过，他所在的马勒奥提斯从未有过教会。我们在神，我们的大证人面前声明，根本没有圣杯打碎，也没有桌子被我们的主教掀翻，与他随行的人里面也没有谁做出这样的事。关于这一事件的所有一切，完全是诬告诽谤。我们这样说，是因为当他访问马勒奥提斯期间，我们全都与他一起，他从未单独一个人行走，我们全体长老和执事都未曾离他左右，同时还有一大批教徒跟随。既然他的每一次访问我们都与他同在，我们就可以作出这样的论断，并证实没有圣杯打碎过，没有桌子掀翻过，整个故事全是假的，其实就是控告者本人也签名证明这一点。①当他与梅勒提乌主义者一起出发，并报告这样的事以反对我们的主教阿塔那修之后，又想被接纳进入团契，但未被接纳，尽管他写下并签名承认所有这些事没有一件是真的，全是因受某些人怂恿引诱才说的。

75. 塞奥格尼乌、狄奥多鲁、马里斯、马塞多尼乌、乌尔萨西乌、瓦伦斯，以及他们的同伙来到了马勒奥提斯之后，发现这些事没有一件是真的，反倒有可能证明他们捏造了一个假诉讼诬陷我们的主教阿塔那修。于是，塞奥格尼乌及其同伙诱使伊斯奇拉斯的亲戚和某些阿里乌主义疯子按他们所希望的意思去说。因为会众中没有人说主教的坏话，但这些人因害怕埃及行政官菲拉格里乌，并且受到阿里乌主义疯子的威胁，得到他们的支持，就对他们唯命是从。当我们要来驳倒他们的诬告时，他们不让我们进来，反把我们赶出去，凡参与他们计谋的，他们欣然迎之，并共同商讨事件，借菲拉格里乌行政官的势力来影响他们。借着他的手段，他们阻拦我们到场，不让我们知道那些被他们

---

① 参看 *Supr.* 64。

诱惑的人究竟是教会成员，还是阿里乌主义疯子。亲爱的教父们，你们也知道，如你们教导我们的，敌人的证据不能证明什么。我们所说的是真理，这是伊斯奇拉斯亲笔书信证实的，就如同是事实本身所证实的一样，因为当我们知道所妄称的事根本没有发生过，他们就带上菲拉格里乌，想借着刀剑的威慑和各种威胁，随心所欲地策划阴谋。这些事我们是当着神的面证实的。我们之所以说这些话，是因为知道神必要进行审判。诚然，我们全体都愿意到你们这里来，但能有一部分人来就已满足了，所以，就让信件代替那些没有来的人。

我，伊基尼乌长老，祈求你们，亲爱的教父们，在主内健康。塞翁长老、安摩那长老、赫拉克利乌长老、波科长老、特里风长老、彼得长老、黑拉克斯长老、萨拉庇翁长老、马库斯长老、普托拉里翁（Ptollarion）长老、该犹长老、狄奥斯科若长老、德谟特里乌长老、塞尔苏斯（Thyrsus）长老。

执事有：庇斯图、阿波罗、塞拉斯（Serras）、庇斯图、波利尼库（Polynicus）、阿摩尼乌、毛鲁斯（Maurus）、赫菲斯托斯（Hephaestus）、阿波罗、梅托帕斯（Metopas）、阿波罗、塞拉帕斯（Serapas）、梅利夫松古斯（Meliphthongus）、鲁西乌、格列高拉斯（Gregoras）。

76. 同样致审计官，并致当时的埃及行政官菲拉格里乌的信。

收信人：弗拉维乌·菲拉格里乌、都塞奈里（Ducenary），宫廷官员，审计官弗拉维乌·帕拉迪、教宗的特使弗拉维乌·安东尼努，以及我主的 Centenary①，神圣普拉托里乌（Praetorium）最杰出的行政官；写信人：最尊敬的主教阿塔那修主持的大公教会的一个省马勒奥提斯

---

① Centenary 这个词语没有相应的中文翻译。它指的是行省总督之下的罗马官员，如果行省总督是第一级的官员，那么 Centenary 是第二级官员，年薪 100000 塞斯特斯（sesterces）。——中译者注

的全体长老和执事,我们由签名的那些人提供这一证据——

塞奥格尼乌、马里斯、马塞多尼乌、狄奥多鲁、乌尔萨西乌、瓦伦斯,这些人似乎是会聚在推罗的全体主教派遣似的,来到我们的教区,声称他们接到命令调查某些教会事件,其中他们讲到主杯被打碎的事,其信息是由伊斯奇拉斯提供的,他们带了此人同行,此人还说自己是长老,其实根本不是——因为他原是由长老科鲁图假称为主教授圣职礼任命的,后来一次全体公会议下令,何修及其他主教共同签令,命令科鲁图担任长老,如他先前一样。于是,凡是被科鲁图任命的,都恢复他们原先的职位。这样,伊斯奇拉斯本人最终就是一个平信徒——而他说自己拥有的教会,根本不是一个教会,而是属于一个名叫伊西翁(Ision)的孤儿的一处非常小的私人住所。鉴于这一原因,我们提出这一证据,恳请你们借着全能的神,我们的主君士坦丁、奥古斯都,以及他的众子,最杰出的凯撒们,让这些事曝光在他们的敬虔面前。他既不是大公教会的长老,也不拥有教会,更不曾有什么圣杯被打碎,整个故事都是假的,是捏造的。

写于最敬虔的皇帝君士坦丁·奥古斯都的弟兄,也是最杰出的贵族(Patrician)①朱利乌·康士坦丢,以及出类拔萃之辈鲁菲努·阿尔庇努(Rufinus Albinus)执政时期,朔月十日。②

这些就是长老们写的信。

77. 以下也是与我们一同来到推罗的主教们得知他们的阴谋诡计之后所写的信函和抗议书。

---

① 贵族(Patrician)这个头衔经君士坦丁修订,成为一种私人荣誉。这是终生的,优先考虑政府的高官,执政官除外。一般授予宠信,或赐给大臣作为对其功劳的奖赏。Gibbon, *Hist*. ch. 17. 这位朱利乌·康士坦丢,是朱利安的父亲,是第一批被冠以这一头衔的人,另一位是此年任执政官的奥普太图(L. Optatus)。伊路切西摩(Illustrissimus)是三阶荣誉头衔里最高的。
② 公元335年9月8日。

随同阿塔那修来自埃及的大公教会的主教，致汇集在推罗的主教，最尊贵的大人，问主内平安。

我们认为，优西比乌、塞奥格尼乌、马里斯、那喀索斯、狄奥多鲁、帕特若菲鲁（Patrophilus）及其同伙所设计的谋害我们的阴谋已经非常清楚了。从一开始我们众人就借我们的同工阿塔那修提出抗议，反对在他们面前举行调查，因为知道即便只有一个敌人在场，就能扰乱并破坏对一个案件的听证，更何况有那么多敌人在场。你们自己也知道他们所怀的恶意，不仅对我们，而且对整个正统教义的憎恨，知道他们为了阿里乌的疯狂及其邪恶教义的缘故，如何四处攻击，设计阴谋反对众人。我们既然对真理充满自信，就希望能揭露虚谎，梅勒提乌主义者一直利用这种虚谎攻击教会，优西比乌及其同伙想方设法要阻断我们的陈述，迫不及待地要撇开我们的证言，对那些作出正直审判的人加以威胁，对其他人又进行侮辱，唯一的目的就是想要实施他们算计我们的阴谋。各位敬虔而尊贵的大人，你们以前可能不知道他们的阴谋，但我们想，现在这阴谋已经昭然若揭了。事实上，他们自己已经将这阴谋暴露得清清楚楚。他们想要把那些我们怀疑是其同党的人送到马勒奥提斯，这样，趁着我们不在场，还在这里的时候，能够混淆人们的视听，干他们想干的事。他们知道，阿里乌主义疯子、科鲁图主义者[①]和梅勒提乌主义者是大公教会的敌人，所以他们急切地送走他们，这样，在我们的敌人面前，他们就可以随心所欲地谋划诡计。那些还在这里的梅勒提乌主义者，甚至在四天之前（因为他们知道这样的调查将要举行）连夜派出一些同伙作传令员，目的是把埃及各地的梅勒提乌主义者召集起来进入马勒奥提斯，因为那里没有一个他们的同

---

① 科鲁图建立的派别基于这样的理论，神不是各种恶的源头，即他不曾降痛苦和患难。

伙，也把科鲁图主义者和阿里乌主义疯子从其他地方集中起来，叫他们预备诽谤我们。你们也知道，伊斯奇拉斯本人在你们面前承认，他的会众最多只有七人。因而，当我们听说——他们已经做好一切预备，想怎样诽谤我们就可以怎样诽谤我们，又把这些可疑的人送走，然后，他们将到你们个人那里，要求你们签名，好叫这阴谋看起来是在你们众人同意下实施的——听到这样的事，我们马上写信给你们，把我们的这一证据拿出来，说明我们就是他们所设计并实施的阴谋的受害者。所以要求你们心怀对神的敬畏，谴责他们未经我们同意任意派遣自己所选择的人，拒不签名，免得他们妄称那些事是你们干的，其实完全是在他们自己的圈子里谋划。可以肯定，你们是在基督里的人，不在意人的动机，追求真理胜过其他一切。不要害怕他们的威胁，那是他们反对众人的伎俩，也不必担心他们的阴谋，相反，要敬畏的是神。如果真有必要送人到马勒奥提斯，我们也应当与他们一同过去，这样我们就可以证明教会之敌人的罪行，指出那些异教徒，保证对此事的调查是公正的。你们知道，优西比乌及其同伙谋划要提呈一封信，这是来自科鲁图主义者、梅勒提乌主义者和阿里乌主义者的，是诽谤我们的信。但是很明显，这些大公教会的敌人所说的关于我们的一切全是假的，全是诬蔑。神的律法禁止敌人做证人或法官。因而，请你们接受这一证据，将来在审判的日子，你们全都得作见证，要识别对我们设计出来的阴谋，如果他们要求你们做什么对我们不利的事，参与优西比乌及其同伙的计划，千万要警惕，不可上当。因为你们知道，如我们前面所说，他们是我们的敌人，你们也知道凯撒利亚的优西比乌去年为何变成那样。①

---

① 阿塔那修拒绝参加凯撒利亚的主教会议（公元334年）。见 Thdt. *H. E.* i. 28, Prolegg. ch. ii. 4. and D. C. B. ii. 315b.

亲爱的主教大人们，我们祈祷，愿你们健康。

78. 已经来到推罗的埃及大公教会的主教，致最杰出的伯爵弗拉维乌·狄奥尼修斯。

我们认为，优西比乌、塞奥格尼乌、马里斯、那喀索斯、狄奥多鲁、帕特若菲鲁及其同伙所设计的谋害我们的阴谋，已经非常清楚了。从一开始我们众人就借我们的同工阿塔那修提出抗议，反对在他们面前进行调查，因为我们知道，就是只有一个敌人在场，也能扰乱并破坏对一个案件的听证，更何况有那么多敌人在场。他们所怀的恶意是显而易见的，不仅憎恨我们，而且对整个正统教义充满憎恨。他们为了阿里乌的疯狂及其邪恶教义，四处攻击，设计阴谋反对众人。我们既然对真理充满自信，就希望能揭露虚谎。梅勒提乌主义者一直利用这种虚谎攻击教会，优西比乌及同伙想方设法要阻断我们的陈述，迫不及待地要撇开我们的证言，对那些作出正直审判的人加以威胁，对其他人又进行侮辱，唯一的目的就是想要实施他们算计我们的阴谋。阁下以前可能不知道他们的阴谋，但我们想，现在这阴谋已经昭然若揭了。事实上，他们自己已经将这阴谋暴露得清清楚楚；他们想要把自己同党中那些受到我们怀疑的人送到马勒奥提斯去，这样，趁着我们不在场，还在这里的时候，能够混淆人们的视听，干他们想干的事。他们知道，阿里乌主义疯子、科鲁图主义者和梅勒提乌主义者是大公教会的敌人，所以他们急切地送走他们，这样，在我们的敌人面前，他们就可以随心所欲地谋划诡计。那些还在这里的梅勒提乌主义者，甚至在四天之前（因为他们知道这样的调查将要举行）连夜派出一些同党作传令员，目的是把埃及各地的梅勒提乌主义者召集起来进入马勒奥提斯，因为那里没有一个他们的同党，也把科鲁图主义者和阿里乌主义疯子从其他地方集中起来，叫他们预备诽谤我们。阁下也知道，伊斯奇拉斯本人在您面前承认,他的会众最多只有七人。因而,当我们听说——他们已经做好一切预备,想怎样诽谤我们就可以怎样诽谤我们,又把这些可疑的人送走,然后,他们将到各位主教那里,要求他们签名,好叫这阴谋看起来是在他们众人同意下实施的——听到这样的事,我们马上写信告知阁下,并把我们的这一证据拿出来,说明我们就是他们所设计并实施的阴谋的对象。所以恳请您心怀对神的敬畏,遵守我们最敬虔的皇帝的敬虔命令,不可再忍受这些人,而要谴责他们未经我们同意任意派遣自己所选择的人的行径。

我,阿达曼提乌(Adamantius)主教在信上签名,伊斯奇拉斯、亚摩、彼得、阿摩尼阿努、提拉努、陶里努(Taurinus)、萨拉帕蒙、阿伊鲁里翁(Aelurion)、哈尔波克拉提翁、摩西、奥普太图、阿努庇翁(Anubion)、萨普里翁(Saprion)、阿波罗纽、伊斯奇里翁(Ischyrion)、阿尔巴西翁(Arbaethion)、波太蒙(Potamon)、帕夫努提乌斯、赫拉克利德、狄奥多鲁、阿加他蒙、该犹、庇斯图、阿他斯、尼科(Nicon)、帕拉纠、塞翁、帕尼努提乌、诺努斯(Nonnus)、阿里斯通、狄奥多鲁、伊利奈乌、布拉斯太蒙(Blastammon)、菲利普(Philipus)、阿波罗、狄奥斯克鲁、狄奥斯波里的提摩太乌、马卡里乌、赫拉克来蒙、克若尼乌、米伊斯(Myis)、雅各布(Jacobus)、阿里斯通、阿尔泰米多鲁(Artemidorus)、菲尼斯(Phinees)、普萨伊斯(Psais)、赫拉克利德。

同一批人写的另一封信

79. 已经从埃及来到推罗的大公教会的主教,致最杰出的伯爵弗拉维乌·狄奥尼修斯。

我们觉察到,优西比乌、那喀索斯、弗拉西鲁、塞奥格尼乌、马利斯、狄奥多鲁、帕特若菲鲁,及其同伙对我们设计了许多阴谋诡计(我们原本希望对他们提出书面驳斥，但未得允许），所以不得不求助于这一上诉。我们还注意到，梅勒提乌主义者苦心经营，制定阴谋迫害我们在埃及的大公教会。因而我们向您呈上这封信，恳求您谨记神的大能，就是护卫着我们最敬虔的皇帝君士坦丁的王国的神，并为最敬虔的皇帝本人推迟开审关于我们的案件。您既是皇帝陛下任命的，就当把问题保留给他，让我们诉求于他的敬虔，这是完全合理的。我们再也无法忍受上述这些人，优西比乌及其同伙的阴险计谋，因而我们要求把这案件保留给最敬虔、神至爱的皇帝本人审理，在他面前我们将能够提出我们自己的以及教会的正当权利。我们相信，只要皇帝陛下听了我们的案件，就必不会定我们的罪。因而我们再次借着全能的神，借着我们最敬虔的皇帝——他与他的孩子们这么多年一直凯旋兴盛，诸事顺遂——恳请您不要继续审理我们的案件，也不要在公会议上提出动议，只要把它们留给皇帝陛下来审理。我们同时把这同样的陈述呈给我的正统的主教大人们。

80. 帖撒罗尼迦主教亚历山大一收到这些信，就写信给伯爵狄奥尼修斯，如下。

主教亚历山大致狄奥尼修斯大人。

我看有个反对阿塔那修的阴谋已经非常清楚地形成了。因为他们已经决定，我不知道出于什么原因，把所有那些他所反对的人送走，没有给我们任何信息，尽管双方原本有协议，我们应当共同商量应把谁送走。因而，请注意，不可匆忙地决定任何事（因为他们极为警觉地来到我这里，说野兽已经醒来，准备冲向他们；因为他们听到有人报告，约翰已经派了一些人①），免得他们先发制人，随心所欲地设计阴谋。

---

① 参看 17、65、70 节。

你知道科鲁图主义者、阿里乌主义者、梅勒提乌主义者,全是教会的敌人,他们这些人结成联盟,凑到一起,能干出多大的恶事。所以,想一想最应该怎么做,免得出了什么恶行,我们受到指责,没有公正审判案件。对这些人也要怀着极大的怀疑,他们既献身于梅勒提乌主义,就可能渗透到那些主教正在这里的教会中去,在人们中间引发惊慌,从而扰乱整个埃及。其实他们看到,这样的事已经在很大程度上发生了。

于是伯爵狄奥尼修斯给优西比乌及其同伙写信如下。

81. 我已经告知弗拉西鲁大人①及其同仁,阿塔那修提出控告说,那些被送过去的人就是他所反对的人;大叫他受了冤枉和欺诈。我亲爱的大人,亚历山大也为这个问题写信给我,为了让你们知道他所说的是合理的,我把他的信附上,请你们读一读。也当记住我以前写给你们的话,尊敬的大人,我对你们强调过,被派出去的人应当经过大家的投票决定。因而要谨慎小心,免得我们的程序受到指责,使那些老爱挑我们刺的人找到充分的理由责备我们。正如控告方不应受到任何强迫,同样,辩护方也如此。尽管亚历山大主教大人显然不赞成我们的所作所为,但我想现在我们没有留下一点把柄可让人指责的。

82. 事件既发展到这种地步,我们就撤退出来,离开他们,就如离开一群阴险诡诈的人②。他们高兴做什么,就做什么,然而世上没有一个人不知道,单方面的诉讼是立不住脚的。这是神圣律法规定的。当圣使徒受到一个类似阴谋的迫害,被带到审判庭上时,他就说:"从亚细亚来的犹太人,他们若有告我的事,就应当到你面前来告我。"③在同

---

① 也许是公会议主席,参看20节。
② 《耶利米书》9:2。(参看和合本此节经文:"……离开我的民出去。因他们都是行奸淫的,是行诡诈的一党。"——中译者注)
③ 《使徒行传》24:18—19。

样的场合，非斯都（Festus）也说过类似的话，当犹太人想用阴谋——就如这些人现在加害于我们的阴谋一样——陷害他时，他说："无论什么人，被告还没有和原告对质，未得机会分诉所告他的事，就先定他的罪，这不是罗马人的条例。"① 然而，优西比乌及其同伙既无耻地违背律法，又表明甚至比那些作恶者更不公，有过之而无不及。他们一开始并没有私下里进行，但由于我们到场，他们觉得自己力不从心，于是就立即出去，就像犹太人一样，单独聚在一起策划，如何才能毁灭我们，引入他们的异端，就如那些要求释放巴拉巴的人一样。他们的所作所为，正是为了这一目标，正如他们自己所承认的。

83. 这些情形足以证明我们的无辜，然而为了更充分地暴露这些人的邪恶和真理的自由，再复述一遍这些证据，我不觉得有什么令人嫌恶之处，也能清楚地表明他们的行为是如何地自相矛盾，就如人在黑暗里谋划，却撞上了自己的朋友，当他们想着如何毁灭我们的时候，就如同精神失常的人伤害自己。他们在调查圣体问题时，既询问犹太人，又调查慕道友。"当马卡里乌进来掀翻桌子时，你在哪里？"他们问。对方回答："我们在里面"；然而若是有慕道友在场，是不可能举行圣餐的。再者，他们尽管到处传播，说长老正站着主持圣餐时，马卡里乌进来掀翻了一切东西，然而无论他们喜欢询问什么人，当他们问："马卡里乌进来时伊斯奇拉斯在哪里"时，得到的回答全是：他生病躺在小屋里。他既是躺着，就不可能站着；既生着病，就不可能主持圣餐。另外，伊斯奇拉斯还说马卡里乌焚烧了一些书，然而原先受到教唆作伪证的人却声明，根本没有这样的事发生过，伊斯奇拉斯说的全是谎言。最令人瞩目的是，虽然他们又一次到处写信说，那些能够作证的人早

---

① 《使徒行传》25：16。

被我们藏起来了，然而这些人自己站了出来，他们还向其提问。即便看到各方面都证明他们是诽谤者，在此事上的一切行为全是阴谋诡计，是他们随心所欲想出来的，但他们依然丝毫不以为耻。他们用手势怂恿证人，而行政官则威胁证人，士兵还用刀剑刺他们。然而主让真理显明出来，指出他们就是诽谤者。他们还把审理的记录藏起来，却指控那些作记录的人把它们藏起来了。然而在这件事上他们又没有得逞，因为作记录的人是鲁孚（Rufus），现在是奥古斯塔利亚行政官的行刑人，能够证明这一事件的真相；优西比乌及其同伙借自己的朋友之手把那些记录送到罗马，主教朱利乌又把它们转送到我这里。这样看来，他们不发疯才怪呢，因为我们得到并读到了他们原想隐藏的东西。

84. 这就是他们的阴谋诡计，不久他们就清楚地表明了这样做的原因。因为当他们离开时，把阿里乌主义者一起带到了耶路撒冷，在那里把他们接纳到教会里，然后发出一封关于他们的信，部分内容及开头摘抄如下。

蒙神的恩典召开的耶路撒冷圣公会议，致神在亚历山大城的教会，并致全埃及的，底比斯、利比亚、奔他波利斯，以及全世界的主教、长老和执事，祝主内健康。

我们从各省汇集到这里举行盛大聚会，为救主教会的献礼，借着神所爱的我们的皇帝君士坦丁的热心，侍奉万王之王的神，并他的基督，神的恩典赐给我们丰盛的喜乐。这是神至爱的、我们的皇帝写信召集我们举行的。他在信里激励我们要行正当之事，把一切嫉妒从神的教会里剔除，远离一切恶意，因为此前神的肢体一直因嫉妒和恶意四分五裂，所以鼓励我们要以单纯而平安的心接纳阿里乌及其同伙。由于嫉妒——这是一切良善的敌人——有一段时间他们被排除在教会之外。我们最敬虔的皇帝还在信里证实了他们在信心上的改正，这是他从他们自己得到确认的,他本人从他们的嘴里得到他们的认信,并附在他自己的信后,以表明这些人的正统观点。

85. 每个人听了这些事必能看穿他们的阴险。他们毫不遮掩他们所做的事,除非他们或许是口是心非。如果说我是接纳阿里乌及其同伙进入教会的绊脚石,如果他们在我正受他们的阴谋迫害的时候被教会接纳,那我们只能得出这样的结论,所有这些事都是为他们的利益做的,他们所有控告我的诉讼,捏造的关于打碎圣杯、谋杀阿尔塞尼乌等等的故事,全是为了一个目的,就是把不敬虔引入教会,防止他们被谴责为异端分子。除此之外,我们还能得出什么其他结论呢?其实这就是皇帝以前在写给我的信里所预言的危险。他们恬不知耻地写这样的信,断定那些被全体主教大会绝罚的人所持的是正统观点。因为他们说话不经大脑,做事不经思考,所以敢在"隐蔽处"聚集,尽其所能,推翻如此伟大的公会议的权威。

另外,他们为假见证所付出的代价更充分地表明了他们的邪恶和不敬虔的企图。我已经说过,马勒奥提斯是亚历山大城的郊区,那里既没有主教,也没有 Chorepixcopus①;整个地区的所有教会都服从亚历山大城的主教管辖,每个长老负责一个大村庄,这样的大村庄共有十几个。伊斯奇拉斯所在的村庄非常小,没有多少居民,所以从来没有建过教堂,人们要到邻村去做礼拜。然而,他们违背古代的习俗②,决定为这个地方任命一位主教,不仅如此,他们所要任命的人是甚至不配做长老的人。他们明知自己这样做是不正常的,但由于他们先前应许

---

① Chorepiscopi 就是实际上的主教,参看 Beverg. in Conc. Ancyr. Can. 13. Routh in Conc. Neocaes. Can. 13 指 Rhabanus Maurus. 相反,托马辛(Thomassin)否认他们是主教 (*Discipl. Eccl.* i. 2. c. 1.)。

② 为如此小的村庄任命一位主教,这违背沙尔底卡教规,也毫无疑问不符合古老的习俗,参看 Bingham, Antiqu. II. xii. 另外,像伊斯奇拉斯这样的平信徒,受命为主教,这也违背习俗。同上,x. 4 及以下。然而,圣希拉利认为他是执事。(*Fragm.* ii. 16.)

他要回报他诬告我的行为，所以不得不这样做，甚至是心甘情愿这样做，免得那个寡廉鲜耻的人对他们的回报不满意，而抖搂出真相，从而暴露优西比乌及其同伙的恶行。尽管如此，他没有教会，也没有人听从他，反而像条狗一样被轻蔑地拒绝①，但是他们甚至劝说皇帝写信给税官（因为一切都在他们的掌控之下），下令为他建造一座教堂，有了教堂，他关于杯子和桌子的陈述才会显得可信。他们还使他立即得到主教的任命，因为他若没有教堂，甚至不是长老，就会显得是个诬告者及整个事件的捏造者。无论如何，他没有会众，就是他自己的亲戚，也不服从他，他所保留的只是空名，所以以下这封信也是一纸空文，虽然他留着它，炫耀它，也只能暴露他本人和优西比乌及其同伙的极端邪恶而已。

税官的信②

弗拉维乌·赫梅里乌向马勒奥提斯的税官献上健康的祝福。

伊斯奇拉斯长老请求我们的大人，奥古斯都们和凯撒们，要在塞科太鲁鲁斯（Secontarurus）所辖的伊勒奈（Irene）区建立一个教会，他们已经指示，此事要尽快办理。因而，请注意，一旦你们收到圣法令的副本——已恭敬地置于上方——以及在我投入之前便形成的报告，就迅速对它们作个摘要，转到《法规书》（Order Book）上，这样神圣的命令就可以付诸实施了。

86. 当他们正在这样谋划时，我来到皇帝面前，向他陈述了优西比乌及其同伙的不当行径，因为正是他下令召开这次公会议，也是他的

---

① 众所周知，在东方城市里，有许多没有主人的野狗；参看《诗篇》59：6、14、15，《列王纪下》9：35、36。关于圣经里狗的观点，参看 Bochart, *Hieroz*. ii. 56。
② [根据下面提到的"奥古斯都们和凯撒们"，可以断定，此信最早的日期可能是 337 年。]

伯爵主持这次会议。他听了我的报告之后，大为震惊，写了如下信给他们。

君士坦丁、维克托、马克西姆、奥古斯都致推罗会议的主教们。

我不知道你们在如此吵嚷和混乱的会议中作出了什么决议，但看来，由于某些混乱和迷惑，真理多少已经面目全非了，因为你们彼此争吵，要决定谁胜谁负，却没有意识到什么是神所悦纳的。然而，神的旨意必会驱散由这种争吵之心产生出来的明显的恶行，清清楚楚地向我们表明，你们聚集到这个地方来，是否关心真理，是否公正地作出了判决，不受情感好恶的影响。因而，我希望你们众人速速会聚到我面前，叫你们亲自对你们的行为作出真实的说明。

我之所以认为应当给你们写这封信，应当写信把你们召集到我面前，原因你们可以从我下面要说的话里得知。最近正当我要进入以我们的名字命名的君士坦丁堡我们幸福的家（我当时恰好坐在马背上），突然主教阿塔那修，还有随同他的一些人，在路中央靠近了我，这事如此突如其来，令我大为吃惊。神知道一切，他为我作证，我一开始还真没有认出他来，只是自然地询问他们是谁，我的一些侍从才告诉我他是谁，正在遭受什么样的不公正。然而，那次我没有与他作任何交谈，也没有同意他觐见；当他提出有话要对我说，我拒绝了，只下令叫他走开；当他更为大胆地声称，只有一点要求，就是把你们召集到场，使他有机会当着你们的面向我控诉他所遭遇的恶待，我看这是个合理的要求，在这种环境下是合适的，就欣然命令与这封信给你们，好叫你们所有人，出席推罗公会议的全体主教，毫无耽搁地速速来到我的宫廷，用事实来证明你们通过了一次公正、合理的审判。我说，你们必须在我面前这样做，因为我是神的真仆人，这一点就是你们也不会否认。

说实话，由于我对神的委身，各地一直保持平安，神的名得到真正敬拜，就是一直不认识真道的化外人也转拜真神。显然，人若不知道真道，就不知道神。然而，如我前面所说，由于我，神的真正仆人①，如今就是化外人也开始认识神，学会敬畏他，因为他们从各处的事实意识到神就是我的盾牌和保护者。主要就是因为这一点，他们才开始认识神，他们敬畏他是因为畏惧我。然而，我们这些应当阐明（我不说护卫）他的神圣奥秘的人，却无所事事，只是想到争论和仇恨，简言之，行一切加速人类毁灭的事。不过，如我前面所说，请快一点，你们全体都速速到我们这里来，请相信我要尽我一切努力把错误的东西纠正过来，好叫那些尤其无可指责、不被玷污的事在神的律法里得以保守，并坚固地确立。而反对律法的敌人，借托他的圣名引入各种各样亵渎行为的人，应该被扔到外面，完全粉碎，彻底毁灭。

87. 优西比乌及其同伙读了这信之后，想想自己的所作所为，就想法阻止了其他主教，只有他们自己去了，即优西比乌、塞奥格尼乌、帕特若菲鲁，其他优西比乌主义者，乌尔萨西乌、瓦伦斯。他们不再说圣杯和阿尔塞尼乌的事（他们没有胆子再说了），而是捏造出一个与皇帝本人有关的新的控告，他们在他面前说，阿塔那修曾威胁要把从亚历山大城送到他自己家乡②的谷子扣留。主教阿达曼提乌、阿努庇翁、阿迦太蒙、阿尔贝西翁（Arbethion）以及彼得，都在现场，听到这话。皇帝的愤怒也证实了这一点。因为他虽然写了以前那封信，谴责他们的不公义，但一听到这样的指控，立即火冒三丈，于是非但不同意听我的证言，反而把我发配到了高卢。这再次证明了他们的邪恶。后来，已故

---

① "君士坦丁在一次招待主教的时候，说他也是一个主教，据说用了非常高妙的话说：'你们是处理教会内部事务的主教，而我是受神指派处理教会外部事务的主教。'"优西比乌。参看 Const. iv. 24。
② 即君士坦丁堡。

的小君士坦丁召我回家时，提到他父亲先前写过的信，他亦写了以下这封信。

君士坦丁·凯撒，致亚历山大城大公教会的会众。

我想现在你们心里应当已经知道，阿塔那修，就是可敬律法的阐释者，之所以被流放到高卢一段时间，其用意在于，由于他的敌人嗜血成性，对他积怨太深，野蛮地迫害他，已经危及到他的生命，所以把他流放到偏远地方，免得那些恶人再行悖逆之事，让他遭受某种无法补救的灾难。为了使他避免这种灾难，就把他从敌人的虎口抢了出来，并让他在我的管辖下过一段时间，在这座所住的城市各方面得到充足的供给，尽管他拥有众所周知的美德，全然仰赖神的供应，并不在乎逆境的患难。既然我们的大人，我的父亲，君士坦丁·奥古斯都定意，要让这位主教回到自己的地方，回到敬虔的你们的身边，只是他已经被人共同的命运带走，未完成他的心愿就长眠了。那么我想，我秉承了圣皇帝的遗愿，就应当完成它。当阿塔那修本人出现在你们面前时，你们就会知道他受到了怎样的尊敬。事实上，无论我对他做了什么，都没有什么可惊奇的，因为是你们渴望他的念头，如此伟大的一个人的出现，感动了我的灵魂，敦促我这样做。亲爱的弟兄们，愿神继续保佑你们。

特雷维里时间6月15日（7月朔日前）。①

88. 这就是我被流放到高卢的原因。我再问一遍，谁能不清楚地认识到皇帝的动机，优西比乌及其同伙的谋命之心，皇帝这样做是为了阻止他们设计某种更胆大妄为的阴谋？他听从他们的话只是出于单纯。这就是优西比乌及其同伙的做法，这就是他们迫害我的阴谋诡计。凡是见证过的，谁会否认，所有这一切没有一件是有利于我的。然而，

---

① 公元337年6月17日。

有那么多主教,有个人的,也有集体的,为我写了那些信,谴责我敌人的谎言,他们这样做岂不是出于公正,合乎真理?凡看过这样的诉讼的,谁会否认瓦伦斯和乌尔萨西乌有充分的理由自我谴责,该写这样的信忏悔、指控自己,宁愿暂时蒙羞,也胜过永远遭受诬告罪的惩罚[①]?

89. 我的同工们,因为按照公正的法律和教会法规行事,一方面断定我的案子是可疑的,另一方面想方设法迫使他们废除对我作出的判决,因而现在遭受了种种患难,但他们宁愿被流放,也不愿看到这么多主教的判决被推翻。如果那些真诚的主教所驳斥的仅仅是那些阴谋迫害我的人,希望撤销对我作出的一切决定,或者如果他们原本是普通人,不是著名城市的主教,不是伟大教会的领袖,那倒还有理由怀疑,他们这次这样做是否也是出于好争之心,是为了迎合我。然而,他们不仅努力通过论证说服人,还甘愿忍受流放,其中之一是罗马主教利伯里乌(尽管他并没有将流放的苦难忍受到底[②],然而毕竟因为意识到针对我们设计的阴谋,而流放了两年),还有伟大的何修(虽然有一阵子,因为害怕君士坦丁的威胁,他似乎没有反抗他们;然而,康士坦丢所施行的暴力和独裁,临到他头上的诸多侮辱和鞭打,都表明他之所以不能忍受折磨,终于暂时屈服于他们,并不是因为他放弃了我的案子,而是因为年高体弱),连同意大利和高卢的各位主教,还有来自西班牙、埃及、利比亚的其他主教,所有来自奔他波利斯的主教,也就是说,所有人都完全相信我是被诬告。既然如此,就当憎恨、厌恶他们对我所使用的不公正和暴力,更何况,众所周知,我之所以遭受这一切,

---

[①] 这是辩护第二部分的结尾,显然是回应58节。第二部分的阐述目的是要证明,也就是这些文件已经证明的,瓦伦斯和乌尔萨西乌只能听任他们无法抵挡的事实——呈现。从这一段还可以看出,本辩护是在他们故态复萌前,即公元351年或352年前写的。后面两节是357年之后写的,因为它们提到利伯里乌和何修的屈服,论到康士坦丢时所用的语言也与前面任何地方都不同。

[②] 见《阿里乌主义的历史》(*Hist. Ar.*) 41节。

不是因为别的，乃是因为阿里乌主义的不敬虔。

90. 如果有人想要了解我的案子，了解优西比乌及其同伙的虚谎，就让他读读这些文件，听听这些证人的话，不是一位，两位，三位，而是这么多的主教的话；再让他注意这些诉讼的证人，利伯里乌、何修，以及他们的跟随者，他们看到谋害我们的企图，选择了宁愿忍受各种苦难，也不放弃真理，以及我们无罪的判决。他们这样做，是出于可敬的、公正的动机，因为从他们所忍受的患难，可以推测其他主教陷入了怎样的困境。他们是反对阿里乌主义异端和诬告者之邪恶的历史记录和证据；他们为后来者树立了榜样和模范，为真理至死不渝[①]，摒弃阿里乌异端——它与基督争战，是敌基督的先兆——不相信那些企图诽谤我们的人。这么多品性高尚的主教所提出的辩护，所作出的判决，是值得信赖的，足以作为我们的证据。

---

① 《便西拉智训》4 章 28 节。

译名对照表

Abel 亚伯
Absalom 押沙龙
Abundantius 阿布旦提乌
Acacius 阿卡西乌
Achaia 阿哈伊亚
Achaz 亚哈斯
Achillas 阿喀拉斯
Achilles 阿喀琉斯
Achilles of Cusae 库萨的阿喀琉斯
Achitas 阿奇忒
Adamantius 阿达曼提乌
Adolius 阿多利乌
Aedesius 阿伊德修
Aeithales 阿埃泰勒
Aelianus 阿伊利亚努

Aelurion 阿伊鲁里翁
Aethales 阿伊泰勒
Aetius 埃提乌
Agathammon 阿加他蒙
Agathon 阿迦松
Agathus 阿迦图
Aidoneus 阿伊多纽斯
Alaric 阿拉里克
Alcmene 阿尔克墨涅
Alexander 亚历山大
Alexandria 亚历山大城
Alypius 艾力比斯
Amalek 亚玛力人
Amantius 阿曼提乌
Amantus 阿曼图

Ambrose 安波罗修
Ambytianus 安比提亚努
Ameram 暗兰
Amillianus 阿米利亚努
Ammon 亚摩
Ammonas 阿摩那
Ammonas of Dicella 底塞拉的阿摩那
Ammonian 阿摩尼安
Ammonianus 阿摩尼阿努
Ammonius 阿摩尼乌
Amorites 亚摩利人
Amos 阿摩斯
Amphilochius 安斐洛奇乌
Amphion 阿姆菲翁
Amyntius 阿闵提乌
Anagamphus 阿那加姆福
Ancyra 安西拉
Ancyro-Galatia 安西若—加拉太
Andragathius 安德拉加提乌
Andrew of Samosata 撒摩撒他的安德烈
Andronicus 安德若尼库
Annianus 安尼亚努
Anselm 安瑟伦

Anteopolis 安特奥波利斯
Antigonus 安提古
Antinous 安提诺斯
Antioch 安提阿
Antiope 安提俄珀
Antoninus 安东尼努
Antony 安东尼
Anubion 阿努庇翁
Anubis 阿奴庇
Aotas 奥塔斯
Aphrodisius 阿佛洛狄修斯
Aphrodite 阿佛洛狄忒
Aphthonius 阿夫索尼乌
Apis 埃皮斯
Apollinarius 阿波利拿里
Apollo 阿波罗
Apollodorus 阿波罗多鲁
Apollonius 阿波罗纽
Apphus 阿普福
Appianus 阿庇亚努
Aprianus 阿普瑞亚努
Apulia 阿布里亚
Aquila 阿奎拉
Aquileia 阿奎列亚
Arabia 阿拉伯

Arabion 阿拉比翁
Arbaethion 阿尔巴西翁
Arbethion 阿尔贝西翁
Arcadian Hermes 阿卡迪亚的赫耳墨斯
Arcas 阿尔卡斯
Archaph 阿尔加夫
Archidamus 阿奇达摩
Ares 阿瑞斯
Aristaeus 亚里斯泰乌
Ariston 阿里斯通
Arles 埃勒斯
Armenians 亚美尼亚人
Arpocration 阿尔波克拉提翁
Arsenius 阿尔塞尼乌
Artemidorus 阿尔泰米多鲁
Artemis 阿耳特弥斯
Asaph 亚萨
Asclepas 阿斯克勒帕
Asclepius 阿斯克勒普
Asterius 阿斯特里乌
Athas 阿他斯
Athena 雅典娜
Athenodorus 阿泰诺多鲁
Athribis 阿斯里庇斯

Augustalis 奥古斯泰利斯
Augustamnica 奥古斯他姆尼卡
Augustus 奥古斯都
Auxibius 奥克西比乌
Babylonians 巴比伦人
Baronius 巴罗尼乌
Barrow 巴尔娄
Basil 巴西尔
Bassus 巴修斯
Bastamon 巴斯他蒙
Berytus 贝里特
Bithynians 庇推尼人
Blastammon 布拉斯太蒙
Boccon 波科
Boccon of Chenebri 车讷伯里的波科
Boeotia 波伊奥提亚
Bohringer 波林格
Britain 不列颠
Bruttia 伯鲁提亚
Bubastus 布巴斯图斯
Bull 布尔
Burton 布尔顿
Buzi 布西
Byzantium 比赞提乌姆
Cabiri 卡比里人

Caiaphas 该亚法
Calabria 卡拉布里亚
Calepodius 卡勒波底乌
Cales of Hermethes 赫尔梅特斯的卡勒
Callinicus of Pelusium 佩鲁西乌姆的卡利尼库
Campania 坎帕尼亚
Capito 卡庇托
Cappadocian 卡帕多西亚人
Calcutta 卡尔库塔
Carpon 卡尔蓬
Carpones 卡尔波涅
Carthage 迦太基
Cassian 卡西安
Castrensian 卡斯特莱西安
Castus 卡斯图
Celestinus 塞勒斯提努
Cessilianus 塞西利亚努
Chalbis 迦尔比斯
Chaldee 迦勒底人
Chares 查理斯
Charybdis 卡律布狄斯
Chelchias 希勒家
Cherubim 基路伯

Chrestus 克勒斯图
Cilicia 西里西亚
Cilicians 西里西亚人
Claudian 克劳狄安
Claudius 克劳狄乌
Cleopatra 克娄巴特拉
Cleopatris 克来奥帕特里斯
Coele-Syria 库勒—叙利亚
Coldaeus 科尔达乌
Colluthus 科鲁图
Colluthus of Upper Cynopolis 上西诺波利斯的科鲁图
Comodus 科摩都
Comon 科蒙
Consortius 康索提乌
Constans 康斯坦斯
Constantine 君士坦丁
Constantius 康士坦丢
Copres 科普勒
Coptus 科普图
Corax of Syracuse 叙拉古的科拉克斯
Corybantes 科里班特
Cosmus 科斯缪斯
Coustant 康斯坦特

Cratan Zeus 克里特的宙斯
Cretans 克里特人
Crete 克里特
Crispinus 克里斯庇努
Cronius of Metelis 梅特利斯的克若尼乌
Cronos 克洛诺斯
Cyprianus 西普里阿努
Cyprus 塞浦路斯
Cyril 西利尔
Cyrus 西鲁斯
Dacia 达契亚
Dalmatia 达尔马提亚
Dalmatius 达尔马提乌
Damasus 达马苏
Danae 达那埃
Danius 达尼乌
Dardania 达尔达尼亚
Datyllus 达提鲁斯
Declopetus 得克罗佩图
Delphi 德尔斐
Demeter 得墨忒耳
Demetrius 德谟特里乌
Demiurge 得穆革
Desiderius 德西德里乌

Dianius 狄亚尼乌
Didymus 狄迪莫斯
Didymus of Taphosiris 泰弗西里斯的狄迪莫斯
Diocletian 戴克理先
Diomed 狄奥梅德
Dionysius 狄奥尼修斯
Dionysus 狄奥尼索斯
Dioscorus 狄奥斯科若
Dioscuri 狄奥斯科里
Diospolis 狄奥斯波里
Donatianus 多那提亚努
Dodona 多多那
Domitianus 多米提亚努
Donatianus 多那提亚努
Ducenary 都塞奈里
Dynamius 底那米乌
Dyscolius 底斯科里乌
Easter day 复活节
Ecumenic 埃库美尼克
Edessa 埃得萨
Eliseus 以利沙
Elkana 以利加拿
Elpidius 埃尔庇底乌
Elurion 以鲁里翁

Enoch 以诺

Ephraim of Thmuis 士缪斯的以法莲

Epiphanius 伊比芬尼

Epirus 埃庇鲁斯

Eros 厄洛斯

Esaias 以赛亚

Ethiopian 埃塞俄比亚人

Eucarpus 优卡尔普斯

Eudaemon 优达蒙

Euhemerus 优赫美鲁斯

Eugenius 优格尼乌

Eumenes 优米尼

Eulogius 优罗基乌

Eulogus 优罗古斯

Europe 欧罗巴

Eusebius of Caesarea 凯撒利亚的优西比乌

Eusebius of Nicomedia 尼哥米底亚的优西比乌

Eustathius 欧大悌

Eutherius 优塞里乌

Eutyches 欧迪奇

Eutychius 欧迪切

Eutychus 优提库

Euzoïus 优佐伊乌

Evagoras 伊瓦哥拉斯

Ezechiel 以西结

Ezechias 希西家

Facundinus 法昆底努

Facundus of Hermiane 赫尔米阿奈的法昆都

Faustinus 法斯提努

Felix 弗利克斯

Festus 非斯都

Fidentius 菲顿提乌

Flacillus 弗拉西鲁

Flacitus 弗拉西图

Flavianus 弗拉维阿努

Flavius Hemerius 弗拉维斯·赫梅里乌

Florentius 弗罗仁提乌

Fortunatius 弗图那提乌

Fortunatianus 弗图那提亚努

Gad 迦得

Gabianus 迦比亚努

Gaius 该犹

Galatia 加拉太

Ganymede 甘尼美德

Gaudentius 高顿提乌

Gaul 高卢

Gaza 加沙
Gerasius of Cyzicus 西西库的格拉西乌
Germanus 格尔马努
George of Laodicaea 老底嘉的乔治
Gerontius 格荣提乌
Gibbon 吉本
Good Friday 受难节
Goths 哥特人
Gratus 格拉图
Gregoras 格列高拉斯
Gwatkin 格瓦肯
Hadrian 哈德良
Hadrianople 哈德瑞亚诺坡
Hannibalian 汉尼拔利安
Harpocration 哈尔波克拉提翁
Hecuba 赫库巴
Helias 赫利阿
Heliodorus 赫利奥多鲁
Heliopolis 赫奥波利斯
Helladius 赫拉底乌
Hephaestion 赫法斯提翁
Hephaestus 赫菲斯托斯
Hera 赫拉
Heraclammon 赫拉克来蒙
Heracles 赫拉克勒斯
Heraclea 赫拉克勒亚
Heracleopolis 赫拉克勒奥波利斯
Heraclianus 赫拉克利阿努
Heraclides 赫拉克利德
Heraclius 赫拉克利乌
Heraclius of Phascos 法斯科的赫拉克利乌
Herennianus 赫勒尼亚努
Hermaeon of Cynopolis and Busiris 西诺波利斯及布西里斯的赫尔马翁
Hermias 赫尔米阿
Hermogenes 赫莫杰尼斯
Heron 赫荣
Hesperio 赫斯佩里奥
Hesperus 赫斯佩鲁
Hesychius 赫塞奇乌
Hieracys 黑拉西斯
Hierax 黑拉克斯
Hilary 希拉利
Hippocentaur 半人半马的怪物
Homer 荷马
Honoratus 荷诺拉图
Hort 荷特

Horus 赫鲁斯
Hosius 何修
Huet 休伊特
Hymenaeus 黑梅那乌
Hypsele 黑坡塞勒
Hypselites 黑普塞利特
Hyrcania 赫尔卡尼亚
Iamblichus 扬布里丘
Ingenius 伊基尼乌
Irenaeus 爱任纽
Irene 伊勒奈
Irenicus 伊里尼库
Isac 伊萨克
Isauria 伊沙瑞亚
Ischyrammon 伊斯奇拉蒙
Ischyras 伊斯奇拉斯
Ischyrion 伊斯奇里翁
Isis 伊西斯
Ision 伊西翁
Issac 伊萨克
Italy 意大利
Jacobus 雅各布
Januarius 詹努亚里乌
Jared 雅列
Jeremy 耶利米

Jericho 耶利哥
Jerome 哲罗姆
Jesses 耶西
Joas 约阿施
John Arcaph 约翰·阿尔卡夫
Jonas 约那斯
Joseph 约瑟夫
Josias 约西亚
Julianus 朱利亚努
Julius 朱利乌
Jupiter Latiarius 朱庇特·拉提阿里乌斯
Justina 朱斯提那
Justinianus 朱斯提尼亚努
Justus 朱斯图
Justus from Bomotheus 波摩泰乌的朱斯图
Kolling 科灵
Lamech 拉麦
Leda 勒达
Leonides 利奥尼德
Leontopolis 列翁托波利斯
Leto 勒托
Letopolis 列托波利斯
Libanius 利巴尼乌

Liber 利伯尔
Liberius 利伯里乌
Liburnius 利布尔尼乌斯
Libyans 利比亚人
Longus 朗古
Lucian 卢奇安
Lucifer 鲁西弗
Lucillus 鲁西鲁斯
Lucius 卢修斯
Lucius of Hadrianople 哈德里阿诺坡的卢修斯
Lybya 利比亚
Lyons 里昂
Lycaonians 吕高尼人
Lycia 吕基亚
Lycopolis 吕科波利斯
Lycurgus of Sparta 斯巴达的莱喀古斯
Macarius 马卡里乌
Macedonia 马其顿
Macedonius 马塞多尼乌
Maia 迈娅
Manichees 摩尼教徒
Manninus 马尼乌
Maran 马兰

Maranus 马拉努
Marcellinus 马尔塞利努
Marcellus 马塞路斯
Marcus 马库斯
Mareotis 马勒奥提斯
Marianus 马瑞亚努
Marinus 马里努
Maris 马里斯
Martinus 马尔提努
Martyrius 马尔提里乌
Maurus 毛鲁斯
Maximianopolis 马克西米阿诺波利斯
Maximianus 马克西米亚努
Maximus 马克西姆
Megasius 梅加修
Melas of Arsenoitis 阿尔塞诺伊提斯的梅拉斯
Meletius 梅勒提乌
Meletians 梅勒提乌主义
Meliphthongus 梅利夫松古斯
Memphis 孟斐斯
Menander 米南德
Menas 梅那斯
Menophantus of Ephesus 以弗所的

梅诺凡图

Mercurius 梅尔库里乌

Metianus 梅提亚努

Metopas 梅托帕斯

Milan 米兰

Milton 弥尔顿

Minervalis 米涅瓦利斯

Mizonius 米佐尼乌

Moesia 默西亚

Monastery 摩那斯特里

Montfaucon 蒙特法考

Morinus 摩里努

Moses of Phacusae 法库萨的摩西

Muis 缪伊斯

Mursa 缪尔萨

Musaeus 缪萨乌

Musonianus 缪索尼阿努

Musonius 缪索尼乌

Myis 米伊斯

Myrsine 米尔西纳

Naaman 乃缦

Narcissus of Neronias 奈若尼亚的那喀索斯

Nathan 拿单

Natalis Alexander 纳塔利斯·亚历山大

Neander 奈安德尔

Nemesion 涅梅西翁

Nemesius 奈米西乌

Nestor 涅斯托尔

Nestorius 聂斯脱利

Nessus 涅苏斯

Newman 纽曼

Nicasius 尼卡西乌

Niciopolis 尼西奥波利斯

Nicon 尼科

Nilammon 尼拉蒙

Nilaras 尼拉拉斯

Nilon 尼郎

Nilus 尼鲁斯

Noetus 诺伊图

Nonnus 诺努斯

Norbanus 诺尔巴努

Noricum 诺里库姆

Novatian 诺瓦提安

Novatus 诺瓦图

Numedius 努梅底乌

Nunechius 努涅奇乌

Odysseus 奥德修

Olympian 奥林匹亚

Olympius 奥林匹乌
Omphalet 奥姆法勒
Optantius 奥坡坦提乌
Optatianus 奥坡他提亚努
Origen 奥利金
Orion 奥里翁
Osee 何西阿
Osiris 俄西里斯
Pacatus 帕卡图
Pachymes of Tentyrae 坦提拉的帕奇梅斯
Palamedes 帕拉美德斯
Palestine 巴勒斯坦
Palladius 帕拉迪乌
Pamphilus 庞菲利乌斯
Pamphylia 庞菲利亚
Paninuthius 帕尼努提乌
Pannonia 潘诺尼亚
Pantagathus 潘他加图
Paphnutius 帕夫努提乌斯
Paphos 帕福斯
Parammon 帕拉蒙
Paregorius 帕勒哥里乌
Parembole 帕莱坡勒
Paris 巴黎

Paschasius 帕斯卡修
Pasophius 帕索菲乌
Patricius 帕特里西乌
Patrophilus 帕特若菲鲁
Paudius 保狄乌
Paul of Samosata 撒摩撒他的保罗
Paulianus 保利亚努
Paulus 保鲁斯
Pecysius 佩西修
Peiraeus 拜里厄斯
Pelagius of Oxyrynchus 奥克西林库的帕拉纠
Pelasgians 佩拉斯吉人
Pentapolis 奔他波利斯
Peroys 佩罗斯
Perseus 珀耳修斯
Petavius 佩太维乌
Petrus 佩特鲁
Pharbethus 法尔百图斯
Phasileus of Hermopolis 赫尔摩波利斯的法西列乌
Phidias 菲迪亚斯
Philagrius 菲拉格里乌
Philippus 菲利普
Philo 斐洛

Philologius 斐洛罗基乌
Philostorgius 斐洛斯托基乌
Philotas 斐洛塔斯
Philoxenus 斐洛克塞努
Philippopolis 菲利波波利斯
Philipus 菲利普
Philumenus 菲鲁梅努
Phinees 菲尼斯
Phoenicia 腓尼基
Phoenicians 腓尼基人
Phoenix of Sophocles 苏弗克勒的弗尼克斯
Photius 弗提乌
Picenum 比塞努姆
Pininuthes of Phthenegys 弗特尼基斯的庇尼努忒
Pinnes 庇奈
Pistus 庇斯图
Placillus 帕拉西鲁
Placitus 帕拉西图
Plusian 普鲁西安
Plutarchus 普鲁他库斯
Plutio 普鲁提奥
Polybius 波里庇乌
Polynicus 波利尼库

Porphyrius 波菲里乌
Porphyry 波菲利
Poseidon 波塞冬
Potamo 波他摩
Potamon 波太蒙
Praetextatus 普来泰克斯他图
Praetoria 帕莱托尼亚
Praetorium 普拉托里乌
Probatius 普若巴提乌
Protasius 普罗他修
Proterius 普若泰里乌
Protogenes 普罗托格尼
Psaes 普沙伊斯
Psais 普萨伊斯
Psammathia 普萨马西亚
Psenosiris 普森诺西里斯
Ptemencyrcis 普泰蒙西尔西斯
Ptollarion 普托拉里翁
Ptolemais 普托勒马伊斯
Pythoness 腓多尼斯人
Quintianus 奎提阿努
Quintus 昆图斯
Restitutus 来斯提图图
Rhea 瑞亚
Rheims 莱姆斯

Rhinus 里努
Rhodope 罗多坡
Rogatianus 罗加提亚努
Romanus 罗马努
Romulus 罗缪鲁斯
Rufinus 鲁菲努
Rufinus Albinus 鲁菲努·阿尔庇努
Rufus 鲁孚
Sais 萨伊斯
Salustius 萨鲁斯提乌
Saprion 萨普里翁
Sapricius 萨普里西乌
Sarapammon 萨拉帕蒙
Sarapampon 萨拉帕姆蓬
Sarapion 萨拉庇翁
Sarbatius 沙尔巴提乌
Sardica 沙尔底卡
Sardinia 撒丁地区
Sarmates 萨尔马特
Sarmaton 萨尔马通
Sarpedon 萨尔佩冬
Satornilus 萨托尼鲁斯
Satyrus 萨提鲁斯
Schaff 沙夫
Scylla 斯库拉

Scythians 锡西厄人
Secontarurus 塞科太鲁鲁斯
Secundus 塞昆都
Semele 塞美勒
Sempronianus 塞姆普若尼阿努
Sempronius 塞姆坡若尼乌
Sens 塞尼斯
Sera 塞拉
Serapas 塞拉帕斯
Seraphim 塞拉弗
Serapion 塞拉皮恩
Serenus 塞勒努
Serras 塞拉斯
Severianus 塞维里阿努
Severinus 塞维里努
Severus 塞维鲁斯
Sicily 西西里
Sievers 西维尔
Silvanus 西尔瓦努
Silvanus of Tarsus 泰尔苏的西尔瓦努
Silvester 西尔维斯特
Simplicius 西姆坡利西乌
Singidunum 辛基都努
Siscia 西斯西亚

Sosicrates 索西克拉特
Socrates 苏格拉底
Solon of Athens 雅典的梭伦
Sostras 苏斯特拉
Soteira 苏忒拉
Soterichus of Sebennytus 塞奔尼图斯的苏特里库
Sozomen 索宗曼
Sozon 索宗
Spain 西班牙
Sperantius 斯佩兰提乌
Spudasius 斯普达修
Spyridon 斯比里顿
Stephanus of Antioch 安提阿的斯特法努
Stercorius 斯蒂尔考里乌
Strategius 斯特拉特基乌
Strassburg 斯特拉斯博格
Superior 苏佩里奥尔
Swainson 斯温森
Symphorus 西姆弗鲁斯
Syncletius 辛克勒提乌
Syrians 叙利亚人
Syrus 西鲁斯
Tanis 塔尼斯

Tapenacerameus 泰坡那塞拉美乌
Taurians 汤瑞亚人
Taurinus 陶里努
Thalelaeus 泰勒拉乌
Tharra 他拉
Thebais 底比斯
Thebes 底比斯人
Theodore 西奥多
Theodoret 狄奥多勒
Theodorus 狄奥多鲁
Theodosius 狄奥多西
Theodulus 塞奥都鲁
Theonas 塞奥那
Thersites 塞尔西特斯
Theogonius 塞奥哥尼乌
Theognis 塞奥格尼斯
Theognius 塞奥格尼乌
Theon 塞翁
Theseus 忒修斯
Thessalonica 帖撒罗尼迦
Thessaly 塞萨利
Thetis 忒提斯
Thomassin 托马辛
Thrace 色雷斯
Thyrsus 塞尔苏斯

Tiberinus 提伯里努

Tillemont 提勒蒙特

Timotheus 提摩泰乌

Tithoes 提托伊斯

Trajanopolis 特拉简诺波利斯

Treveri 特雷维里

Triphyllius 特里菲利乌

Triptolemus 特里波托勒姆斯

Trojans 特洛伊人

Tryphon 特里风

Tuscany 托斯卡尼

Typho 提福

Tyrannus 提拉努

Tyre 推罗

Ursacius 乌尔萨西乌

Ursicius 乌尔西西乌

Vaillant 维兰特

Valens 瓦伦斯

Valentinus 瓦伦提努

Valerinus 瓦勒里努

Valerius 瓦勒里乌

Valesius 瓦勒西乌

Verissimus 维里西姆

Viator 维阿托

Victor 维克托

Victorinus 维克托里

Victurus 维克图鲁

Vincentius 维森提乌

Vitalius 维他利乌

Vito 维托

Worms 沃尔姆斯

Xcythians 锡西厄人

Xenon 色诺

Zenobius 芝诺比乌

Zeno of Elea 埃利亚的芝诺

Zoilus 佐伊鲁

Zosimus 佐西姆

译 后 记

阿塔那修是公元4世纪基督教神学趋于规范时期的重要思想家,是尼西亚信经无畏的捍卫者,他的著作在《尼西亚和后尼西亚教父著作选集》中极具分量。本译文是该选集里面的第一卷译文,后续的译文也将相继出版。

阿塔那修的本译文集内容可以分为两个部分。第一部分由《驳异教徒》和《论道成肉身》组成;第二部分包括了阿塔那修对于阿里乌主义的指控的申辩的有关文本。两部分都极为重要,对于了解阿塔那修的神学思想以及4世纪基督教历史来说不可或缺。

在现代基督教思想中,阿塔那修的《驳异教徒》和《论道成肉身》仍然极具活力,有众多的新译本问世。本译文在翻译和校对时参考了下面两个译本:Athanasius, *De Incarnatlone*, Crestwood, N. Y.: St. Vladimir's Orthodox Theological Seminary, 1982;Athanasius, *Contra Gentes*; and, *De Incarnatione*, Oxford: Clarendon Press, 1971.

在翻译中,我得到不少学者的帮助。感谢两位阿塔那修的专家Glen Thompson 教授和吴国杰博士的慷慨帮助;感谢牛稚雄先生阅读了一些有疑问的译稿并帮助定稿；感谢 Glen Thompson 教授百忙中鼎力相助，提供精彩的中译本导言；感谢章雪富博士根据不同译本作了初校；感谢游冠辉博士提供有关圣经译名的咨询，也感谢他和王爱玲女士、刘峣女士细致艰苦的编辑审校工作。

  本文保留了一些脚注的英文版式。这些是当年的编辑和译者所加添的，相当多的已经无从查考。然而出于文本的完整性考虑，本译文作了保留。另外，本书所引的圣经经文采用和合本译文。

  本书翻译为教育部"希腊化和古代晚期西方哲学研究"社科项目之一。

  最后，盼望读者和专家提出批评意见，以完善译本的质量。

浙江工商大学教授　石敏敏

2008 年 9 月